Nationale Identität und transnationale Einflüsse

deutsches
historisches
institut
historique
allemand

paris

Ateliers des Deutschen Historischen Instituts Paris

Herausgegeben vom
Deutschen Historischen Institut Paris

Band 1

R. Oldenbourg Verlag München 2007

Nationale Identität
und transnationale Einflüsse

Amerikanisierung, Europäisierung und Globalisierung
in Frankreich nach dem Zweiten Weltkrieg

Herausgegeben von Reiner Marcowitz

R. Oldenbourg Verlag München 2007

Ateliers des Deutschen Historischen Instituts Paris
Herausgeber: Prof. Dr. Werner Paravicini
Redaktion: Veronika Vollmer
Institutslogo: Heinrich Paravicini, unter Verwendung eines Motivs am Hôtel Duret-de-Chevry
Anschrift: Deutsches Historisches Institut (Institut historique allemand)
Hôtel Duret-de-Chevry, 8, rue du Parc-Royal, F-75003 Paris

Bibliografische Information der Deutschen Bibliothek
Die Deutsche Bibliothek verzeichnet diese Publikation in der Deutschen
Nationalbibliografie; detaillierte bibliografische Daten sind im Internet
über <http://dnb.d-nb.de> abrufbar.

© 2007 Oldenbourg Wissenschaftsverlag GmbH, München
Rosenheimer Straße 145, D-81671 München
Internet: oldenbourg.de

Das Werk einschließlich aller Abbildungen ist urheberrechtlich geschützt. Jede Verwertung außerhalb der Grenzen des Urheberrechtsgesetzes ist ohne Zustimmung des Verlages unzulässig und strafbar. Dies gilt insbesondere für Vervielfältigungen, Übersetzungen. Mikroverfilmungen und die Einspeicherung und Bearbeitung in elektronischen Systemen.

Umschlaggestaltung: Thomas Rein, München

Gedruckt auf säurefreiem, alterungsbeständigem Papier (chlorfrei gebleicht).
Gesamtherstellung:

ISBN 978-3-486-58508-7

Inhalt

Reiner MARCOWITZ
Einleitung 7

I. Theoretische Konzepte und Methoden

Wilfried LOTH
Europäische Identität und europäisches Bewußtsein 35

Tanja A. BÖRZEL, Diana PANKE
Europäisierung – ein politikwissenschaftliches Laboratorium 53

Eckart CONZE
Wege in die Atlantische Gemeinschaft. Amerikanisierung und Westernisierung in Westeuropa nach 1945 72

Niels P. PETERSSON
Globalisierung und Globalisierungsdiskurse: Netzwerke, Räume, Identitäten 87

II. Empirische Analysen

Georges-Henri SOUTOU
La diplomatie française et les diplomates français entre tradition et réforme 107

Jean-François ECK
L'américanisation, l'européanisation et la mondialisation de l'économie –
le »modèle français« et ses transformations 122

Pascal ORY
»Américanisation«: le mot, la chose et leurs spectres 133

Robert FRANK
La société française depuis 1945: américanisation, européanisation,
mondialisation et identité nationale 146

Personenregister 158

Autorinnen und Autoren 160

REINER MARCOWITZ

Einleitung

Als der Zweite Weltkrieg 1945 zu Ende ging, war Frankreich Sieger und Besiegter zugleich[1]: Sieger aufgrund seiner formalen Mitgliedschaft in der »Anti-Hitler-Koalition«, Besiegter ebenso, weil nur qua Gnadenerweis der eigentlichen Gewinner des Krieges, USA, Sowjetunion und Großbritannien, kooptiert. Zudem war das Land nicht nur materiell und politisch, sondern auch kulturell und moralisch geschwächt durch die eigene rasche Niederlage im Sommer 1940 sowie die anschließende deutsche Besatzung und die Kollaboration des Vichy-Regimes. Das erklärte auch die erbitterte und verbitterte Kritik des ersten französischen Regierungschefs nach der Libération, General Charles de Gaulle, an den Beschlüssen des Treffens der »Großen Drei« in Jalta im Februar 1945[2]: Er zieh die ungeliebten Angelsachsen, mit Rücksicht auf Stalin »die Staaten Mitteleuropas und des Balkans [...] gezwungen [zu haben], Satelliten der Sowjetunion zu werden«[3]. Gleichzeitig betonte er den Zusammenhang zwischen dem Ausschluß Frankreichs von der Krimkonferenz und dem neuen Riß durch Europa.

Dieser Jalta-Mythos vom angeblichen Verrat der Amerikaner und Briten an Europa und ihrem vermeintlichen Schacher mit Stalin entwickelte sich zum »dauerhaftesten, weitestverbreiteten, tiefstverankerten Mythos des politischen Lebens in Frankreich«[4]. Gleichwohl war er ebenso ungerecht wie selbstgerecht: Ungerecht war der Vorwurf einer westlichen Preisgabe der ostmittel- und südosteuropäischen Staaten, selbstgerecht die Annahme, eine französische Verhandlungsdelegation hätte am letztlich unvermeidlichen Ausgang der Konferenz irgend etwas ändern können. Allerdings war de Gaulles Wertung der Ergebnisse von Jalta insofern zutreffend, als sie hellsichtig reflektierte, daß sich schon 1945 vor allem in Europa zwei Blöcke konstituierten, die nur

---

[1] Andreas HILLGRUBER, Der 2. Weltkrieg. Kriegsziele und Strategien der großen Mächte, Stuttgart ²1983; S. 156–169; Wilfried LOTH, Geschichte Frankreichs im 20. Jahrhundert, Stuttgart, Berlin, Köln, Mainz 1987, S. 121–138; René RÉMOND, Frankreich im 20. Jahrhundert. 1. Teil: 1918–1958, Stuttgart 1994, S. 382–423; Maurice VAÏSSE, Les relations internationales depuis 1945, Paris ⁴1995, S. 7–46; Georges-Henri SOUTOU, La guerre des Cinquante Ans. Les relations Est-Ouest 1943–1990, Paris 2001, S. 19–49; Jost DÜLFFER, Europa im Ost-West-Konflikt 1945–1991, München 2004, S. 7–17.

[2] Andreas HILLGRUBER, »Jalta« und die Spaltung Europas, in: DERS., Die Zerstörung Europas. Beiträge zur Weltkriegsepoche 1914 bis 1945, Frankfurt a. M., Berlin 1988, S. 335–370; Jean LALOY, Wie Stalin Europa spaltete. Die Wahrheit über Jalta, Wien, Darmstadt 1990; Jost DÜLFFER, Jalta, 4. Februar 1945. Der Zweite Weltkrieg und die Entstehung der bipolaren Welt, München 1998; Reiner MARCOWITZ, Yalta, the Myth of the Division of the World, in: Cyril BUFFET, Beatrice HEUSER (Hg.), Haunted by History. Myths in International Relations. Providence, Oxford 1998, S. 80–91; DERS., »One world« oder Bipolarismus? Der Jalta-Mythos und seine Folgen, in: Zeitschrift für Religions- und Geistesgeschichte 51/2 (1999), S. 115–128.

[3] Charles DE GAULLE, Mémoiren 1942–46. Die Einheit – Der Ruf, Düsseldorf 1961, S. 489.

[4] Alfred GROSSER, Das Bündnis. Die westeuropäischen Länder und die USA seit dem Krieg, München 1982, S. 67.

noch wenig miteinander verband. Tatsächlich setzte bereits damals eine Entwicklung ein hin zu zwei Integrationsräumen von gänzlich unterschiedlicher Qualität und Weltanschauung: Im Westen ein neuartiges amerikanisch geführtes »Empire by Invitation« (Geir Lundestad), das auf der freiwilligen Orientierung der kleineren Partner an der attraktiven Vormacht USA sowie auf der Überzeugungskraft der bald offensichtlichen kulturellen, ökonomischen und politischen Vorteile dieses Systems beruhte. Im Osten hingegen eine klassische sowjetische Hegemonie, die auf massiver militärischer Kontrolle, politischen Pressionen und wirtschaftlicher Abhängigkeit beruhte. Und dieser neue Bipolarismus blieb nicht nur auf den politischen, ökonomischen und militärischen Bereich beschränkt, sondern erfaßte auch Gesellschaft, Kultur und Mentalität der betroffenen Länder.

Hier ist nicht der Anlaß zu erörtern, inwiefern sich Ostmittel- und Osteuropa sowie die außereuropäischen Vorposten der Sowjetunion sowjetisiert oder veröstlicht haben – eine Frage, auf die aus vielerlei Gründen eine eindeutige Antwort kaum möglich ist[5]. Unzweifelhaft aber hat es in der westlichen Hemisphäre eine immer stärkere Homogenisierung und Konvergenz gegeben. Diese Tatsache an und für sich ist heute auch kaum noch umstritten, wohl aber ihre genaue Umschreibung und ihre wissenschaftliche Erforschung. Momentan konkurrieren drei Konzepte um die Deutungshoheit: »Amerikanisierung/Westernisierung«, »Europäisierung« und »Globalisierung« sind seit einiger Zeit die bevorzugten Interpretationsansätze zur Erforschung eines ideellen und materiellen Transfers sowie kultureller, politischer und sozioökonomischer Wandlungs- und Angleichungsprozesse im europäischen, transatlantischen und sogar globalen Rahmen insbesondere seit dem Zweiten Weltkrieg.

Der Begriff der »Amerikanisierung« war bereits in der Zwischenkriegszeit geläufig und bezeichnete schon damals die unübersehbaren Tendenzen zur Übernahme von Elementen amerikanischen Gesellschaftslebens, Wirtschaftsgebarens sowie amerikanischer Populärkultur in größeren Teilen West- und Mitteleuropas[6]. Dieser Trend zur

---

[5] Konrad JARAUSCH, Hannes SIEGRIST (Hg.), Amerikanisierung und Sowjetisierung in Deutschland 1945–1970, Frankfurt a. M. 1997.
[6] Philipp GASSERT, Amerikanismus, Antiamerikanismus, Amerikanisierung. Neue Literatur zur Sozial-, Wirtschafts- und Kulturgeschichte des amerikanischen Einflusses in Deutschland und Europa, in: Archiv zur Sozialgeschichte 39 (1999), S. 531–561, hier S. 532. Zu den amerikanisch-europäischen Beziehungen in der Zwischenkriegszeit Charles S. MAIER, Between Taylorism and Technocracy: European ideologies and the Visions of industrial productivity in the 1920s, in: Journal of Contemporary History 5 (1970) 2, S. 27–61; Martin P. LEFFLER, The Elusive Quest. America's Pursuit of European Stability and French Security, 1919–1933, Chapel Hill 1979; Frank COSTIGLIOLA, Awkward Domination. American Political, Economic, and Cultural Relations with Europe, 1919–1933, Ithaca u. a. 1984; René GIRAULT, Robert FRANK (Hg,), Turbulente Europe et nouveaux mondes 1914–1941, Paris 1988; Erhard FORNDRAN, Die Vereinigten Staaten von Amerika und Europa. Erfahrungen und Perspektiven transatlantischer Beziehungen seit dem Ersten Weltkrieg, Baden-Baden 1991; Robert W. RYDELL, Rob KROES (Hg.), Buffalo Bill in Bologna. The Americanization of the World, 1869–1922, Chicago 2005 und Angelika LINKE, Jakob TANNER (Hg.), Attraktion und Abwehr. Die Amerikanisierung der Alltagskultur in Europa, Köln u.a. 2006. Zu den deutsch-amerikanischen und amerikanisch-französischen Beziehungen in dieser Zeit vgl. zusätzlich Werner LINK, Die amerikanische Stabilisierungspolitik in Deutschland 1921–1932, Düsseldorf 1970; Peter KRÜGER, Die Außenpo-

Orientierung an amerikanischen Vorbildern potenzierte sich nach dem Zweiten Weltkrieg aufgrund der unübersehbaren machtpolitischen und wirtschaftlichen Präsenz der USA in Westeuropa sowie wegen ihres starken ideologischen Einflusses. Das führte dazu, daß sich insbesondere die jüngere Generation immer mehr amerikanischen Moden, Musik- sowie Lebensstilen öffnete und andauernde Vorbehalte von Älteren sowie Vertretern politischer Gruppierungen am rechten Rand des Parteienspektrums sich auf einen letztlich machtlosen Kulturdünkel oder sogar schlichte Resignation beschränkten. Diese Entwicklung ging so weit, daß selbst die Achtundsechziger in der Bundesrepublik sich in ihrem amerikakritischen Vietnam-Protest noch an amerikanischen Idealen und Vorbildern orientierten. Das erlaubt den nur vordergründig paradoxen Befund, daß 1968 für eine Entwicklung »mit Amerika gegen Amerika« (Philipp Gassert) bzw. eine »antiamerikanische Verwestlichung« (Christian Schwaabe) steht.

Allerdings wird durchaus kritisch gefragt, inwieweit der Begriff »Amerikanisierung« diesen komplexen Prozeß zutreffend erfaßt. Drei Einwände können erhoben werden: Erstens ist er nicht frei von negativen Konnotationen. Hierin drückten sich nämlich bereits frühzeitig – eben schon in der Zwischenkriegszeit – jene Antipathien und Ängste gegenüber dem *American way of life*, seiner vermeintlichen Kulturlosigkeit und Oberflächlichkeit, aus, die es parallel zur Ausrichtung an amerikanischen Vorbil-

litik der Republik von Weimar, Darmstadt 1985; Manfred BERG, Gustav Stresemann und die Vereinigten Staaten von Amerika. Weltwirtschaftliche Verflechtung und Revisionspolitik 1907–1929, Baden-Baden 1990; Alf LÜDTKE, Inge MARSSOLEK, Adelheid VON SALDERN, Traum und Alptraum im Deutschland des 20. Jahrhunderts, in DIES. (Hg.), Amerikanisierung. Traum und Alptraum im Deutschland des 20. Jahrhunderts, Stuttgart 1996, S. 7–33; Anselm DOERING-MANTEUFFEL, Wie westlich sind die Deutschen? Amerikanisierung und Westernisierung im 20. Jahrhundert, Göttingen 1999, S. 20–34; Detlef JUNKER, Einleitung: Politik, Sicherheit, Wirtschaft, Kultur und Gesellschaft: Dimensionen transatlantischer Beziehungen, in: DERS. (Hg.), Die USA und Deutschland im Zeitalter des Kalten Krieges 1945–1990. Ein Handbuch, Bd. 1 (1945–1968), Stuttgart, München ²2001, S. 17–56 und Egbert KLAUTKE, Unbegrenzte Möglichkeiten. »Amerikanisierung« in Deutschland und Frankreich (1900–1933), Stuttgart 2003. Für den Zeitraum nach 1945 vgl. mit Blick auf Westeuropa insgesamt Richard PELLS, Not like us. How Europeans have loved, hated, and transformed American culture since World War II, New York 1997; Heide FEHRENBACH, Uta G. POIGER (Hg.), *Trans*actions, *Trans*gressions, *Trans*formations. American Culture in Western Europe and Japan, New York, Oxford 2000; Dominik GEPPERT (Hg.), The Postwar Challenge. Cultural, Social, and Political Change in Western Europe, 1945–58, Oxford 2003 sowie Axel SCHILDT, Detlef SIEGFRIED (Hg.), Between Marx and Coca-Cola. Youth Cultures in Changing European Societies, 1960–1980, Oxford 2006 und mit einem besonderen Schwerpunkt auf Westdeutschland DOERING-MANTEUFFEL, Wie westlich sind die Deutschen?, S. 11f. sowie Axel SCHILDT, Vom politischen Programm zur Populärkultur: Amerikanisierung in Westdeutschland, in: JUNKER (Hg.), USA und Deutschland, Bd. 1: 1945–1968, S. 955–965 bzw. im Hinblick auf Frankreich Richard KUISEL, Seducing the French. The Dilemma of Americanization, Berkeley, Los Angeles, London 1993; Fabrice D'ALMEIDA, L'américanisation de la propagande en Europe de l'Ouest (1945–2003), in: Vingtième Siècle 80/2003, S. 5–14 und Dietmar HÜSER, Kultur –Transfer–Vergleich. Zur Amerikanisierung in Frankreich und Westdeutschland nach dem Zweiten Weltkrieg, in: Hélène MIARD-DELACROIX, Rainer HUDEMANN (Hg.): Wandel und Integration. Deutsch-französische Annäherungen der fünfziger Jahre/Mutations et intégration. Les rapprochements franco-allemands dans les années cinquante, München 2005, S. 397–417. Zum Amerikanisierungskonzept vgl. auch den Beitrag von Eckart CONZE in diesem Band.

dern auch immer gegeben hat[7]. Das europäisch-amerikanische Verhältnis war eben das ganze 20. Jahrhundert hindurch janusköpfig: einerseits das verführerische Antlitz eines attraktiven Fortschrittsmodells, andererseits die abstoßende Fratze eines vermeintlich ideell und kulturell unterlegenen Systems. Damit aber scheint es zumindest bedenkenswert, ob sich der Ausdruck »Amerikanisierung«, der eben nie nur wertneutrale Beschreibung, sondern immer auch ein ideologischer Kampfbegriff war und bis heute geblieben ist, tatsächlich als eine wissenschaftliche Kategorie eignet. Zweitens muß festgestellt werden, daß jede positive Amerika-Rezeption – auch jene in Deutschland – nie eine simple »Amerikanisierung« bedeutete, sondern immer »einem Germanisierungs- (Eindeutschungs-) bzw. Europäisierungsprozeß der Amerikanismen« gleichkam[8]. Die Akkulturation war und ist ein Prozeß aktiver Verarbeitung und nicht einfach passiver Übernahme, wie sie der Ausdruck »Amerikanisierung« aber suggeriert. Drittens sollte bedacht werden, daß »Amerikanisierung« und allgemeine westliche »Modernisierung« analytisch schwer zu trennen sind. Daher hat die einschlägige Forschung in den letzten Jahren ergänzend den Begriff der »Westernisierung« eingeführt.

Die »Westernisierung«-Forschung faßt – so einer ihrer prononcierten Vertreter –, »den Ideenverkehr zwischen Europa und Nordamerika ins Auge, der sich seit dem 18./19. Jahrhundert als ein zirkulierender Austausch etabliert hat«[9]. Ihr Vorteil liegt vor allem in der Tatsache, daß Kulturtransfer nicht als Einbahnstraße verstanden wird, sondern als ein durchaus wechselseitiger Prozeß. Tatsächlich überwog noch in der ersten Hälfte des 20. Jahrhunderts der Einfluß politischer, sozioökonomischer und kultureller Ordnungsvorstellungen aus Europa, während nach dem Zweiten Weltkrieg dann die umgekehrte Entwicklung vorherrschte, die schließlich zur Ausbildung eines gemeinsamen transatlantischen Wertesystems geführt hat, wobei auch hier von einer Amalgamierung autochthoner nationaler und allochthoner amerikanischer Elemente auszugehen ist.

---

[7] Zur Herausbildung antiamerikanischer Ressentiments in Europa vgl. Rob KROES, Maarten VAN ROSSEM (Hg,), Anti-Americanism in Europe, Amsterdam 1986; Denis LACORNE, Jacques RUPNIK, Marie-France TOINET (Hg,), The Rise and Fall of Anti-Americanism. A Century of French Perception, New York 1990; Christian SCHWAABE, Antiamerikanismus. Wandlungen eines Feindbildes, München 2003; Joachim SCHOLTYSECK, Anti-Amerikanismus in der deutschen Geschichte, in: Historisch-Politische Mitteilungen der Ranke-Gesellschaft 10 (2003), S. 23–42 und Jan C. BEHREND, Árpád VON KLIMÓ, Patrice G. POUTROS (Hg.), Antiamerikanismus im 20. Jahrhundert. Studien zu Ost- und Westeuropa, Bonn 2005.
[8] GASSERT, Amerikanismus (wie Anm. 6), S. 532.
[9] DOERING-MANTEUFFEL, Wie westlich sind die Deutschen? (wie Anm. 6), S. 12; DERS., Westernisierung. Politisch-ideeller und gesellschaftlicher Wandel in der Bundesrepublik bis zum Ende der sechziger Jahre, in: Karl-Christian LAMMERS, Axel SCHILDT, Detlef SIEGFRIED (Hg.), Dynamische Zeiten. Soziale Kultur und politische Ideen in den beiden deutschen Staaten, Hamburg 2000, S. 311–341. Kritik an diesem Ansatz übt Philipp GASSERT, Die Bundesrepublik Deutschland und der Westen. Zu Verwestlichung, Demokratisierung und einigen komparatistischen Defiziten der zeithistorischen Forschung, in: Jörg BABEROWSKI, Eckart CONZE, Philipp GASSERT, Martin SABROW, Geschichte ist immer Gegenwart. Vier Thesen zur Zeitgeschichte, München 2001, S. 67–89. Zum Westernisierungs-Konzept vgl. auch den Beitrag von Eckart CONZE in diesem Band.

Unzweifelhaft hat sich diese Forschungsrichtung in den letzten Jahren als ein äußerst produktiver Ansatz zur Untersuchung der gesellschaftlichen Entwicklung in der Bundesrepublik Deutschland in den 1950er und 1960er Jahren erwiesen. Dennoch weist auch sie Defizite auf: Erstens ist sie nicht vor der Gefahr einer neuen Meistererzählung von »Deutschlands langem Weg nach Westen« gefeit, welche zumindest die westdeutsche Geschichte ähnlich eindimensional – nur dieses Mal eben positiv – darstellt, wie einst das Interpretament vom vermeintlichen »deutschen Sonderweg« die gesamte deutsche Geschichte negativ stilisierte[10]. Zweitens unterschlägt der Globalbegriff der »westernization« unübersehbare nationale Variationen des westlichen Wegs, die allein schon mit Blick auf den unterschiedlichen Stellenwert von Nation und Staat in den verschiedenen Ländern Europas auffallen. Vielmehr wird der Begriff des »Westens« zumindest in der Forschungspraxis auf die USA reduziert, so daß sich die einschlägigen Untersuchungen zur »Verwestlichung« bisher auch auf das amerikanisch-westdeutsche Verhältnis konzentrieren[11]. Noch ist die Frage unbeantwortet, inwiefern dieser Ansatz tatsächlich auch für komparatistische Studien genutzt werden kann: Sind nach 1945 auch Länder wie Frankreich oder Großbritannien, die sich traditionell dem »Westen« zurechnen, ja sich geradezu als Wiege seiner Werte verstehen, »verwestlicht« worden? Drittens wird bisher weitgehend ausgeblendet, inwieweit Europa und ein entsprechendes Bewußtsein als Bezugspunkte im Prozeß der *westernization* eine eigenständige Rolle gespielt haben – sei es vermittelnd, vielleicht sogar verstärkend oder doch eher bremsend.

Dieses Desiderat ist durchaus auch in der Geschichtswissenschaft erkannt worden – allerdings nur sektoral begrenzt: zunächst von der Sozialgeschichte, die schon seit Ende der 1980er Jahre spezifische sozioökonomische Angleichungsprozesse in Westeuropa thematisiert hat[12], in den letzten Jahren dann zusätzlich in Form einer wiederbelebten Ideengeschichte sowie neuerer kultur- und mentalitätsgeschichtlicher Ansätze, deren Vertreter vor allem nach der Entstehung einer gemeinsamen europäischen

---

[10] Heinrich August WINKLER, Der lange Weg nach Westen. 2 Bde., Bd. 1: Deutsche Geschichte vom Ende des Alten Reiches bis zum Untergang der Weimarer Republik, München 2000; Bd. 2: Deutsche Geschichte vom »Dritten Reich« bis zur Wiedervereinigung, München 2000. Vgl. Anselm DOERING-MANTEUFFEL, Eine politische Nationalgeschichte für die Berliner Republik. Überlegungen zu Heinrich August Winklers »Der lange Weg nach Westen«, in: Geschichte und Gesellschaft 27 (2001), S. 446–462.
[11] Michael HOCHGESCHWENDER, Freiheit in der Offensive? Der Kongreß für kulturelle Freiheit und die Deutschen, München 1998; Gudrun KRUIP, Das »Welt«-»Bild« des Axel-Springer-Verlags. Journalismus zwischen westlichen Werten und deutschen Denktraditionen, München 1999; Thomas SAUER, Westorientierung im deutschen Protestantismus? Vorstellungen und Tätigkeit des Kronberger Kreises, München 1999; Julia ANGSTER, Konsenskapitalismus und Sozialdemokratie. Die Westernisierung von SPD und DGB, München 2003.
[12] Hartmut KAELBLE, Auf dem Weg zur europäischen Gesellschaft. Eine Sozialgeschichte Westeuropas 1880–1980, München 1987; DERS., Nachbarn am Rhein. Entfremdung und Annäherung der französischen und deutschen Gesellschaft seit 1880, München 1991 und DERS., Auf dem Weg zur europäischen Konsumgesellschaft: Charakteristika in Frankreich und Deutschland im Vergleich, in: MIARD-DELACROIX, HUDEMANN (Hg.), Wandel (wie Anm. 6), S. 193–200.

Erfahrung und Identität im zivilgesellschaftlichem Bereich fragen[13]. Der entsprechende Zugriff müßte weiter verstärkt werden und Politik, Wirtschaft, Kultur sowie Gesellschaft gleichermaßen erfassen. Gleichzeitig sollte der Begriff der »Europäisierung« weit umfassender als bisher zur Analyse herangezogen werden. Er ist einerseits zumindest in unserem Zusammenhang ein aus der Retrospektive gewonnenes analytisches Konstrukt, das sich in den zeitgenössischen Quellen nicht findet, denn seine ältere Bedeutung zielte gerade auf die Adaption europäischer zivilisatorischer Standards in den außereuropäischen Kolonien seit dem 19. Jahrhundert[14]. Andererseits haben wir interessanterweise bereits in den 1950er Jahren durchaus so etwas wie einen »Europäisierungs«-Diskurs *avant la lettre*: Der Klassiker der politikwissenschaftlichen Integrationsforschung Ernst B. Haas unterstellte nämlich schon 1958 in seiner Pionierstudie »The Uniting of Europe« einen »europäischen« Lernprozeß der an der Integration beteiligten Eliten; mit ihm begründete er seine Hoffnung auf einen integrationspolitischen *spill-over*[15]. Andere – auch Praktiker wie der erste Präsident der Europäischen Kommission, Walter Hallstein, – sind ihm damals hierin gefolgt[16]. So vorschnell sich dieses funktionalistische Kalkül erwiesen hat, so bedenkenswert scheint auch heute noch seine Prämisse: Die europäische Integration ist keine simple Abfolge punktueller politischer Entscheidungen, sondern ein qualitativer Prozeß, der zur Transformation von Ökonomie und Politik ebenso wie von Gesellschaften und von individuellen wie kollektiven Mentalitäten führt.

»Europäisierung« als analytischer Begriff meint daher die Orientierung hin nach Europa als einem geographischen wie ideellen Raum ebenso wie die Herausbildung europäischer Konvergenzen. Dabei wäre jeweils im konkreten Fall zu prüfen, was »Europa« genau bedeutet: das supranational organisierte Europa der EWG, EG bzw. EU – also lange Zeit bestenfalls ein Klein-Europa –, ein imaginiertes »ideales« Europa oder ein transnationales »gelebtes« Europa; ebenso wäre zu untersuchen, ob etwaige Adap-

---

[13] Einen ersten Einblick in diese Richtung boten Rainer HUDEMANN, Hartmut KAELBLE, Klaus SCHWABE (Hg.), Europa im Blick der Historiker, München 1995. Wichtige Teilergebnisse liefern Hartmut KAELBLE, Europäer und Europa. Die Entstehung des europäischen Selbstverständnisses im 19. und 20. Jahrhundert, Frankfurt a. M., New York 2001; DERS., Martin KIRSCH, Alexander SCHMIDT-GERNIG (Hg.), Transnationale Öffentlichkeiten und Identitäten im 20. Jahrhundert, Frankfurt a. M., New York 2002; Manfred HILDERMEIER, Jürgen KOCKA, Christoph CONRAD (Hg.), Europäische Zivilgesellschaft in Ost und West. Begriff, Geschichte, Chancen, Frankfurt a. M., New York 2000. Einen wichtigen Beitrag im Hinblick auf den Stellenwert Europas in der deutschen Ideengeschichte des 20. Jahrhundert leistet Vanessa CONZE, Das Europa der Deutschen. Ideen von Europa in Deutschland zwischen Reichstration und Westorientierung, München 2005, wobei sie die Entwicklung nach dem Zweiten Weltkrieg aufgrund ihres weiten Untersuchungszeitraums – 1920 bis 1970 – allerdings notgedrungen nicht umfassend behandeln kann und sich überdies auf die Binnenstruktur einschlägiger westdeutscher Organisationen und Zusammenschlüsse – »Abendland-Bewegung« und »Europa-Union Deutschland e.V. « –, nicht aber auf deren Wirkungsgeschichte und damit die Rezeption des Europagedankens in breiten Bevölkerungsschichten konzentriert.
[14] Vgl. den Beitrag von Robert FRANK im vorliegenden Band.
[15] Ernst B. HAAS, The Uniting of Europe, London 1958.
[16] Lise RYE, Walter Hallstein and the promotion of European Union, in: Historische Mitteilungen der Ranke-Gesellschaft 18 (2005), S. 187–198.

Einleitung 13

tionen bewußt oder unbewußt stattfanden und stattfinden. Hierbei kann dem Historiker ein Blick über die eigenen Fachgrenzen nutzen. Andere Disziplinen – vor allem die Politik-, die Rechts- und die Wirtschaftswissenschaft sowie die Soziologie – beschäftigen sich schon seit Jahren mit »Europäisierungs«- bzw. »EUisierungs«-Prozessen[17]. Darunter verstehen ihre Vertreter – bei allen Unterschieden in der jeweiligen Fragestellung und verwendeten Methode – die Wechselwirkungen zwischen den nationalen Mitgliedstaaten und der supranationalen EU-Ebene. Ergänzend zu diesen stärker gegenwartsorientierten und generalisierenden Arbeiten bliebe für die Geschichtswissenschaft die notwendige Aufgabe, solche Veränderungen zu historisieren, d.h. ihre historisch gewachsene Prozeßhaftigkeit zu verdeutlichen.

Hierzu hat Max Weber mit seiner Untersuchung der Wechselbeziehung von »Interessen« und »Ideen« bereits vor vielen Jahrzehnten methodisches Rüstzeug zur Verfügung gestellt: »Interessen (materielle und ideelle), nicht: Ideen, beherrschen unmittelbar das Handeln der Menschen. Aber: die ›Weltbilder‹, welche durch ›Ideen‹ geschaffen werden, haben sehr oft als Weichensteller die Bahnen bestimmt, in denen die Dynamik der Interessen das Handeln fortbewegte«[18]. Angewendet auf den Prozeß der europäischen Einigung bedeutet das: Die Entscheidung für den neuen Weg der supranationalen Einigung Westeuropas resultierte zunächst aus dem jeweiligem nationalen Interesse der beteiligten Staaten, das deren altes Weltbild reflektierte – auf der Seite der nichtdeutschen Partner, insbesondere Frankreichs, das vorrangige Interesse an der Sicherheit vor Deutschland, seitens der Bundesrepublik vor allem der Wunsch nach Wiedererlangung der Souveränität. Doch die erfolgreiche Zusammenarbeit in den folgenden Jahren und Jahrzehnten veränderte diese Sichtweisen sukzessive, indem die Angst vor Deutschland nach und nach abgebaut wurde, sich aber auch das Ideal nationaler Unabhängigkeit stark relativierte. Gleichzeitig avancierte die Erhaltung der neuen westeuropäischen Institutionen immer mehr zum gemeinsamen vitalen Interesse der beteiligten Nationalstaaten. Dem widerspricht auch das Scheitern von Europäischer Verteidigungsgemeinschaft und Europäischer Politischer Gemeinschaft 1954 nicht – beide Projekte waren ihrer Zeit einfach zu weit voraus.

---

[17] Maurizio BACH (Hg.): Die Europäisierung nationaler Gesellschaften, Opladen.2000; Wolfgang WESSELS, Politikwissenschaftliche Beiträge zur Integrationswissenschaft. Vielfalt und Einklang, in: Wilfried LOTH, Wolfgang WESSELS (Hg.), Theorien europäischer Integration, Opladen 2001, S. 19–34; Tanja A. Börzel, Thomas RISSE, Europäisierung und die Transformation der Nationalstaaten, in: Volker H. SCHNEIDER (Hg.), Entgrenzte Märkte – grenzenlose Bürokratie, Frankfurt a. M. 2002, S. 86–108; Rainer EISING, Europäisierung und Integration. Konzepte in der EU-Forschung, in: Markus JACHTENFUCHS/Beate KOHLER-KOCH (Hg.), Europäische Integration, Opladen 2003, S. 387–416; Karin AUEL, Europäisierung nationaler Politik, in: Hans-Jürgen BIELING, Marika LERCH (Hg.), Theorien europäischer Integration, Wiesbaden 2005, S. 293–318. Zum entsprechenden politikwissenschaftlichen Konzept vgl. auch den Beitrag von Tanja A. BOERZEL, Diana PANKE in diesem Band.
[18] Max WEBER, Die Wirtschaftsethik der Weltreligionen, in: DERS., Gesammelte Aufsätze zur Religionssoziologie I, Tübingen ^{9}1988, S. 252. Vgl. hierzu M. Rainer LEPSIUS, Interessen und Ideen. Die Zurechnungsproblematik bei Max Weber, in: DERS., Interessen, Ideen und Institutionen, Opladen 1990, S. 31–43.

»Europäisierung« fand aber auch noch in einem ganz anderen, viel umfassenderen Sinne statt: Die Gründung von Europäischer Gemeinschaft für Kohle und Stahl, Europäischer Atomgemeinschaft und Europäischer Wirtschaftsgemeinschaft in den 1950er Jahren bildete den Beginn eines jahrzehntelangen Prozesses zunehmender soziokultureller und sozioökonomischer Verflechtung der westeuropäischen Länder – Verflechtungen durch Kapital- und Warenströme, durch Migration, in den Konsumstilen und Moden ebenso wie in Kunst und Wissenschaft. Man rückte einander näher und glich sich einander an wie niemals zuvor in der Geschichte unseres Kontinents, materiell und ideell, und beschritt auf diese Weise geradezu einen »European Way [of Life]«[19]. Insofern haben sich alle Länder in Westeuropa in den letzten Jahrzehnten durchaus »europäisiert« – in ihrer operativen Politik, wo jede Regierung gleich welcher politischer Couleur notfalls auch schmerzliche Kompromisse einging, um die europäische Einigung nicht zu gefährden, aber eben auch im Hinblick auf eine Angleichung von Lebensstilen, Sozialstrukturen und Wertvorstellungen.

Hinzu kam, daß erstmals in der Geschichte europäischer Einigungsversuche politische Initiative und gesellschaftliche Unterstützung in eins fielen: Die operative Einigung zumindest Westeuropas stieß lange Zeit auf eine hohe Akzeptanz in den Gesellschaften der beteiligten Länder. Das fällt einem mit Blick auf Deutschland besonders ins Auge: Westbindung und Einbindung in den Westen wurden zur neuen Staatsräson der Bundesrepublik, wobei »Westen« eben auch, und für etliche aufgrund ihres durchaus ambivalenten Nordamerikabildes sogar vor allem, (West-)Europa bedeutete[20]. Nun mag man diese Feststellung unter Bezug auf den besonderen Status minus der Bundesrepublik nach dem Zweiten Weltkrieg leichter Hand abtun. Doch interessanterweise können wir Ähnliches ja auch in anderen Ländern der Gemeinschaft beobachten, selbst im klassischen Nationalstaat Frankreich: 1950 wurde der französische Planungskommissar Jean Monnet wegen seines Vorschlags einer »Europäischen Gemeinschaft für Kohle und Stahl« dort beschuldigt, im Dienste der Amerikaner zu stehen, und der damalige französische Außenminister Robert Schuman mußte sich als »Boche« beschimpfen lassen, weil er sich diesen Vorschlag zu eigen machte. Heute ruht Monnet im Panthéon, und eine französische Initiative betreibt die Seligsprechung Schumans[21].

---

[19] Hartmut KAELBLE, The European Way. European Societies in the 19th and 20th Centuries, New York 2002. Vgl. DERS., Weg (wie Anm. 12) und DERS., Nachbarn (wie Anm. 12).
[20] Vgl. Vanessa CONZE, Europa (wie Anm. 13), S. 111–206, 291–384 sowie Reiner MARCOWITZ, Im Spannungsverhältnis von Amerikanisierung, Europäisierung und Westernisierung. Die Zäsur der 1960er und 1970er Jahre für die transatlantische Europadebatte, in: Chantal METZGER, Hartmut KAELBLE (Hg.), Deutschland – Frankreich – Nordamerika: Transfers, Imaginationen, Beziehungen, Stuttgart 2006, S. 98–123.
[21] Vgl. Elsa GUICHAOUA, Jean Monnet entre mémoire, célébration et histoire, in: Gérard BOSSUAT, Andreas WILKENS (Hg,), Jean Monnet, l'Europe et les chemins de la paix, Paris 1999, S. 435–440; Heinz-Joachim FISCHER, Politische Heilige – selige Politiker, in: Frankfurter Allgemeine Zeitung vom 19.5.2004; Ulrich LAPPENKÜPER, Adenauer, Schuman und die deutschfranzösische Verständigung 1948–1963. Ideelle Visionen und kalkulierte Interessen, in: Historisches Jahrbuch 125 (2005), S. 301–326, hier S. 325f.

Das kann man belächeln und als ahistorische Mythenbildung kritisieren, aber es spiegelt doch tiefgreifende habituelle und kognitive Veränderungen in der französischen Gesellschaft, wie es sie in ähnlicher oder anderer Form auch bei den übrigen Beteiligten der europäischen Integration gegeben hat. Gleichzeitig belegt es, wie wichtig bei der »Europäisierung« – aber letztlich auch bei den übrigen hier behandelten Transnationalisierungsprozessen – die Berücksichtigung der Interdependenz von inneren und äußeren Faktoren sowie des Zusammenspiels unterschiedlicher gesellschaftlicher und staatlicher Akteure ist. Vor allem »Amerikanisierung«, »Westernisierung« und »Europäisierung« konnten nur deshalb so erfolgreich sein, weil sie nach dem Zweiten Weltkrieg an eine durchaus lange positive Tradition anknüpften, hinter der die auch immer schon vorhandenen negativen Konnotationen sukzessive zurücktraten, weil die weltpolitischen Rahmenbedingungen transnationale Verflechtung geradezu erzwangen, nationale Politiker diesen Trend aufnahmen, den aber auch von Beginn an zumindest eine starke Minderheit in den beteiligten Ländern begrüßte, die dann mit dem Erfolg dieses Prozesses zunehmend zur Majorität wurde. Insofern ist es auch schwer, wenn nicht sogar unmöglich, zu entscheiden, was bei dieser Entwicklung den Ausschlag gab: der internationale Rahmen, nationale Politik oder einzelne nationale Politiker und gesellschaftliche Gruppen bzw. ein günstiges gesellschaftliches Klima. Letztlich verstärkte das eine das andere und umgekehrt, so daß es hier keinen Primat gibt. Deshalb wäre gerade im Hinblick auf die mittlerweile besonders spezialisierte – eben deshalb aber auch zersplitterte – Forschung zur Einigung Europas eine »integrierte Europageschichte« notwendig, die anders als bisher Politik, Wirtschaft, Kultur und Gesellschaft nicht als getrennt zu untersuchende Bereiche, sondern in ihrer Interdependenz erfaßt[22].

Damit soll keineswegs einer europäischen, geschweige denn integrationspolitischen Teleologie das Wort geredet werden. Ebenso dürfen bestimmte Homogenisierungstendenzen nicht darüber hinwegtäuschen, daß auch die Orientierung an »Europa« – wie jene an den USA oder dem »Westen«, ja selbst der »Welt« – national unterschiedlich stattfindet und damit Teil einer nach wie vor bestehenden nationalen Identität ist, die bestenfalls ›hybride‹ Züge – und diese in spezifischer nationaler Mischung – aufweist. Daß es aber auch auf europäischer Ebene zu Transformationen gekommen ist, die nicht in »Amerikanisierungs«-, »Westernisierungs«- oder »Globalisierungs«-Prozessen auf-

---

[22] Hilfreiche Schneisen in dieses disparate Forschungsfeld schlagen Wilfried LOTH, Beiträge der Geschichtswissenschaft zur Deutung der Europäischen Integration, in: DERS., Wolfgang WESSELS (Hg.), Theorien europäischer Integration, Opladen 2001 (Grundlagen für Europa, 7), S. 87–106; Jost DÜLFFER, Europäische Zeitgeschichte – Narrative und historiographische Perspektiven, in: Zeithistorische Forschungen/Studies in Contemporary History, Online-Ausgabe 1 (2004) 1, URL: http://www.zeithistorische–forschungen.de/16126041-Dülffer-1-2004, DERS., Europa (wie Anm. 1), S. 149–160, 174–183; Wolfram KAISER, Vom Staat zur Gesellschaft? Zur Historiographie der europäischen Integration, in: Geschichte in Wissenschaft und Unterricht 55 (2004), S. 663–679 und Mareike KÖNIG, Matthias SCHULZ, Die Bundesrepublik Deutschland und die europäische Einigung: Trends und Kontroversen der Integrationshistoriographie, in: DIES. (Hg.), Die Bundesrepublik Deutschland und die europäische Einigung 1949–2000. Politische Akteure, gesellschaftliche Kräfte und internationale Erfahrungen, Stuttgart 2004, S. 15–36.

gehen, scheint offensichtlich und ein entsprechendes Forschungsdesign deshalb ebenso legitim wie notwendig : »Il est important de savoir comment, du fait de la construction européenne, les Français ne sont pas Français de la même manière en 2000 qu'en 1950 – sans parler des périodes antérieures –, et de même pour les Allemands, les Italiens ou les Britanniques, etc. Comprendre l'histoire de ces modifications culturelles, politiques et sociales des identités nationales, peut aider à mesurer jusqu'où va le processus déjà entamé de ›familiarisation‹ et d'appropriation transnationale, à apprécier les dynamiques et les résistances«[23].

Im Gegensatz zu »Europäisierung«, aber selbst »Amerikanisierung« und »Westernisierung« ist »Globalisierung« geradezu ein populärer, wenn nicht sogar populistischer Begriff, der zum Passepartout einer oft kritischen Gegenwartsdiagnose geworden ist. Zudem umschreibt er auch in der Geschichtswissenschaft zumindest seit einigen Jahren ein anerkanntes Forschungsfeld, nachdem dieses zunächst nur Politik- und Sozialwissenschaftler beackerten[24]. Ein besonderes Interesse gilt der Frage nach der Einmaligkeit der »Globalisierung« an der Wende vom 20. zum 21. Jahrhundert bzw. der Eruierung des Phänomens *avant la lettre* bereits in vergangenen Jahrhunderten. Als eine tragfähige Definition hat sich dabei erwiesen, »Globalisierung als den Aufbau, die Verdichtung und die zunehmende Bedeutung weltweiter Vernetzung« zu verstehen[25]. Dementsprechend besteht heute auch weitgehend ein Konsens, demzufolge es nach vorübergehenden Anläufen zur »Globalisierung« bereits in der Vormoderne und dann verstärkt seit dem Beginn der Neuzeit erst zwischen 1860 und 1914 eine »erste Welle ökonomischer Globalisierung« gegeben habe[26]. Tatsächlich finden sich bereits in dieser Zeit die Symptome auch unserer aktuellen Wahrnehmung: weltweit integrierte Güter- und Kapitalmärkte, transkontinentale Migration und der informationstechnische Durchbruch neuer Kommunikationsmedien. Zudem erlebten bereits die damaligen Zeitgenossen diese Entwicklung bewußt und reflektierten sie, wenngleich sie sich dabei

---

[23] Robert FRANK, Une histoire problématique, une histoire du temps présent, in: Vingtième Siècle 71/2001, S. 79–89, hier S. 89.
[24] Richard TILLY, Globalisierung aus historischer Sicht und das Lernen aus der Geschichte, Köln 1999; Jürgen OSTERHAMMEL, Internationale Geschichte, Globalisierung und die Pluralität der Kulturen, in: Wilfried LOTH, Jürgen OSTERHAMMEL (Hg.), Internationale Geschichte. Themen – Ergebnisse – Aussichten, München 2000, S. 387–408; Knut BORCHARDT, Globalisierung in historischer Perspektive, München 2001 (Bayerische Akademie der Wissenschaften. Philosophisch-Historische Klasse. Sitzungsberichte 2001/2), S. 3–34; Anthony G. HOPKINS (Hg.), Globalization in World History, London 2002; Jürgen OSTERHAMMEL, Niels P. PETERSSON, Geschichte der Globalisierung. Dimensionen, Prozesse, Epochen, München 2003; Hanna SCHISSLER, Weltgeschichte als Geschichte der sich globalisierenden Welt, in: Aus Politik und Zeitgeschichte B 1–2/2005, S. 33–39; Alexander NÜTZENADEL, Globalisierung und transnationale Geschichte, in: http://hsozkult.geschichte.hu-berlin.de/forum/2005-02-004). Vgl. auch den Beitrag von Niels P. PETERSSON in diesem Band.
[25] OSTERHAMMEL, PETERSSON, Geschichte (wie Anm. 24), S. 24.
[26] Cornelius TORP, Weltwirtschaft vor dem Weltkrieg. Die erste Welle ökonomischer Globalisierung vor 1914, in: Historische Zeitschrift 279 (2004), S. 561–606. Vgl. auch Peter KRÜGER, Das unberechenbare Europa. Epochen des Integrationsprozesses vom späten 18. Jahrhundert bis zur Europäischen Union, Stuttgart 2005, S. 88–102.

noch anderslautender Begriffen wie »Weltpolitik« oder »Weltwirtschaft« bedienten; hierfür spricht auch die um 1900 verbreitete »Weltreichslehre«[27].

Vor diesem Hintergrund erscheinen die Jahre nach dem Ersten Weltkrieg vordergründig als eine Phase der »De-Globalisierung«, in der die in den Jahrzehnten zuvor geschaffenen Verbindungen im Zeichen von Autarkiebestrebungen, Nationalismus und Revanchismus wieder zerbrachen. Allerdings weist die Zwischenkriegszeit trotz aller Diskontinuitäten andauernde globale Integrationsprozesse auf, wie es überhaupt in allen Phasen des Prozesses – selbst in jener des eigentlichen Durchbruchs zur »Globalisierung« während des großen Booms nach 1945 oder in der vermeintlich ›totalen‹ Globalität unserer Gegenwart – immer auch gegenläufige Trends zu beachten gilt. Die »Globalisierung« ist ebenfalls mitnichten ein teleologischer oder zwangsläufiger Prozess : »Nicht nur Anpassung und Assimilation [...] gehören zu den Folgen der Vernetzung, sondern immer auch Abgrenzung und Fragmentierung«[28].

Das verbindet sie durchaus mit »Amerikanisierung« und »Europäisierung«. Ein wesentlicher Unterschied liegt indes in der Tatsache, daß der Begriff der »Globalisierung« offener ist als die zuvor erörterten: Während »Amerikanisierung« und »Europäisierung« klare geographische und inhaltliche Ausrichtungen und Einflüsse signalisieren, umschreibt »Globalisierung« weltweite Verflechtungen, Verkopplungen und Verschmelzungen – Finanztransfers, ökonomische Austauschprozesse, Migrationsbewegungen, Synchronisierung der Information, kulturelle Anpassungsprozesse. Deshalb tritt dieser Terminus keineswegs in Konkurrenz zu den anderen in diesem Band diskutierten Begriffen oder avanciert auch nicht zur neuen übergeordneten Kategorie, unter die die übrigen transnationalen Phänomene einfach subsumiert werden könnten, wie Niels P. Petersson in seinem Beitrag im vorliegenden Band betont: »Globalisierung [...] bezieht sich [...] auf die Dichte und Reichweite sozialer Beziehungen, nicht auf ihren Inhalt«[29]. Insofern hat die »Globalisierung« zu manchen Zeiten den transatlantischen Transfer – Stichwort »Amerikanisierung«/»Westernisierung« – ebenso wie den innereuropäischen – Stichwort »Europäisierung« – erleichtert. Damit zeigt sich hier nur besonders deutlich, wie sehr diese Phänomene zusammenhängen und dementsprechend auch nicht separiert, sondern in ihrem Wechselverhältnis untersucht werden sollten, zumal sie alle ihre Berechtigung haben, gerade wenn – wie hier getan – ihre jeweiligen Deutungsgrenzen bedacht werden: »Amerikanisierung« für genuin amerikanische Einflüsse, »Westernisierung« für umfassendere Transferprozesse im transatlantischen Verhältnis, »Europäisierung« für spezifisch inner(west)europäische Konvergenzen und schließlich »Globalisierung« für weltweite Verflechtungen und Vernetzungen[30].

---

[27] Sönke NEITZEL, Weltmacht oder Untergang. Die Weltreichslehre im Zeitalter des Imperialismus, Paderborn 2000.
[28] Sebastian CONRAD, Globalisierung und Nation im Deutschen Kaiserreich, München 2006, S. 10.
[29] Vgl. den Beitrag von Niels P. PETERSSON im vorliegenden Band.
[30] Da die Begriffe nun eingeführt sind, wird fortan auf Anführungszeichen verzichtet.

Einen ersten Versuch in dieser Richtung stellte eine Diskussion deutscher und französischer Historiker, Kulturwissenschaftler und Politologen am 29. Mai 2006 über das Thema »Nationale Identität und transnationale Einflüsse. Amerikanisierung, Europäisierung, Globalisierung in Frankreich nach dem Zweiten Weltkrieg/Identité nationale et influences transnationales. Américanisation, européanisation, mondialisation – le cas de la France après la Seconde Guerre mondiale« im Rahmen einer Konferenz am Deutschen Historischen Instituts Paris dar, das Fondation Robert-Schuman und Friedrich-Ebert-Stiftung dankenswerterweise finanziell unterstützten[31]. Die gewählte Konzeption sah dabei vor, Theorie und Empirie miteinander zu verbinden: Ansatz, Tragfähigkeit und Anschlußfähigkeit der relevanten Forschungskonzepte sollten ebenso diskutiert werden wie die konkreten Auswirkungen der unterschiedlichen transnationalen Einflüsse auf einzelne Sektoren der französischen Politik und Gesellschaft. Natürlich hätten diese Fallstudien auch komparatistisch angelegt werden können in Form einer »histoire croisée«[32] und mit dem Ziel eines »Kultur-Transfer-Vergleich[s]«[33], doch jede Tagungsregie – und jeder Sammelband – unterliegen nun einmal Sachzwängen. Hier stand die Verknüpfung von konzeptioneller Diskussion und praktischer Analyse im Vordergrund, und diese Vorentscheidung zwang zu Auswahl und Beschränkung bei den konkreten Beispielen, aber natürlich auch im Hinblick auf den Geschichtszeitraum: Selbstverständlich lassen sich die hier untersuchten transnationalen Einflüsse bereits lange vor 1944/45 nachweisen, indes ist ebenso sicher, daß sie nach dem Zweiten Weltkrieg eine besondere Dynamik erfahren haben und Politik, Wirtschaft, Kultur sowie Gesellschaft so umfassend wie niemals zuvor veränderten. Zudem wurde die *longue durée* mancher Prozesse durchaus von den entsprechenden Spezialisten bedacht.

Daß die Wahl überhaupt auf das Frankreich nach 1945 fiel, ist natürlich auch dem Genius loci der Veranstaltung geschuldet. Allerdings läßt sich diese Entscheidung noch zusätzlich begründen: In Frankreich ist die Forschung über Amerikanisierung, Europäisierung und Globalisierung in vollem Gange und lädt deshalb geradezu ein zu einer Zwischenbilanz[34]. Insbesondere über die spezifisch europäische Komponente des westlichen Homogenisierungsprozesses wird hier im Rahmen des Forschungsverbundes UMR 8138 »Identités, relations internationales et civilisations de l'Europe« des CNRS und der Universitäten Paris I und Paris IV unter der Leitung zunächst von René

---

[31] Vgl. den Tagungsbericht in h-soz-u-kult: http://hsozkult.geschichte.hu-berlin.de/tagungs–berichte/id=1168.
[32] Michael WERNER, Bénédicte ZIMMERMANN, Vergleich, Transfer, Verflechtung. Der Ansatz der *Histoire croisée* und die Herausforderung des Transnationalen, in: Geschichte und Gesellschaft 28 (2002), S. 607–636.
[33] Dietmar HÜSER, Kultur-Transfer-Vergleich, in: MIARD-DELACROIX, HUDEMANN (Hg.), Wandel (wie Anm. 6), S. 397–417. Vgl. auch Johannes PAULMANN, Internationaler Vergleich und interkultureller Transfer. Zwei Forschungsansätze zur europäischen Geschichte des 18. bis 20. Jahrhunderts, in: Historische Zeitschrift 267 (1998), S. 649–685.
[34] Bezogen auf die 1950er Jahre leisten dies bereits MIARD-DELACROIX, HUDEMANN (Hg.), Wandel (wie Anm. 6).

Girault und mittlerweile von Robert Frank seit Ende der 1980er Jahre breit geforscht[35].

Über dieses formale Kriterium der Nähe zu berufenen Kolleginnen und Kollegen sowie dem Objekt des wissenschaftlichen Interesses hinaus scheint Frankreich aber auch inhaltlich ein besonders lohnendes Beispiel für eine Untersuchung der konfliktreichen Beziehung zwischen nationaler Identität und transnationalen Einflüssen zu sein, wie folgende Fragen belegen mögen: Hat sich dieses Land – gleich anderen in Westeuropa – amerikanisiert, obwohl es bisweilen geradezu eine »obsession antiaméricaine« (Jean-François Revel) pflegt? Hat es sich europäisiert, oder war es nicht immer das Ziel seiner Eliten, eine *Europe à la française* zu schaffen? Und wie verhält es sich mit der Globalisierung? Einerseits hält Frankreich immer seinen Anspruch auf eine weltweite Sendung aufrecht, andererseits – vielleicht aber auch gerade deshalb – hat Attac, die Organisation der Globalisierungsgegner, hier ihre Wurzeln.

Hier sollen nur einige wenige Hinweise auf etwaige Antworten gegeben werden, um die Wahl des Themas weiter zu erläutern, ohne aber den entsprechenden empirischen Beiträgen allzu sehr vorzugreifen: Zum einen sind die besondere »mission civilisatrice« und die daraus abgeleitete »grandeur« Frankreichs eine jahrhundertealte Leitidee und spätestens seit der Französischen Revolution auch der integrale Bestandteil eines alle inneren Brüche und Umwälzungen des 19. und 20. Jahrhunderts überdauernden Selbstbewußtseins der »France éternelle« geworden. Zum anderen sah sich aber gerade dieses Land nach 1945 besonderen Herausforderungen seiner nationalen Identität gegenüber, die auch zu spezifischen Reaktionen auf die genannten transnationalen Einflüsse führten[36]. Der bereits erwähne internationale Status minus verschlechterte sich in den Jahren nach 1945 nämlich zunächst noch weiter durch die innenpolitische und wirtschaftliche Schwäche der IV. Republik[37]. Dem gesellte sich die Dekolonisation hinzu, die das Land in Indochina wie in Algerien in ideell verstörende und materiell verlustreiche Niederlagen trieb[38]. Das erzwang geradezu die Einsicht in die Notwendigkeit internationaler Kooperation und die Anpassung an transnationale Regime – im westeuropäischen ebenso wie im transatlantischen Rahmen.

Dementsprechend signalisierten die Meinungsumfragen der 1950er Jahre im Hinblick auf die USA auch eine überwiegend positive Einstellung, und in punkto Konsum, Moden und vielleicht sogar Lebensstilen setzte damals sicherlich eine bis heute andau-

---

[35] René GIRAULT (Hg.), Les Europe des Européens, Paris 1993; DERS. (Hg,), Identité et conscience européennes au XXᵉ siècle, Paris 1994; Robert FRANK (Hg.), Les identités européennes au XXᵉ siècle: Diversités, convergences et solidarités. Programme international de recherche, Paris ²1998.

[36] LOTH, Geschichte (wie Anm. 1), S. 125–165; RÉMOND, Frankreich (wie Anm. 1), Erster Teil: 1918–1958, S. 424–609.

[37] Philip WILLIAMS, La vie politique sous la 4ᵉ République, Paris 1971. Vgl. Thomas RAITHEL, Die Praxis des parlamentarischen Systems in der frühen Bundesrepublik und in der Vierten Französischen Republik, in: MIARD-DELACROIX, HUDEMANN (Hg.), Wandel (wie Anm. 6), S. 309–322.

[38] Charles-Robert AGERON, La décolonisation française, Paris 1991. Vgl. Jean-Paul Cahn, Décolonisation française et relations franco-allemandes 1954–1963, in: MIARD-DELACROIX, HUDEMANN (Hg.), Wandel (wie Anm. 6), S. 139–156.

ernde Amerikanisierung Frankreichs ein[39]. Allerdings blieb die westliche Vormacht zumindest für die französischen Eliten letztlich ein ungeliebtes Vorbild: Wenn pointiert worden ist, die Amerikaner seien für die meisten Westdeutschen sehr bald schon nach dem Zweiten Weltkrieg »freundliche Feinde« (Heinrich Oberreuter/Jürgen Weber) geworden, so gilt für Frankreich, zumindest für sehr viele Angehörige seiner politischen, wirtschaftlichen und kulturellen Führungsschichten, daß der amerikanische Hegemon eher ein »feindlicher Freund« war. Das ist sicher auch eine Erklärung dafür, warum die Idee eines geeinten Westeuropas seit der zweiten Hälfte der 1940er Jahre auf deutliche Zustimmung in der französischen Bevölkerung und in allen politischen Lagern des Landes mit Ausnahme des PCF stieß[40]. Allerdings ließ sich eine Mehrheit der Franzosen dabei wohl von jener Maxime leiten, die der damalige Außenminister Georges Bidault im März 1953 formulierte: »Faire l'Europe sans défaire la France«[41]. Zudem weisen die entsprechenden Meinungsumfragen immer und verstärkt ab Mitte der 1950er Jahre einen konstant hohen Wert an Unentschlossenen auf – Beleg für eine zunehmende Entfremdung zwischen einer durchaus integrationswilligen, ja anfänglich zumindest partiell europaenthusiastischen Öffentlichkeit und einer von Beginn an technokratischen Integration, die von einem relativ hermetischen Kreis von Beamten, Politikern und Wirtschaftsfachleuten konzipiert und realisiert wurde.

Mit Beginn der Ära de Gaulle spitzten sich ab 1958 die bereits bestehenden latenten amerikanisch-französischen Gegensätze noch einmal dramatisch zu und wurden bezeichnenderweise nun auf dem Feld der europäischen Einigung ausgetragen. Dies geschah in Form zweier unterschiedlicher »Eurovisionen« (Ute Frevert): hier der amerikanisch dominierte »Grand design« John F. Kennedys, dort die stärker auf Selb-

---

[39] RÉMOND, Frankreich (wie Anm. 1), Erster Teil: 1918–1958, S. 623–625; Pierre MILZA, Anti-Américanisme, in: Jean-François SIRINELLI (Hg.), Dictionnaire historique de la vie politique française au XXᵉ siècle, Paris 1995, S. 29–33; KUISEL, French, S.15–130; Dietmar HÜSER, Struktur- und Kulturgeschichte französischer Außen- und Deutschlandpolitik im Jahre 1945. Für eine methodenbewusste Geschichte der internationalen Beziehungen, in: Historische Mitteilungen der Ranke-Gesellschaft 16 (2003), S. 155–170; Alfred GROSSER, Frankreich und seine Außenpolitik. 1944 bis heute, München 1986, S. 27–176; DERS., Bündnis, S. 20–30, S. 43–51, S. 111–116 und S. 185-218; HÜSER, »Rock around the clock«. Überlegungen zu amerikanischer Populärkultur in der französischen und westdeutschen Gesellschaft der 1950er und 1960er Jahre, in: Chantal METZGER, Hartmut KAELBLE (Hg.), Deutschland – Frankreich – Nordamerika: Transfers, Imaginationen, Beziehungen, Stuttgart 2006, S. 189–208.

[40] Gérard BOSSUAT, Les ›Europe‹ des Français au long du XXᵉ siècle, in: GIRAULT (Hg.), Europe, S. 77–95; DERS., L'Europe des Français 1943–1959. La IVᵉ République aux sources de l'Europe communautaire, Paris 1996; DERS., Faire l'Europe sans défaire la France. 60 ans de politique d'unité européenne des gouvernements et des présidents de la République française (1943–2003), Brüssel 2005, S. S. 30–55; Elisabeth DU RÉAU (Hg.), Europe des élites? Europe des peuples? La construction de l'espace européen 1945–1960, Paris 1998. Vgl. auch die einschlägigen Umfrageergebnisse in: Horst MÖLLER, Klaus HILDEBRAND (Hg.), Die Bundesrepublik Deutschland und Frankreich. Dokumente 1949–1963, Bd. 4: Materialien, Register, Bibliographie (Erschließungsband), bearb. von Herbert ELZER in Zusammenarbeit mit Ulrich LAPPENKÜPER und Andreas WILKENS, München 1999, S. 41–79.

[41] Zit. nach BOSSUAT, Europe (wie Anm. 40), S. 91.

ständigkeit bedachte »Europe européenne« Charles de Gaulles[42]. Ungeachtet dieser politischen und implizit auch ökonomischen Kontroversen im transatlantischen Verhältnis verstärkte sich in den 1960er Jahren in Frankreich zunächst noch der Trend zur kulturellen und materiellen Ausrichtung an amerikanischen Vorbildern. Allerdings setzte sich damals auch eine andere Entwicklung des vorangegangenen Jahrzehnts fort, nämlich eine spezifische Konvergenz der Sozialstruktur zwischen den westeuropäischen Staaten, die diese signifikant unterschied von anderen Industrieländern wie den USA, Japan oder auch der Sowjetunion. Eine weitere westeuropäische Gemeinsamkeit waren dann in der zweiten Hälfte dieses Jahrzehnts die wachsenden Vorbehalte gegenüber der politischen Kultur der USA angesichts von Rassendiskriminierung und Vietnamkrieg. Unübersehbar ist, daß nun »das Ende der langen Krise des europäischen Selbstverständnisses« – die mit dem Ersten Weltkrieg begonnen hatte – durch eine »Rückkehr des europäischen Selbstvertrauens« eingeleitet wurde[43]. Es begann so etwas wie ein westeuropäischer Emanzipationsprozeß von den USA und die Entstehung eines selbstbewußten Westeuropas.

In den 1970er Jahren prägte das französische Amerikabild dann eine sachlichere, weniger ideologische Auseinandersetzung mit den Stärken und Schwächen der USA. Gleichzeitig wurde ein gemäßigter Gaullismus in der post-gaullistischen Phase Frankreichs durchaus stilbildend auch für andere westeuropäische Regierungen. Dazu gehörte, daß deren europapolitische Stellungnahmen nun wiederholt auf eine spezifisch europäische Identität und Wertebasis rekurrierten[44]. Parallel hierzu erfuhr der bereits erwähnte Prozeß einer zunehmenden soziokulturellen und sozioökonomischen Verflechtung Westeuropas jetzt seinen eigentlichen Durchbruch. Insofern hat sich Frankreich gleich anderen Ländern in Westeuropa in den letzten Jahrzehnten wohl durchaus europäisiert – in Ökonomie und Politik, aber auch in punkto gesellschaftlicher Strukturen und kultureller Trends[45].

---

[42] GROSSER: Bündnis, S. 259–269, 293–304; Frank COSTIGLIOLA, The Failed Design: Kennedy, de Gaulle, and the Struggle for Europe, in: Diplomatic History 8 (1984), S. 227–251; Eckart CONZE, Die gaullistische Herausforderung. Deutsch-französische Beziehungen in der amerikanischen Europapolitik, München 1995; DERS., Hegemonie durch Integration? Die amerikanische Europapolitik und ihre Herausforderungen durch de Gaulle, in: Vierteljahrshefte für Zeitgeschichte 43 (1995), S. 297–340; MARCOWITZ, Spannungsverhältnis (wie Anm. 20), S. 107–114.
[43] KAELBLE, Europäer (wie Anm. 13), S. 218–245, hier S. 240.
[44] Peter KRÜGER, Europabewußtsein in Deutschland in der ersten Hälfte des 20. Jahrhunderts, in: HUDEMANN, KAELBLE, (Hg.), Europa (wie Anm. 13), S. 31–53, hier S. 52; Ute FREVERT, Eurovisionen. Ansichten guter Europäer im 19. und 20. Jahrhundert, Frankfurt a. M. 2003, S. 159; Vlad CONSTANTINESCO, Le rôle du Conseil européen dans la formation d'une identité européenne, in: Marie-Thérèse BITSCH, Wilfried LOTH, Raymond POIDEVIN (Hg.), Institutions européennes et identités européennes (Organisation internationale et relations internationales, 1), Brüssel 1998, S. 435–447. Vgl. Bruno RIONDEL, Affirmation du Parlement européen et émergence d'une identité européenne, des années soixante à nos jours, in: ibid., S. 295–306 und Achim TRUNK, Europa, ein Ausweg. Politische Eliten und europäische Identität in den 1950er Jahren, München 2007.
[45] Wolfgang SCHMALE, Geschichte Frankreichs, Stuttgart 2000, S. 381.

Dennoch machte bereits Ende der 1970er Jahre das Wort von der »Euro-Sklerose« die Runde[46]. Tatsächlich prägten die folgenden Jahrzehnte auch eine starke Desillusionierung und ein ausgesprochenes Krisenbewußtsein: Desillusionierung angesichts des Scheiterns aller Hoffnungen auf einen entscheidenden europapolitischen Durchbruch – ein Gefühl, das ungeachtet der Dynamik des Integrationsprozesses in den 1990er Jahre bis heute andauert. Diese europapolitische Enttäuschung ging zudem seit Mitte der 1970er Jahre angesichts einer neuen Weltwirtschaftskrise mit tiefgreifenden Zweifeln an den politischen wie ökonomischen Handlungs- und Steuerungsmöglichkeiten moderner Industriestaaten einher. Auch diese Entwicklung hält letztlich bis heute an, und sie begründet die Skepsis vieler Menschen gegenüber den europäischen Institutionen und Regelungsmechanismen[47].

Ein Blick in den Kalender belegt zusätzlich die Aktualität der Pariser Konferenz und damit auch dieses Tagungsbandes: Genau ein Jahr zuvor, am 29. Mai 2005, hatte die französische Bevölkerung den EU-Verfassungsvertragsentwurf abgelehnt. Hierfür gab es viele Gründe, darunter etliche, die mehr mit der Innen- als mit der Außen- und Europapolitik des Landes zu tun hatten[48]. Insofern ist die Sorge vor einer spezifischen »Europhobie« (Pierre Mauroy) der Franzosen vielleicht übertrieben; gleichwohl zeugt das Ergebnis des Referendums auch von einer verbreiteten – längst nicht nur auf Frankreich begrenzten – ambivalenten Einstellung zur Einigung unseres Kontinents: Zum einen hat die europäische Integration gerade in den vergangenen anderthalb Jahrzehnten beeindruckende Fortschritte gemacht, zum anderen war im gleichen Zeitraum aber auch eine überraschende Rückbesinnung auf die Nation zu verzeichnen, ja eine Wiederkehr des Nationalismus und in Teilen des ehemaligen Ostblocks sogar des

---

[46] Joachim SCHILD, National v. European Identities? French and Germans in the European Multilevel System, in: Journal of Common Market Studies 39 (2001), S. 331–351; Gerhart BRUNN, Die Europäische Einigung von 1945 bis heute, Stuttgart 2002, S. 179–227; Franz KNIPPING, Rom, 25. März 1957. Die Einigung Europas, München 2004, S. 156–217; DERS., Matthias SCHÖNWALD (Hg.), Aufbruch zum Europa der zweiten Generation. Die europäische Einigung 1969–1984, Trier 2004.

[47] Gabriele METZLER, Am Ende aller Krisen? Politisches Denken und Handeln in der Bundesrepublik der sechziger Jahre, in: Historische Zeitschrift 275 (2002), S. 57–103; DIES., Konzeptionen politischen Handelns von Adenauer bis Brandt. Politische Planung in der pluralistischen Gesellschaft, Paderborn u.a. 2005, S. 347–418; Margit SZÖLLÖSI-JANZE, Wissensgesellschaft – ein neues Konzept zur Erschließung der deutsch-deutschen Zeitgeschichte?, in: Hans Günter HOCKERTS (Hg.), Koordinaten deutscher Geschichte in der Epoche des Ost-West-Konflikts, München 2004, S. 277–305, hier S. 292–299; Alexander NÜTZENADEL, Stunde der Ökonomen. Wissenschaft, Politik und Expertenkultur in der Bundesrepublik 1949–1974, Göttingen 2005, S. 307–352. Für die entsprechende Debatte auf transnationaler westlicher Ebene vgl. Alexander SCHMIDT-GERNIG, Scenarios of Europe's Future – Western Future Studies of the Sixties and Seventies as an Example of a Transnational Public Sphere of Experts, in: Journal of European Integration History 8 (2002) 2, S. 69–90.

[48] Flash Eurobaromètre. La Constitution européenne: sondage post-référendum en France (= Flash Eurobaromètre 171, Juin 2005); Quatre scénarios pour L'Europe ..., hg. von Friedrich-Ebert-Stiftung Paris/Fondation Jean-Jaurès, Paris 2005. Praktische Vorschläge zur Verbesserung der EU-Akzeptanz nicht nur in Frankreich unterbreiten Martin KOOPMANN, Lucas DELATTRE, Faire aimer l'Europe. Trois idées simples pour réconcilier les citoyens avec les ambitions de la construction européenne, in: Le Figaro vom 7.6.2005.

Ethnozentrimus, also von Phänomenen, die längst überwunden schienen und die an alteuropäische Konfliktlinien sowie die Selbstzerstörung des Kontinents in der ersten Hälfte des 20. Jahrhunderts gemahnen[49]. Dazu paßt eine insbesondere in Westeuropa verbreitete Europa-Skepsis. Sie belegt, daß sich die einstmals kongruenten Sphären des (west)europäischen Integrationsprozesses – die politische einerseits und die gesellschaftliche andererseits – mittlerweile deutlich auseinander entwickelt haben: So selbstverständlich die meisten Menschen in den EU-Mitgliedstaaten heute die Dividenden der europäischen Integration einstreichen – also die Möglichkeit zum grenzenlosen Reisen, Studieren und Arbeiten –, so schnell strafen sie die Gemeinschaft für die ökonomischen Folgen einer globalisierten Wirtschaft ab.

Anderen wiederum scheint gerade die Globalisierung ab sofort der einzig sinnvolle neue Kompaß: Der britische Kulturhistoriker Peter Burke beispielsweise hat kürzlich die Versuche zur Schaffung einer europäischen Identität ironisiert und prophezeit, daß zukünftig nur noch Lokales und Globales dominieren und sich partiell miteinander vermischen werden[50]. Für diese Annahme spricht zweifellos einiges – vor allem die wachsende weltweite Verflechtung; anderes – die erwähnte Wiederentdeckung von Ethnie und Nation – widerspricht ihm hingegen. Überdies ist mit einem solchen Szenario noch nicht die Frage beantwortet, ob aus solcher Globalisierung auch Stabilität – innergesellschaftlich wie international – erwachsen kann. Benötigen private lokale sowie nationale Identität und professionelle globale Orientierung nicht doch eine Vermittlungsinstanz, wenn man nicht gefährlichen Reaktionen, wie dem Wiederaufstieg ausgrenzender Ideologien, den Boden bereiten will? Eine gemeinsame europäische Identität, vor deren Hintergrund die eigene lokale und nationale Herkunft zwar durchaus Bestand hätte, aber nur noch als ein regionaler Unterschied begriffen würde, könnte vielleicht ein solches notwendiges Zwischenglied in der Orientierungskette sein.

Den Auftakt dieses Tagungsbandes bildet der Beitrag von Wilfried Loth über »Europäische Identität und europäisches Bewußtsein«: Grundsätzlich, so führt Loth unter Bezug auf Erkenntnisse der Individualpsychologie aus, sei die Identität eines Individuums oder eines Gemeinwesens weder etwas Abgeschlossenes noch etwas Statisches, sondern das Resultat vergangener Identifizierungsprozesse, die sich je nach Kontext unterschiedlich auswirkten. Zudem betont er, daß Menschen immer gleichzeitig mehreren Gruppen angehören und damit problemlos unterschiedliche Identitäten annehmen könnten. Dies gelte auch für die Verbindung von regionaler, nationaler und europäi-

---

[49] Dan DINER, An der Jahrhundertwende. Über Periodisierungsfragen und Deutungsachsen, in: Europa-Archiv 12/1996, S. 3–10; DERS., Das Jahrhundert verstehen. Eine universalhistorische Deutung, München 1999. Vgl. auch Reiner MARCOWITZ, 50 ans de traités de Rome. Rétrospective et perspectives, in: Martin KOOPMANN, Stephan MARTENS (Hg.), L'Europe prochaine. Regards franco-allemands sur l'avenir de l'Union européenne, Paris 2007, im Druck (dt.: 50 Jahre Römische Verträge – Rückblick und Ausblick, in: Martin KOOPMANN, Stephan MARTENS [Hg.], Das kommende Europa. Deutsche und französische Betrachtungen zur Zukunft der Europäischen Union, Baden-Baden 2007).
[50] Peter BURKE, Globale Identitäten aus der Sicht eines Historikers. Drei Szenarios für die Zukunft, in: Aus Politik und Zeitgeschichte 12 (2002), S. 26–30, hier S. 27.

scher Identität. In Anlehnung an Robert Frank plädiert er überdies dafür, die Begriffe »europäische Identität« und »europäisches Bewußtsein« zu unterscheiden: Ersterer stehe für das Gefühl der Zugehörigkeit zu einer europäischen Zivilisation, wobei hier mittlerweile durchaus von einer Europäisierung gesprochen werden könne, nämlich der Herausbildung einer europäischen Gesellschaft und Öffentlichkeit; letzteres impliziere hingegen zusätzlich das Wissen um die Notwendigkeit, Europa zu schaffen, also den Kontinent auf Kosten der traditionellen Nationalstaaten zu einen. Allerdings trete die »europäische Konstruktion« nur in vordergründiger Betrachtung in Konkurrenz zu den Nationalstaaten, tatsächlich eröffne sie gemeinsame Handlungsspielräume gegenüber neuen ökonomischen und politischen Herausforderungen. Loth resümiert, daß nationale und europäische Identität erfreulicherweise mehr und mehr als komplementär aufgefaßt würden. Vor diesem Hintergrund plädiert er auch dafür, stärker als bisher in der Integrationsgeschichtsschreibung, dem Umstand Rechnung zu tragen, daß nicht die Staaten, sondern die Menschen Europa schafften.

In spannendem Kontrast zur geschichtswissenschaftlichen Perspektive führen Tanja A. Börzel und Diana Panke anschließend in die äußerst rege politologische *Europeanization*-Forschung ein. Deren Ausgangspunkt sei die Frage nach den Wechselwirkungen zwischen der Europäischen Union und ihren Mitgliedstaaten. Dabei könne dieser Prozeß aus einer »Frosch«-, einer »Vogel«- oder einer »integrierten« Perspektive betrachtet werden: Während erstere die Mitgliedsländer als Ursache des Wandels in der EU in den Mittelpunkt rücke, konzentriere sich die zweite genau umgekehrt darauf, inwieweit das integrierte Europa, d.h. dessen Institutionen und Verordnungen, die beteiligten Nationalstaaten verändert habe; letztere wiederum gehe von einem interaktiven Prozeß aus, der sowohl die Entstehung neuer Institutionen, politischer Prozesse und Politikprogramme auf der europäischen Ebene als auch deren Wirkung auf der mitgliedstaatlichen Ebene umfasse. Alle drei Zugänge, so Börzel/Panke, können erklären, welche Bedeutung Europa zukomme, und wie weit demnach auch die Europäisierung der EU-Mitglieder fortgeschritten sei. Europäisierung bezeichne dabei – je nach Perspektive – den Einfluß der Mitgliedstaaten auf die EU-Institutionen (»Froschperspektive«) oder die homogenisierende Wirkung, die die europäische Bürokratie auf die einzelnen EU-Mitgliedstaaten sowie deren Angehörige ausübe (»Vogelperspektive«). Ausgehend von der »Vogelperspektive« prüfen sie anschließend unterschiedliche theoretische Erklärungsansätze daraufhin, inwiefern sie die Rolle der EU bei der Bildung einer europäischen Identität erfassen können, und illustrieren diese Modelle anhand einiger quantitativer und qualitativer Arbeiten zu Identitätsbildung und -wandel. Schließlich argumentieren sie, daß sich Europäisierung beileibe nicht in allen Staaten gleich stark bemerkbar mache und keineswegs zur Konvergenz nationaler Identitäten hin zu einer uniformen europäischen Identität führe. Vielmehr komme sie immer in unterschiedlichen nationalen Farben einher. Abschließend halten Börzel/Panke fest, daß der Unterschied zwischen Europäisierung einerseits und Amerikanisierung oder Globalisierung andererseits vor allem darin bestehe, daß der Effekt der Europäisierung auf die EU-Staaten durch die Möglichkeit der rechtlichen Durchsetzung von Verordnungen ungleich höher einzuschätzen sei als jener der übrigen hier erörterten transnationalen Einflüsse.

Einleitung 25

Amerikanisierung/Westernisierung stehen dann im Mittelpunkt des Beitrags von Eckart Conze. Für ihn bezeichnet Amerikanisierung einen Diskurs des 20. Jahrhunderts und eine Chiffre für den von den USA ausgehenden Transfer unterschiedlicher ökonomischer, politischer und kultureller Entwicklungen. Dabei würden zumindest in der zeitgenössischen Wahrnehmung oft Prozesse subsumiert, die eher einer allgemeinen Modernisierung, denn einem spezifischen amerikanischen Einfluß geschuldet seien. Zudem laufe Amerikanisierung immer vor einem bestimmten nationalen Hintergrund ab und sei dementsprechend stets von nationalen Faktoren beeinflußt. Dem versuche der jüngere Begriff der »Kreolisierung« Rechnung zu tragen. Betrachte man den Zeitraum nach 1945, dann umfasse das Konzept, so Conze unter Bezug auf den Soziologen Heinz Bude, vier Dimensionen: Erstens die Ausrichtung der westlichen Staaten an den USA als politischer Führungsmacht; zweitens die Stilisierung der amerikanischen Gesellschaft zum nachahmenswerten Modell; drittens die Instrumentalisierung von Amerikabildern, wobei die amerikanische Realität hinter Schreckensszenarien wie Wunschvorstellungen bezüglich einer zukünftigen Gesellschaft zurücktrete; viertens die Angleichung von Konsum und Konsumverhalten. Westernisierung – im Gegensatz zu Amerikanisierung ein rein analytisches Konstrukt – umschreibe, so Conze, hingegen keinen einseitigen Transfer von den USA nach Europa, sondern eine europäisch-atlantische Annäherung im Zuge eines interkulturellen Austausches, der letztlich bereits im späten 18. Jahrhundert eingesetzt und zur Bildung einer gemeinsamen Werteordnung geführt habe. Dieser Transfer wurde nach dem Zweiten Weltkrieg stark von den USA beeinflußt, was zur Überschneidung der Konzepte Westernisierung und Amerikanisierung führe, jedoch nicht zur Kongruenz. Ebenso seien für die Zeit nach 1945 Europäisierungsprozesse analytisch mit dem Westernisierungsansatz zu verknüpfen. Überdies plädiert Conze dafür, das bisher vor allem auf Westdeutschland angewandte Westernisierungskonzept auch auf andere westeuropäische Gesellschaften nach 1945 zu übertragen und fragt, inwieweit der Begriff der »Atlantischen Gemeinschaft« die unterschiedlichen Dimensionen von Wandlungsprozessen in den Staaten und Gesellschaften beiderseits des Nordatlantiks nach 1945 erfassen könne.

Niels P. Petersson rundet die kritische Musterung unterschiedlicher theoretischer Konzepte zur Erfassung transnationaler Prozesse mit seiner Vorstellung des Globalisierung-Ansatzes ab: Dieser könne, so Petersson, hauptsächlich durch drei Merkmale charakterisiert werden – durch die Tradition der seit der Frühen Neuzeit bestehenden globalen Interdependenzen; als Beschreibung der Prozeßhaftigkeit von Verhältnissen, die in stetem Wandel begriffen seien; als Sammelbegriff für unterschiedliche Einzelprozesse. In Anlehnung an ethnologische und soziologische Methoden plädiert er dafür, sich der Globalisierung als einem Phänomen »von unten« mit dem Ziel einer »Verflechtungsgeschichte« zu nähern: Es sollten nicht das Ganze dieses Prozesses, sondern die verschiedenen Netzwerke der einzelnen Transaktionen und internationalen Beziehungen in ihrer Prozeßhaftigkeit betrachtet werden. Auch verweist er darauf, daß Globalisierung einerseits, Amerikanisierung, Verwestlichung oder Europäisierung andererseits sich zwar formal insofern ähnelten, als sie gleichermaßen analytische wie polemische Begriffe seien, indes inhaltlich weder deckungsgleiche noch konkurrierende Konzepte darstellten: Globalisierung beziehe sich auf die Dichte und Reichweite sozialer Beziehungen, nicht aber auf deren Inhalte, weswegen sie auch nicht mit außenwirtschaftlicher Liberalisierung gleichgesetzt werden könne. Dementsprechend könne beispielsweise Amerikanisierung in einem bestimmten Zeitraum durchaus ein Merkmal von Globalisierungs-Prozessen sein. Im Hinblick auf das Verhältnis von Globalisierung und Europäisierung sei überdies zu bedenken, daß das, was heute von manchem als von außen aufgezwungene – wirtschaftsliberale – Globalisierung wahrgenommen werde, tatsächlich oft von den nationalen Regierungen direkt oder über den Umweg »Brüssel« ins Werk gesetzte europäische Wettbewerbspolitik sei. Gleichwohl unterscheide sich die Globalisierung von den übrigen genannten transnationalen Einflüssen dadurch, daß sie im Gegensatz zu Amerika, Europa oder dem »Westen« kein positives Identifikationspotential biete. Dies liege auch daran, daß ihr eine Linearität, Totalität und Zwangsläufigkeit unterstellt werde, die es zumindest in der wissenschaftlichen Analyse durch die Betonung ihrer Komplexität sowie der sozialen wie geographischen Reichweite bestehender Interdependenzverhältnisse zu relativieren gelte.

Den theoretisch-konzeptionellen Erörterungen folgen empirische Untersuchungen einzelner Sektoren französischer Politik und Gesellschaft. Den Auftakt bildet eine Analyse der französischen Diplomatie von Georges-Henri Soutou: Nach dem Zweiten Weltkrieg habe Frankreich versucht, an seine traditionelle internationale Rolle als klassische europäische Groß- sowie Kolonialmacht anzuknüpfen. Dennoch habe sich die französische Außenpolitik durch die Blockbildung und den Kalten Krieg sowie die damit notwendige innerwestliche Abstimmung langsam institutionell wie substantiell multilateralisiert und damit tendenziell auch amerikanisiert und europäisiert. Allerdings habe die internationale Zusammenarbeit in der Regel vorrangig hergebrachten nationalen Interessen gedient – im globalen Maßstab der Erhaltung einer Weltmachtrolle trotz des dominanten Bipolarismus und im europäischen Rahmen der andauernden Kontrolle des erstarkenden (West-)Deutschlands. Von einer echten Modernisierung der französischen Diplomatie lasse sich erst in der Zeit der Präsidentschaft Georges Pompidous sprechen: Pompidou habe mehr als andere die Tendenz zur Globalisierung der Diplomatie erkannt und mit der Frankophonie einen Kontrapunkt zur bipolaren Blockpolitik zu setzen versucht. Unter Valéry Giscard d'Estaing verstärkten sich diese globale Ausrichtung des Landes ebenso wie dessen Mitarbeit im Rahmen der westeuropäischen Integration. Diese Tendenzen setzten sich unter François Mitterrand fort, der zusätzlich eine engere Kooperation mit den Entwicklungsländern anstrebte. Der Fall der Berliner Mauer und der Zusammenbruch des Ostblocks habe dann das Koordinatensystem der französischen Außenpolitik ebenso wie das Organigramm des Quai d'Orsay tiefgreifend verändert: Ungeachtet ihrer andauernden amerikakritischen Vorbehalte habe sich die französische Diplomatie heute multilateralisiert vor allem im europäischen Rahmen. Diese Entwicklung werde durch die beschleunigte Globalisierung noch verstärkt. Nach der Ablehnung des EU-Verfassungsvertrages, so Soutou in einem Ausblick, könne allerdings nur die Zukunft erweisen, ob die französische Diplomatie doch noch versucht sei, das Modell des klassischen souveränen Nationalstaats zu ›recyceln‹, oder ob sie sich nun endgültig einer multilateralen europäischen Konzeption öffne und mit der hergebrachten zwischenstaatlichen Diplomatie breche.

Einleitung 27

Gibt es noch eine spezifisch französische Identität im Bereich der Wirtschaft? Diese Frage stellt Jean-François Eck in seinem Beitrag. Eine Antwort hierauf sucht er in einer Analyse von Akteuren, Strukturen und Leistungen der französischen Wirtschaft. Seine Bilanz: Die Akteure in Form privater Unternehmen seien in immer stärkerem Maße ausschlaggebend und agierten gleichzeitig zunehmend international, der Trend zu Modernisierung – teilweise nach amerikanischem Vorbild – und globalem Wettbewerb habe sich auch in Frankreich durchgesetzt, und die Absprachen sowie staatlichen Regulierungen vergangener Jahrzehnte seien – nicht zuletzt unter dem Einfluß europäischer Institutionen – verschwunden. Strukturell habe sich das Verhältnis der drei großen Wirtschaftsbereiche (Landwirtschaft, Dienstleistung und Industrie) in Frankreich verschoben: Sei früher noch die Landwirtschaft der entscheidende Wirtschaftsfaktor gewesen, so nehme diesen Platz heute der Dienstleistungssektor ein. Was die Leistung angehe, d.h. Wachstum, Effizienz und globale Präsenz der französischen Wirtschaft, sei festzustellen, daß Frankreich in den letzten Jahrzehnten von seiner wachsenden transnationalen Einbindung in punkto Exportsteigerung, Produktivität und Unternehmensführung profitiert habe, deshalb aber auch stärker als zuvor in europäische und weltweite Wirtschaftszyklen einschließlich deren Krisenphasen eingebunden sei. Zusammenfassend konstatiert Eck, daß das spezifisch »französische Modell« einer verwalteten Wirtschaft, die gegenüber der Außenwelt abgeschottet gewesen sei, im Zuge von Amerikanisierung, Europäisierung und Globalisierung mittlerweile verschwunden sei, wobei für ihn ungeachtet aktueller ökonomischer Krisendiskurse, die Chancen dieses Prozesses die Risiken überwiegen.

Pascal Ory untersucht anschließend die Amerikanisierung der französischen Kultur auf drei Ebenen – jener der Zeichen, jener des Prozesses und schließlich jener der Debatte über das Phänomen: Schon seit der Mitte des 19. Jahrhunderts seien die Begriffe »amerikanisieren« und »Amerikanisierung« in Frankreich abwertend im Zusammenhang mit Materialismus und Modernität verwendet worden. In der Zwischenkriegszeit des 20. Jahrhunderts aber habe es das Trio von Film, Jazz und Comics vermocht, auch den europäischen Kultur- und Wirtschaftsraum zu erobern. Nach dem Zweiten Weltkrieg hätte sich diese Entwicklung weiter fortgesetzt und noch verstärkt: Nun hielten beispielsweise auch die Rockmusik, das Fernsehen und die Science-fiction ihren Siegeszug. Mit Hilfe des technischen, wirtschaftlichen und politischen Einflusses der USA entstand eine Massenkultur, die heute allgemein das Alltagsleben des »homo occidentalis« oder auch »homo globalis« – seine Eßgewohnheiten, seine Kleidung, seine Unterhaltungsgewohnheiten – präge und in der Amerika nach wie vor die entscheidende Referenzgröße darstelle. Insofern sei auch die Amerikanisierung Frankreichs kein Mythos. Allerdings gäbe es Nischen, wie Tanz, Literatur, zeitgenössische Musik und Theater sowie einige Universitätsfächer, die sich dem teilweise erfolgreich verschlössen, sowie individuelle oder kollektive Bestrebungen, gewisse Bereiche, am erfolgreichsten den der Comics, zu »ent-amerikanisieren« und in anderen Bereichen zumindest Widerstand, auch mit protektionistischen Mitteln, zu leisten. Hinzu träten Fälle eines Re-Imports ursprünglich europäischer Produkte ebenso wie die Tatsache, daß die Amerikanisierung in den 1960er Jahren gerade auch in den USA selber gegeißelt wurde oder daß verschiedene französische Mittler der Amerikanisierung, wie Marcel Duhamel oder Boris Vian, gleichzeitig

Kritiker dieser Entwicklung waren. Insofern, so Orys Resümee, zeige eine vertiefte Analyse die Komplexität und Mehrdeutigkeit des Phänomens, das keineswegs einem einseitigen und linearen amerikanischen Kulturtransfer gleichkomme und zudem sehr oft auch Züge von Anglisierung, Globalisierung oder Modernisierung trüge.

Amerikanisierung, so lautet denn auch die These des abschließenden Beitrags von Robert Frank, sei ein kulturelles Phänomen, das sich auf gesellschaftlicher Ebene durchgesetzt habe: Der massive Transfer soziokultureller Praktiken und die Einführung amerikanischer Produkte – Fernsehen, Kühlschrank, Auto oder Waschmaschine – habe die französische Gesellschaft seit den 1950er und 1960er Jahren stark verändert. Allerdings wirft Frank die Frage auf, ob dieser Wandel nun als spezifische Amerikanisierung oder als generelle Modernisierung oder Verwestlichung zu bezeichnen sei bzw. in welcher Beziehung die verschiedenen Phänomene zueinander stünden. Generell habe es sich um einen keineswegs linearen, sondern komplexen, mehrseitigen Prozeß gehandelt, der nationalspezifische Variationen der Akkulturation, des Transfers und der Wechselbeziehung zeige. Zudem sei die Amerikanisierung in der französischen Gesellschaft stets ambivalent betrachtet worden: Einerseits öffnete sich das Land vor allem aus wirtschaftlichen Gründen – nicht zuletzt in der Ära de Gaulle –, andererseits empfand man dies als latente oder sogar manifeste Bedrohung der eigenen Identität – gerade in den Jahren 1958 bis 1969. Bis heute sei die Dialektik zwischen starker Amerikanisierung der Gesellschaft bei gleichzeitiger mentaler Distanz zu den USA ein französisches Spezifikum zumindest in Europa. Deshalb sei die Europäisierung bereits seit dem 19. Jahrhundert, ergänzt durch die »EUisierung« nach 1950 immer ein wichtiges Zwischenglied zwischen nationaler und transnationaler Ausrichtung, einschließlich der Amerikanisierung, gewesen – eine Funktion, die allerdings mittlerweile verloren gegangen sei: Das Ende der »Trente Glorieuses« im Zuge der neuen Weltwirtschaftskrise seit Mitte der 1970er Jahre habe auch das Ende des klassischen und spezifischen europäischen Sozialstaats markiert, allerdings nicht zu Gunsten einer weiteren Amerikanisierung; vielmehr seien die aktuellen Reaktionen auf die Krise, wie wachsende Deregulierung, wirtschaftsliberale Konkurrenz oder neue Unternehmensstile, eher Zeichen einer umfassenderen Globalisierung. Gleichwohl herrschte gerade in Frankreich noch lange Zeit die Hoffnung auf einen europäischen Weg aus der Krise mit Hilfe einer wirtschaftspolitischen Europäisierung oder »EUisierung«. Das französische »Non« zum EU-Verfassungsvertrag vom Mai 2005 belegt für Frank, daß eine Mehrzahl der Franzosen sich in dieser Hoffnung getrogen fühle. Gleichwohl stehen für ihn in Frankreich weder die europäische Identität noch die bisher bereits eingetretene Europäsierung grundsätzlich zur Disposition, wohl aber das »Wie« der europäischen Akkulturation angesichts der durch die Globalisierung bedingten neuen weltwirtschaftlichen Herausforderungen.

Eine einzelne Tagung und ein daraus entstehender Sammelband vermögen natürlich nicht erschöpfend ein so komplexes Thema wie das Zusammenspiel von nationaler Identität in Frankreich und den hierauf vor allem nach dem Zweiten Weltkrieg einwirkenden transnationalen Einflüssen von Amerikanisierung, Europäisierung und Globalisierung erörtern. Wohl aber können sie die einschlägige Forschung animieren und gleichzeitig sensibilisieren für Chancen wie Risiken bestimmter Vorgehensweisen. In dieser Hinsicht hat die Pariser Tagung gerade wegen der Pluralität ihrer Ansätze und Methoden – politikwissenschaftliche, politikgeschichtliche, wirtschaftshistorische, kultur- und mentalitätsgeschichtliche – neben etlichen Detailkenntnissen auch drei generelle Feststellungen ermöglicht:

Erstens laufen die bisherigen Konzepte von Amerikanisierung/Westernisierung, Europäisierung und Globalisierung Gefahr, daß sie unverbunden nebeneinander stehen, anstatt sich sinnvoll zu ergänzen. Es mag eine Eigenart des Wissenschaftsbetriebes sein, daß neue Ansätze immer mit einem intoleranten Exklusivitätsanspruch daherkommen – eine Tendenz, die durch die verschärfte Konkurrenz um immer knappere materielle Ressourcen gegenwärtig noch verstärkt wird. Vielleicht ist es aber auch nur eine notwendige Etappe in der Wissenschaftsentwicklung, daß ein neues Paradigma sich gegenüber etablierten Ansätzen zunächst einmal apodiktisch Gehör verschaffen muß und erst danach ein gewachsenes Selbstbewußtsein erlaubt, sich auch wieder zu öffnen für Diskussion und Kooperation jenseits des eigenen Ansatzhorizontes. Es wäre zu wünschen, letztere Interpretation träfe zu und die notwendigen Brückenschläge würden nunmehr vollzogen, denn bei objektiver Betrachtung wird man kaum umhin können, die Frage nach der spezifischen Art von Integration und Transfer – im europäischen, transatlantischen und globalen Kontext – ebenso national wie sektoral und zeitlich zu differenzieren. Folglich müssen auch die entsprechenden Forschungskonzepte kombiniert und nicht voneinander separiert werden.

Zweitens müßte gleichzeitig eine andere Zersplitterung überwunden werden, die vor allem mit Blick auf die europäische Integrationsforschung auffällt, in abgeschwächter Form aber auch für Amerikanisierungs-, Westernisierungs- und Globalisierungsforschung gilt, nämlich die Abgrenzungen zwischen politikgeschichtlichen Untersuchungen, sozialhistorischen Studien und kultur- bzw. mentalitätsgeschichtlichen Arbeiten. Tatsächlich sollten Politik, Wirtschaft, Gesellschaft und Kultur als kommunizierende Röhren, also als interdependent, verstanden werden – ein Ansatz, den die internationale und die transnationale Geschichte ja mittlerweile generell verfolgen[51].

Drittens sollten die unterschiedlichen Transnationalisierungsprozesse weniger teleologisch als bisher aufgefaßt und dargestellt werden. Vielmehr kennzeichnen diese unleugbaren transnationalen Einflüsse vielfältige Ambivalenzen, Begrenzungen und Brüche, wie die aktuelle Krise des EU-Verfassungsgebungsprozesses und die ungebrochene sozialintegrative Kraft von Nation und Nationalstaat eindrucksvoll belegen.

---

[51] Vgl. LOTH, OSTERHAMMEL (Hg.), Internationale Geschichte (wie Anm. 24); Eckart CONZE, Ulrich LAPPENKÜPER, Guido MÜLLER (Hg.), Geschichte der internationalen Beziehungen. Erneuerung und Erweiterung einer historischen Disziplin, Köln 2004; Sebastian CONRAD, Jürgen OSTERHAMMEL (Hg.), Das Kaiserreich transnational. Deutschland in der Welt 1871–1914, Göttingen 2004; Kiran Klaus PATEL, Nach der Nationalfixiertheit. Perspektiven einer transnationalen Geschichte, Berlin 2004; Reiner MARCOWITZ, Von der Diplomatiegeschichte zur Geschichte der internationalen Beziehungen. Methoden, Themen, Perspektiven einer historischen Teildisziplin, in: Francia. Forschungen zur westeuropäischen Geschichte 32/3 (2005), S. 75–100; Gunilla BUDDE, Sebastian CONRAD, Oliver JANZ (Hg.), Transnationale Geschichte. Themen, Tendenzen und Theorien, Göttingen 2006. Zur Entwicklung transnationaler Geschichtsschreibung vgl. auch das Fachforum Geschichte.transnational (http://geschichte-transnational. clio.online. net).

Diese Phänomeme, die sich aus dem Spannungsverhältnis zwischen hergebrachter nationaler Ausrichtung und neuer transnationaler Orientierung ergeben, müßte man stärker untersuchen. Tatsächlich ist die traditionelle nationale Identität heute durch »multiple« und »hybride« Identitäten abgelöst worden, wobei es den jeweiligen Mischungsverhältnissen alter nationaler und neuer transnationaler Elemente nachzuspüren gilt. Das verlangt eine national- und sektoral-, aber auch gruppenspezifische Analyse, die überdies gegebenenfalls unterschiedliche Transnationalisierungskonzepte kombiniert. Hierfür wiederum wäre ein noch stärkerer innerfachlicher und interdisziplinärer, aber auch internationaler Austausch zwischen den interessierten Spezialisten nötig. Der vorliegende Band trägt dazu vielleicht bei; so ist zumindest die Hoffnung des Herausgebers. Der weiteren Forschung mag überdies ein Motto dienen, das Georges-Henri Soutou bereits der Pariser Tagung am 29. Mai 2006 mit auf dem Weg gab: »C'est un challenge«: Ein treffendes Bonmot – und ganz nebenbei auch ein schöner Beleg für die bereits eingetretene Transnationalisierung selbst der französischen Sprache.

Dieser Band wie auch die ihm vorangegangene Tagung hätten nicht ohne die Hilfe zahlreicher Menschen entstehen können: Zu Beginn stand eine Einladung, die Gastdozentur 2005/06 des Deutschen Historischen Instituts zu übernehmen. Hierfür sei dem Direktor des DHIP, Prof. Dr. Werner Paravicini, noch einmal herzlich gedankt. Ebenso ihm aber auch der ganzen Equipe des Hauses für ein sowohl wissenschaftlich inspirierendes als auch menschlich bereicherndes Jahr im schönen Hôtel Duret-de-Chevry. Eine der vornehmsten Pflichten des Gastdozenten am DHIP ist, ein Atelier durchzuführen. Tatsächlich stellt diese Aufgabe letztlich nur ein weiteres Geschenk des Hauses an seinen Gast dar, denn dieser erhält hierdurch die Gelegenheit, sich in völliger Freiheit und Unabhängigkeit kompetente Kolleginnen und Kollegen zu einem selbstgewählten Thema einzuladen. Überdies profitierte die Tagung vom 29. Mai 2006 von der professionellen logistischen Unterstützung durch zahlreiche Mitarbeiterinnen und Mitarbeiter des Hauses unter der ebenso charmanten wie effektiven Führung von Karin Förtsch. Ihr und der ganzen Konferenzmannschaft gilt noch einmal ein herzlicher Dank. Gleichzeitig sei auch der Fondation Robert-Schuman (Paris), insbesondere Pascale Joannin, sowie der Friedrich-Ebert-Stiftung (Berlin) und ihrem Pariser Repräsentanten, Dr. Winfried Veit, für ihre finanzielle Unerstützung gedankt, die half, bestehende »Sprachbarrieren« mittels einer Simultanübersetzung zu überwinden. Natürlich gilt ein ganz besonderer Dank sowohl den Präsidenten der beiden Sektionen der Tagung, Prof. Dr. Rainer Hudemann (Universität des Saarlandes) und Prof. Dr. Jean-Paul Cahn (Paris IV), als auch den Referentinnen und Referenten nicht nur für ihre Konferenzbeiträge, sondern auch die Bereitschaft, diese für den vorliegenden Band noch einmal zu erweitern und zu überarbeiten. Niederschrift und technische Herstellung dieses Buches profitierten von der engagierten und kenntnisreichen Betreuung durch Veronika Vollmer am DHIP sowie dem Lektorat des Oldenbourg Verlags. Auch ihnen sei sehr nachdrücklich gedankt.

RÉSUMÉ FRANÇAIS

Il ne fait aucun doute qu'il y ait eu, dans l'hémisphère occidental après 1945, une homogénéisation idéelle et matérielle de plus en plus forte. Aujourd'hui seules sa définition précise et les recherches qu'elle suscite sont encore sujets à controverse. Plusieurs concepts sont en concurrence pour la souveraineté terminologique: »américanisation«, »occidentalisation«, »européanisation« et »mondialisation«. Chacun de ces termes possède de fortes potentialités, mais, utilisé seul, n'est pas suffisant. En conséquence, ces concepts jusque-là en grande partie séparés doivent être combinés et, par la même occasion, des concepts relevant de l'histoire politique, sociale, culturelle ou de l'histoire des mentalités doivent être plus fortement associés, d'autant plus que, dans la recherche sur la pénétration transnationale et la transformation de pays après 1945, toute discussion visant à la primauté mène à l'erreur. Ces processus de transformation devraient également être présentés et interprétés de manière moins téléologique, et l'on devrait plutôt se pencher plus intensément sur les relations conflictuelles – et en partie contradictoires – entre identités nationales traditionnelles et des nouveaux processus de transnationalisation. À l'examen concret de cette zone conflictuelle, la France est un exemple particulièrement enrichissant: malgré sa conscience nationale fortement marquée et ancrée historiquement, et la »mission civilisatrice« à laquelle la »grande nation« prétend jusqu'à aujourd'hui, celle-ci, en raison de sa faiblesse intérieure et extérieure, a dû, après 1945, admettre la nécessité d'une coopération internationale étroite, dans un cadre à la fois transatlantique et (ouest)-européen. Il est vrai qu'il existait toujours, au moins parmi les élites politiques, économiques et culturelles du pays, de violents ressentiments antiaméricains. Ce qui n'a pas empêché la France de s'américaniser dans les domaines de la consommation, de la mode et des modes de vie. On peut, il est vrai, également parler d'une européanisation – parfois en concurrence avec l'américanisation – et cela dans les domaines de la politique ainsi que dans de nombreux secteurs de la société. Il faut aussi souligner que l'actualité et l'importance de la question sur les rapports de tension entre l'identité nationale et les influences transnationales sont prouvées par le fait que l'européanisation en France, comme dans d'autres pays de l'UE, contraste, surtout depuis quelques années, avec un scepticisme européen prononcé et des réserves croissantes vis-à-vis de l'approche technocratique de l'intégration européenne. On peut ajouter, à ce propos, que l'Union Européenne est surtout rendue responsable des conséquences socio-économiques d'une économie mondialisée. Il est nécessaire d'effectuer d'autres études de détail – à la fois dans un cadre national et dans un cadre comparatif international – qui combineront les différents concepts de transnationalisation et qui différencieront au niveau national et sectoriel se référant à différentes tranches de la société – mais aussi au niveau de groupes spécifiques. Dans ce but, il serait nécessaire d'accentuer encore les échanges entre experts intéressés par ces questions, et ceci à la fois au niveau de la spécialité, au niveau interdisciplinaire et au niveau international.

I. Theoretische Konzepte und Methoden

WILFRIED LOTH

Europäische Identität und europäisches Bewußtsein

Über europäische Identität wird seit einigen Jahren viel gesprochen – im politischen Diskurs ebenso wie in den Produktionen der Geschichtswissenschaft. Das hat zum einen gewiß mit der kulturalistischen Wende in der Geschichtswissenschaft zu tun, zum anderen aber auch damit, daß die Europäische Union die Alltagswirklichkeit der Menschen in den Ländern dieser Union stärker prägt als in früheren Jahren und daß die Union als internationaler Akteur stärker präsent ist als früher. In gewisser Weise läßt sich die kulturalistische Wende auch als Reflex auf die stärkere Präsenz der europäischen Zivilisation im öffentlichen Bewußtsein verstehen.

Bei manchen Beobachtern ruft diese Hochkonjunktur des Redens über europäische Identität Unbehagen hervor. Macht es überhaupt Sinn von europäischer Identität, europäischem Erbe oder europäischer Kultur zu sprechen? Oder jagt, wer dies tut, nur ideologischen Chimären nach? Ist es vielleicht sogar gefährlich, weil es zu irrealen Vorstellungen und aggressiven Feindbildern verleitet? Letzteres hat jüngst Lutz Niethammer vermutet, als er ein breites Panorama unterschiedlicher Beschreibungen europäischer Identität Revue passieren ließ und von »heimlichen Quellen einer unheimlichen Konjunktur« sprach[1].

Nun sind kollektive Identitäten in der Tat schwer zu fassen. Teils weiß man selbst nicht, warum man sich als Teil eines bestimmten Kollektivs fühlt, und generell fällt es schwer, dies in adäquate Worte zu fassen. Entsprechend schwer hat es der Beobachter, wenn er nach verläßlichen Quellen für angemessene Identitätsbeschreibungen sucht. So bemüht solche Beschreibungen sind, sie treffen nie das Ganze. Ihre Autoren neigen zu Stilisierungen und, in der Abgrenzung von anderen Identitäten, zur Überbetonung der Gegensätze auf Kosten der Gemeinsamkeiten. Häufig stellen Identitätsbeschreibungen gleichzeitig politische Programme dar: nicht nur formuliert, um festzuhalten, was ist, sondern um zum Ausdruck zu bringen, was sein soll; formuliert von Intellektuellen in ihrer Lieblingsrolle als Mythenerfinder. Die Abneigung gegen solche Identitätsbeschreibungen ist verständlich.

Allerdings erledigt sich mit der Abneigung gegen ideologische Auseinandersetzungen nicht die Frage der tatsächlichen Rolle kollektiver Identitäten im Prozeß der europäischen Einigung. Diese haben offensichtlich bei der Entstehung und Entwicklung der europäischen Institutionen im 20. Jahrhundert eine Rolle gespielt und sie spielen sie in der gegenwärtigen Debatte um die Zukunft der Europäischen Union mehr denn je. Ich will daher im folgenden darlegen, in welcher Weise es sinnvoll ist, über europäische

---

[1] Lutz NIETHAMMER, Kollektive Identität. Heimliche Quellen einer unheimlichen Konjunktur, Reinbek bei Hamburg 2000.

Identität zu reden, und in aller Kürze skizzieren, in welche Richtung die Forschung über europäische Identität geht und gehen kann.

1. ZUM BEGRIFF DER IDENTITÄT

Ich gehe dabei von einem Begriff von Identität aus, der sich in der Psychologie als nützlich erwiesen hat. Identität ist danach nichts Abgeschlossenes: Niemand ist mit zwanzig Jahren der gleiche wie mit zehn, niemand mit fünfzig der gleiche wie mit zwanzig. Jeder nimmt je nach Kontext unterschiedliche Rollen wahr: Als Kunde fühlt er sich anders denn als Mitglied einer Produktionsgruppe, als Familienvater anders als Spieler in einem Handballteam. Allgemein gesprochen ist Identität das Resultat vergangener Identifizierungsprozesse; dabei haben diese je nach Lebensalter und Situation unterschiedlich starke Prägekraft entwickelt. Identität ist die Verstetigung dieser zu Ich-Leistungen avancierten Identifizierungen unter dem Interesse ihrer Vereinheitlichung. Ihr Versprechen ist das Gefühl der Kontinuität und Realitätssicherung. Sie stellt keinen abgeschlossenen Zustand dar, sondern akzentuiert sich in einem fortlaufenden Konflikt- und Differenzierungsprozeß zwischen sozialer Erwartung und personaler Einzigartigkeit immer wieder neu.

Mutatis mutandis lassen sich diese Einsichten der Individualpsychologie[2] auch auf Kollektive übertragen. Die Identitäten von Gemeinwesen sind nicht statisch, sondern in einem permanenten Wandlungsprozeß begriffen. Sie basieren auf kollektiven Erfahrungen und ihrer Deutung in einem dialektischen Prozeß: Individuell erlebte Wirklichkeiten werden im Licht kollektiver Wirklichkeitsmodelle und Wissensbestände gedeutet und tragen damit zur Verstärkung und Verstetigung dieser kollektiven Deutungen bei. Das Wir-Gefühl einer Gruppe, das auf diese Weise entsteht[3], enthält stets ein Moment der Abgrenzung von anderen Gruppen. Es fördert die innere Homogenisierung der Gruppe, mithin die Einebnung vorheriger Unterschiede in der Wahrnehmung wie in der Realität. Gleichzeitig drückt sich im Wir-Gefühl eine spezifische Selbstwertschätzung der Gruppe aus. Diese enthält notwendigerweise positive Elemente; häufig – aber nicht unbedingt[4] – ist sie mit negativen Urteilen über andere Gruppen verbunden. Je nach Art der Erfahrungen und Deutungen, die prägend werden, hält das

---

[2] Einflußreich waren hier vor allem die Arbeiten von Erik H. Erikson. Vgl. als knappe Einführung Gaetano BENEDETTI, Identität in der Lehre von Erikson, in: DERS., Louis WIESMANN (Hg.), Ein Inuk sein. Interdisziplinäre Vorlesungen zum Problem der Identität, Göttingen 1986, S. 65–78; als aktuelle Fallstudie etwa Christian SCHNEIDER, Identität und Identitätswandel der Deutschen nach 1945, in: Wilfried LOTH, Bernd-A. RUSINEK (Hg.), Verwandlungspolitik. NS-Eliten in der westdeutschen Nachkriegsgesellschaft, Frankfurt a. M. 1998, S. 247–258.

[3] Vgl. Georg ELWERT, Nationalismus und Identität. Über die Bildung von Wir-Gruppen, in: Kölner Zeitschrift für Soziologie und Sozialpsychologie 41 (1989), S. 440–464; DERS., Boundaries, Cohesion and Switching on We-groups in Ethnic, National and Religious Form, in: APAD Bulletin 10 (1995), S. 19–33.

[4] Dies ist ein Moment, das die Kritik an der Verwendung des Begriffs »kollektive Identität« in der Regel übersieht; so auch NIETHAMMER, Kollektive Identität (wie Anm. 1), S. 625–627.

kollektive Selbstbild tatsächliche Erinnerungen und tradierte Geschichtsbilder fest, verallgemeinert es evidente Alltagswahrnehmungen und birgt es mehr oder weniger deutliche Vorstellungen von einer gemeinsamen Zukunft. Seine Entstehung ist an reale und gedeutete Erfahrungsräume gebunden und wird durch dramatische Abweichungen von bisheriger Normalität begünstigt.

Kollektive Identitäten sind damit notwendigerweise in einem ständigen Wandel begriffen. Die Wirklichkeitsmodelle, die zu ihrer Konstituierung beitragen, erleichtern die Einordnung und Deutung der Erfahrungen; sie ordnen sie, reduzieren ihre Komplexität und ermöglichen damit die Orientierung. Zugleich werden sie aber auch permanent durch neue Erfahrungen verändert. Meist verlaufen die Wandlungsprozesse inkremental, so daß man von Modifizierungen, Erosionen und Verdichtungen sprechen kann; gelegentlich sind aber auch dramatische Umbrüche zu verzeichnen, die zur Erschütterung von Identitäten und zur Ablösung von Weltbildern führen[5].

Weiterhin gilt, daß Menschen immer mehreren Gruppen zugleich angehören und damit zur gleichen Zeit über unterschiedliche kollektive Identitäten verfügen. Sie verstehen sich etwa als Mitglied einer Familie, eines Clans, einer Alterskohorte und gleichzeitig als Bürger einer Stadt, Vertreter eines Berufsstandes und Angehörige einer Nation. In der Regel bereitet es keine Schwierigkeiten, unterschiedliche Identitäten miteinander zu verbinden. Wenn die Gruppen tendenziell unvereinbare Ansprüche stellen, kann es allerdings auch zu Loyalitätskonflikten kommen. Gehören die Gruppen zudem der gleichen funktionalen Kategorie an, spricht man von exklusiven Identitäten. Entwickelt ein Individuum Loyalität zu unterschiedlichen Gruppen der gleichen funktionalen Kategorie, führt dies zu einer gespaltenen Identität.

Welche der multiplen Identitäten man vorrangig empfindet, hängt stets vom Kontext ab, in dem man sich bewegt. »So fühlt sich ein Mensch, der im Kölner Stadtteil Porz lebt, innerhalb von Köln womöglich primär als Porzer, im benachbarten Düsseldorf hingegen ›ist‹ er Kölner, in Berlin Rheinländer und in Peking Europäer[6].« Von seinen Mitmenschen wird er auch jeweils als Angehöriger der entsprechenden Gruppe identifiziert, und das verstärkt die Selbstwahrnehmung in der einen oder anderen Dimension.

Regionen, Nationen und die europäische Ebene stellen Erfahrungsräume unterschiedlicher Reichweite dar. Insofern lassen sich regionale, nationale und europäische Identität grundsätzlich ohne Schwierigkeiten miteinander verbinden. Allerdings sind

---

[5] Vgl. zu diesem wissenssoziologischen Interpretationsansatz generell Peter L. BERGER, Thomas LUCKMANN, Die gesellschaftliche Konstruktion der Wirklichkeit. Eine Theorie der Wissenssoziologie, Frankfurt a. M. 1980; Thomas LUCKMANN, Grundformen der gesellschaftlichen Vermittlung des Wissens. Kommunikative Gattungen, in: Friedhelm NEIDHARDT, Mario Rainer LEPSIUS (Hg.), Kultur und Gesellschaft, Opladen 1986, S. 191–213. Zur Bedeutung von Traditionen und Geschichtserzählungen bei der Herausbildung kollektiver Identitäten besonders Klaus EDER, Integration durch Kultur? Das Paradox der Suche nach einer europäischen Identität, in: Reinhold VIEHOFF, Rien T. SENGERS (Hg.), Kultur, Identität, Europa. Über die Schwierigkeiten und Möglichkeiten einer Konstruktion, Frankfurt a. M. 1999, S. 147–181.

[6] Achim TRUNK, Eine europäische Identität zu Beginn der 1950er Jahre? Die Debatten in den europäischen Versammlungen 1949 bis 1954, in: Wilfried LOTH (Hg.), Das europäische Projekt zu Beginn des 21. Jahrhunderts, Opladen 2001, S. 49–80, hier S. 51.

ihre respektiven Funktionen nicht immer klar voneinander abgegrenzt und zudem, wie eingangs angedeutet, einem starken Wandel unterworfen. Dies führt zu Orientierungsschwierigkeiten, in der Praxis ebenso wie im wissenschaftlichen Diskurs. Sie lassen sich abbauen, wenn man ihre wechselseitige Bedingtheit thematisiert[7].

2. IDENTITÄT UND BEWUSSTSEIN

Um den Prozeß der europäischen Einigung zu verstehen, ist es sinnvoll, mit Robert Frank zwischen »europäischer Identität« und »europäischem Bewußtsein« zu unterscheiden[8]. Europäische Identität steht hier für das Gefühl der Zugehörigkeit zu einer europäischen Zivilisation. Ein solches Bewußtsein existiert seit langer Zeit, im Prinzip seit dem christlichen Mittelalter. Es hat die Wellen starker Identifikation mit einer Nationalität im 19. und 20. Jahrhundert überlebt und manifestiert sich sowohl in zahlreichen Abgrenzungen gegenüber den »anderen« (d.h. den Nicht-Europäern) ebenso wie in Überlegungen zur Rolle des historischen Erbes der Europäer bei der Gestaltung der Zukunft. Nach der Freiheit der griechischen und dem Rationalismus der römischen Zivilisation hat insbesondere das Christentum den europäischen Kontinent geprägt[9]. Das Prinzip der »Einheit in der Vielfalt«, das daraus hervorgegangen ist, wurde durch die emanzipatorische Kraft der Aufklärung bestärkt und führte zu jener produktiven Spannung zwischen Differenzierung und Institutionalisierung, die die modernen Gesellschaften kennzeichnet. In der Geschichte Europas sind vielfache Widersprüche, Entwicklungssprünge, Spaltungen und Sonderentwicklungen zu verzeichnen. Gleichwohl sprechen die Historiker von der »Existenz« Europas, zumindest als »potentieller Realität« (Jacques Le Goff)[10].

---

[7] Vgl. an jüngeren Bemühungen Heinz-Ulrich KOHR u.a. (Hg.), Nationale Identität und europäisches Bewußtsein. Theoretische Entwürfe und empirische Befunde, München 1993; Robert PICHT (Hg.), L'Identité européenne. Analyses et propositions pour le renforcement d'une Europe pluraliste, Brüssel 1994; Roland AXTMANN, Kulturelle Globalisierung, kollektive Identität und demokratischer Nationalstaat, in: Leviathan 23 (1995), S. 90–92.; VIEHOFF, SENGER (Hg.), Kultur, Identität, Europa (wie Anm. 5); Hartmut KAELBLE, Martin KIRSCH, Alexander SCHMIDT-GERNIG (Hg.), Transnationale Öffentlichkeit und Identitäten im 20. Jahrhundert, Berlin 2002.

[8] Die folgenden Überlegungen beruhen auf einem internationalen Forschungsprojekt von Historikern, das René Girault (Paris-Sorbonne) im Jahr 1989 initiiert hat. Über 180 Historikerinnen und Historiker aus nahezu allen Ländern der Europäischen Union haben in Forschergruppen und Fachkonferenzen Arbeitsergebnisse zur Entwicklung der europäischen Identität im 20. Jahrhundert beigetragen. Vgl. als Überblickspublikationen René GIRAULT (Hg.), Identité et conscience européenne au XXe siècle, Paris 1994; Robert FRANK (Hg.), Les identités européennes au XXe siècle, Paris 2004. Eine abschließende Gesamtdarstellung ist in Vorbereitung.

[9] Vgl. Alfredo CANAVERO, Jean-Dominique DURAND, Les phénomènes religieux et l'identification européene, in: FRANK (Hg.), Identités (wie Anm. 8), S. 145–164.

[10] Jacques LE GOFF, Die Geburt Europas im Mittelalter, München 2004; vgl. Brunello VIGEZZI, Histoire et historiens de l'Europe au XXe siècle, in: FRANK (Hg.), Identités (wie Anm. 8), S. 165–184; Maria Matilde BENZONI, Brunello VIGEZZI (Hg.), Storia e storici d'Europa nel

Dieses Gefühl der Zugehörigkeit zu einer europäischen Zivilisation wurde von der Herausbildung einer europäischen Gesellschaft begleitet. Transnationale Erfahrungen und eine verstärkte Kommunikation über nationale Grenzen hinweg trugen zur Entstehung einer pluralistischen interkulturellen Gemeinschaft bei[11]. Neue Wanderungsbewegungen, wachsende Mobilität, Geschäftsreisen, Tourismus, Jugendaustausch, Auslandsstudien, aber auch die Prozesse der Individualisierung und Selbstbestimmung, die die traditionellen Loyalitäten gegenüber der Nation, der Kirche oder dem ideologischen Milieu geschwächt haben, sowie die Erfahrungen der beiden Weltkriege, der totalitären Systeme und der Schwäche der europäischen Nationen gegenüber den Weltmächten – alle diese Entwicklungen haben im Laufe des 20. Jahrhunderts zur Formierung einer europäischen Gesellschaft beigetragen, die zumindest implizit existiert. In extremen Situationen wird sie explizit, so in der Konfrontation mit nichteuropäischen Gesellschaften, bei tiefgreifenden Umwälzungen oder selbst in persönlichen Krisensituationen.

Die Herausbildung oder, genauer gesagt, die Restrukturierung der europäischen Gesellschaft wurde von der allmählichen Entwicklung einer europäischen Öffentlichkeit begleitet. In diesem Prozeß lassen sich drei Phasen unterscheiden: In der Zeit der Aufklärung bildete sich eine Öffentlichkeit der liberalen Mittelschichten und Aristokraten heraus, die sich den »absoluten« Monarchen widersetzten und einen regen Austausch zwischen Intellektuellen und Wissenschaftlern entwickelten. Es folgte die Zeit der nationalen Öffentlichkeiten der Massen, die auf der Alphabetisierung und der Urbanisierung der Gesellschaften beruhte. Gleichzeitig intensivierte sich der Austausch zwischen den Eliten, die sich auf zahlreichen Kongressen trafen, und es bildeten sich internationale politische Bewegungen wie der Sozialismus oder der Faschismus heraus. Nach dem Zweiten Weltkrieg begann schließlich, begünstigt durch das Auftreten der neuen Massenmedien sowie die europäischen und westlichen Institutionen, eine öffentliche Artikulation der Bürger Europas[12].

Während das Gefühl der Zugehörigkeit zu einer europäischen Zivilisation wechselnden Konjunkturen unterworfen war und ist, handelt es sich bei der Herausbildung einer europäischen Gesellschaft und der Entwicklung einer europäischen Öffentlichkeit um fortschreitende, wenngleich keineswegs geradlinige Prozesse. Sie lassen sich auch unter dem Begriff der Europäisierung fassen. Die Auswirkungen der Europäischen Union auf die nationalen Politiken und das nationale Politik- und Verfassungsgefüge, die im Mittelpunkt der politikwissenschaftlichen Analyse stehen[13], stellen nur einen –

XX secolo, Mailand 2001; Heinz DUCHHARDT, Małgorzata MORAWIEC, Wolfgang SCHMALE, Winfried SCHULZE (Hg.), Europa-Historiker. Ein biographisches Handbuch, 2 Bde., Göttingen 2006.
[11] Luisa PASSERINI, Hartmut KAELBLE, European Identity, the European Public Sphere, and the Future of Europe, in: FRANK (Hg.), Identités (wie Anm. 8), S. 91–100.
[12] Vgl. auch Hartmut KAELBLE, Die europäische Öffentlichkeit in der zweiten Hälfte des 20. Jahrhunderts. Eine Skizze, in: Michael GRÜTTNER, Rüdiger HACHTMANN, Heinz-Gerhard HAUPT (Hg.), Geschichte und Emanzipation. Festschrift für Reinhard Rürup, Frankfurt a. M., New York 1999, S. 651–678.
[13] Vgl. hierzu den Beitrag von Tanja A. BÖRZEL in diesem Band.

freilich zentralen – Ausschnitt aus diesen Prozessen dar. Um ein Gesamtbild zu erhalten, müssen auch Entwicklungen in den Blick genommen werden, die ihren Ausgang nicht von den europäischen Institutionen nehmen, und es müssen auch die Auswirkungen auf Gesellschaftsstrukturen und Identitäten betrachtet werden.

Das »europäische Bewußtsein« ist demgegenüber etwas anderes. Als Begriff mit moralischer und politischer Dimension steht es für das Wissen um die Notwendigkeit Europa zu schaffen, um die Notwendigkeit der »europäischen Konstruktion«. Man kann sehr wohl Europäer sein und sich im alten Sinne des Wortes als Europäer fühlen ohne die Notwendigkeit zu verspüren, Europa zu schaffen. Umgekehrt kann man aber nicht Europa schaffen, ohne sich als Europäer zu fühlen. Anders gesagt: Während die europäische Identität an eine Idee von Europa geknüpft ist, beinhaltet das europäische Bewußtsein darüber hinaus ein europäisches Projekt. Europa schaffen heißt eine politische Gemeinschaft zu errichten, die über gemeinsame Institutionen und Regulierungen verfügt, die von allen ihren Mitgliedern anerkannt werden. In dieser Hinsicht tritt die Schaffung Europas in Konkurrenz mit den Nationalstaaten: Sie begrenzt die absolute Souveränität, die man den modernen Staaten in der Theorie zugesprochen hatte; gleichzeitig schafft sie Räume gemeinsamen Handelns und überträgt Kompetenzen der Nationalstaaten auf die Ebene der europäischen Gemeinschaft.

Wer von »europäischer Konstruktion« spricht, evoziert also gleichzeitig eine supranationale Konstruktion. Genauer gesagt ist von einer Konstruktion die Rede, die Supranationalität impliziert. Häufig ist man sich dessen nämlich nicht bewußt, hat keine klaren Vorstellungen von den institutionellen Fragen, kümmert man sich nicht um solche Fragen oder vernachlässigt sie aus taktischen Gründen. Die semantische Unklarheit, die daraus resultiert, stellt eine der größten Schwierigkeiten sowohl der Debatten über die europäische Einigung dar als auch der deren Analyse durch die Historiker. Die verschiedenen Debatten zwischen Funktionalisten und Föderalisten, Verfechtern der intergouvernementalen und Befürwortern der Integration, Anhängern der europäischen Föderation, der Konföderation oder der Union dürfen nicht beim Wort genommen werden. Um die Bedeutung der einen oder der anderen Position zu verstehen, muß man jeweils ihre Implikationen in einem gegebenen Kontext analysieren. Man kann mit funktionalistischen Methoden zu einem föderalistischen Resultat gelangen, man kann sich aus rein taktischen Gründen als Föderalist präsentieren usw. Für den Historiker ist es manchmal schwierig, zwischen den verschiedenen möglichen Interpretationen einer dokumentierten Haltung zu entscheiden. Er sollte aber verpflichtet sein, die Unterschiede zwischen augenscheinlichem Bewußtsein, subjektivem Bewußtsein und objektiven Implikationen zu beachten.

Die Feldforschungen und exemplarischen Studien, die unter diesen Prämissen durchgeführt wurden, gelangen zu der Feststellung, daß das europäische Bewußtsein ein Phänomen des 20. Jahrhunderts ist, das auf drei globalen Wandlungsprozessen beruht: der Grausamkeit der Kriege im industriellen Zeitalter, die die modernen Friedensbewegungen hervorgerufen hat; der Notwendigkeit größerer Märkte, die aus der Entwicklung der Produktionsmittel, des Verkehrs und der Kommunikation hervorgegangen ist sowie dem Niedergang der europäischen Mächte angesichts des Aufstiegs der USA und – etwas später und nicht im gleichen Maße – der Sowjetunion. Man könnte zu diesen drei Antriebskräften europäischer Einigung die Notwendigkeit einer Regelung der deutschen Frage als eine vierte hinzufügen, allerdings handelt es sich hier um einen spezifischen Aspekt der Notwendigkeit, den Frieden zwischen den europäischen Nationen besser zu sichern. Ebenso könnte man die sowjetische Bedrohung, die amerikanische Gefahr und die mögliche Eskalation des Kalten Krieges erwähnen, doch handelt es sich hierbei um Probleme, die aus dem Niedergang der europäischen Mächte hervorgegangen sind, und die dringende Notwendigkeit einen neuen Weltkrieg zu vermeiden spielt hier ebenfalls eine beträchtliche Rolle[14].

Die Entwicklung eines europäischen Bewußtseins überschneidet sich zum Teil mit dem Prozeß der Verwestlichung. Inhaltlich ist der Begriff angemessen im Sinne einer Orientierung an den Strukturprinzipien, die die Gemeinschaftsbildung in Europa nach dem Zweiten Weltkrieg bestimmen: »Freiheit als Überwindung von Willkür; individuelle Selbstbestimmung im Rahmen und mit den Möglichkeiten kollektiver sozialer Bewegungen; unbeschränktes, schrankenloses Denken als Grundmodell des intersubjektiven Diskurses; gewaltlose Konfliktlösung durch Institutionenbildung; Öffentlichkeit als ubiquitäres Kommunikationsprinzip«[15]. Operativ wird man insofern (und insoweit) von Verwestlichung sprechen, als die Gemeinschaftsbildung vom westlichen Europa ausging und im Kontext der Formation des Westens im Kalten Krieg stand. Wenn hiervon die Rede ist, nimmt man freilich auch den US-amerikanischen Einfluß mit in den Blick. Auf der anderen Seite geht die Entwicklung eines europäischen Bewußtseins weit über die zeitgeschichtlichen Kontingenzen der Nachkriegszeit hinaus[16].

3. DIE ENTWICKLUNG DES EUROPÄISCHEN BEWUSSTSEINS

Die Rekonstruktion der Entwicklung des europäischen Bewußtseins im Laufe des 20. Jahrhunderts ist noch lange nicht vollständig gelungen. Es konnten aber beträchtliche Forschungsfortschritte erzielt werden. So kann für die wirtschaftlichen Milieus gesagt werden, daß die Entdeckung der Interdependenz der europäischen Volkswirtschaften tatsächlich schon in der Zeit zwischen den beiden Weltkriegen erfolgte. Sie führte zu vielfältigen Einigungsinitiativen der Wirtschafts- und Finanzwelt, vom Plädoyer eines Albert Thomas für die Schaffung eines gemeinsamen europäischen Mark-

---

[14] Vgl. als zusammenfassende Analyse Wilfried LOTH, Der Prozeß der europäischen Integration. Antriebskräfte, Entscheidungen und Perspektiven, in: Jahrbuch für Europäische Geschichte 1 (2000), S. 17–30.
[15] So die treffende Definition von Helga GREBING, Nationale und zivilisatorische Identität in Europa, in: Gewerkschaftliche Monatshefte 46 (1995), S. 110–120, hier S. 113.
[16] »Amerikanisierung« läßt sich als einen Ausschnitt oder eine spezifische Form von »Verwestlichung« begreifen. »Westernisierung« erscheint mir gegenüber dem Begriff der »Verwestlichung« inhaltlich zu unbestimmt. Zu beiden Konzepten vgl. den Beitrag von Eckart CONZE in diesem Band.

tes[17] bis zu den Vorschlägen von Richard Merton zur Errichtung eines supranationalen europäischen Banksystems, das schließlich zur Entstehung einer gemeinsamen Währung führen sollte[18]. Das rasche Anwachsen der Instanzen und Institutionen, in denen eine europäische Kooperation gewünscht oder sogar schon verwirklicht wurde, ist ein Charakteristikum der 1920er und 1930er Jahre. Während des Zweiten Weltkrieges wurden die Schwierigkeiten der Zwischenkriegszeit nahezu überall bewußt und die Interdependenz durch regionale Kooperation verstärkt. Zahlreiche Pläne und Projekte wurden erarbeitet, vom Vorschlag eines »lotharingischen« Europas bis zur Idee der französisch-britischen Union, und mit der Benelux-Organisation wurde ein erstes Projekt sogar schon verwirklicht[19].

Neuere Forschungen zur Entwicklung des Europabewußtseins in Frankreich zwischen den beiden Weltkriegen zeigen, daß einflußreiche französische Europakonzeptionen dieser Zeit mehr auf Vorstellungen einer Solidarität und Pluralität zwischen den Nationen beruhten als auf hegemonialen Ambitionen. Sie sahen daher eine Begrenzung der nationalen Souveränität vor und zielten eher auf Aktionen in der Öffentlichkeit als auf herkömmliche diplomatische Manöver. Häufig setzten sie mehr auf wirtschaftliche Vereinbarungen als auf politische Verträge. Die Entstehung eines modernen Europabewußtseins und die Erarbeitung von Strategien zur Einigung Europas müssen danach wesentlich früher angesetzt werden, als dies bislang allgemein angenommen wurde[20].

Forschungen zum Europa-Bewußtsein der Intellektuellen zeigen, daß die europäische Idee in der Zeit vom Ersten Weltkrieg bis zu den Römischen Verträgen bei aller Widersprüchlichkeit, die die Welt der Intellektuellen für gewöhnlich kennzeichnet, von bekannten Persönlichkeiten verfochten wurde, die aufs Ganze gesehen allgemeine Zustimmung fanden. Europa erscheint hier als ein Raum der »Zivilisation«, der sich von einem Raum der »Barbarei« abhebt. Die Achtung der Menschenrechte bestimmt seine Grenzen. Gleichzeitig wird Europa als ein gesellschaftliches Projekt verstanden, ein Ziel, das sich Philosophen, Essayisten, Romanciers und Dichter zu eigen machen. Bereits vor 1945 bildeten große intellektuelle Persönlichkeiten wie André Gide, Paul Valéry, Stefan Zweig, Heinrich Mann, Thomas S. Eliot, José Ortega y Gasset und Denis de Rougemont ein Europa des Geistes. Nach den Erfahrungen des Zweiten Weltkriegs entwickelt sich ein leidenschaftlicher Dialog zwischen Intellektuellen und Politikern. Zum Haager Kongreß der europäischen Einigungsbewegung im Mai 1948 gehört eine Sektion »Kultur«, die von Salvador de Madariaga geleitet wurde und der Denis de

---

[17] Vgl. Denis GUERIN, Albert THOMAS, Inlassable promoteur de l'intégration européenne, in: Éric BUSSIÈRE, Michel DUMOULIN (Hg.), Milieux économiques et intégration européenne en Europe occidentale au XXe siècle, Arras 1998, S. 307–326.
[18] Matthias SCHULZ, The Merton plan for a european central bank system: German commercial elites and the beginning of european integration (1947–1957), in: BUSSIÈRE, DUMOULIN, Milieux économiques (wie Anm. 17), S. 85–104.
[19] Laurence BADEL u.a., Cercles et milieux économiques, in: FRANK (Hg.), Identités (wie Anm. 8), S. 13–45.
[20] Klaus-Peter SICK, A Europe of Pluralist Internationalism: The Development of the French Theory of Interdependence from Emile Durkheim to the Circle around *Notre Temps* (1890–1930), in: Journal of European Integration History 8 (2002) 2, S. 45–68.

Rougemont die entscheidenden Impulse gab. Sie führte zur Schaffung zahlreicher kultureller Netze, die die intellektuelle und politische Reflexion über Europa belegen[21]. Bei der Formierung des institutionellen Europas spielten die katholischen Intellektuellen eine herausragende Rolle. Das Nachdenken über die Ursachen der Weltkriege, die Zurückweisung von Nationalsozialismus und Faschismus und die Furcht vor einem Vordringen des Kommunismus führten diese Intellektuellen dazu, sich mit der Restauration einer christlichen Zivilisation zu beschäftigen. Die politischen Ideen eines Robert Schuman, Alcide De Gasperi oder Konrad Adenauer schienen ein solches Projekt zu begünstigen. Zur gleichen Zeit engagierten sich aber auch protestantische Intellektuelle wie André Philip[22] und Agnostiker liberaler oder sozialistischer Tendenz in der Europabewegung. Die Intellektuellen marxistischer Prägung dagegen hielten sich häufig von jeder Diskussion über das europäische Projekt fern, nicht wenige marxistische Intellektuelle bekämpften gleichzeitig die konkreten Institutionen, die aus der Umsetzung der europäischen Idee im Kontext des Kalten Krieges hervorgingen. Die mehr oder weniger deutlich hervortretende Hegemonie der marxistischen Intellektuellen in den sechziger und siebziger Jahren ging mit einem generellen Nachlassen des intellektuellen Europa-Diskurses einher. Führende Intellektuelle, auch solche, die sich zunächst für das europäische Projekt engagiert hatten, distanzierten sich häufig von einem Vorhaben, das die Ost-West-Spaltung des europäischen Kontinents noch vertiefte und eher die kapitalistische Ordnung als den erhofften »dritten Weg« zwischen Kapitalismus und Kommunismus beförderte. Diese Distanz der Intellektuellen ließ das Europa der Römischen Verträge bemerkenswert farblos erscheinen; es war nicht in der Lage, in der öffentlichen Meinung Begeisterungsstürme auszulösen[23].

Für den politischen Bereich gilt dagegen, daß die Arbeit an der europäischen Konstruktion erst in den Jahren nach dem Zweiten Weltkrieg zur vorherrschenden Tendenz geworden ist. Zu den Arbeiten über die »Europäer der ersten Stunde«, wie Léon Blum, Robert Schuman, Jean Monnet, Konrad Adenauer und Alcide De Gasperi[24], sind in

---

[21] Vgl. Andrée BACHOUD, Josefina CUESTA, Michel TREBITSCH (Hg.), Les Intellectuels et l'Europe de 1945 à nos jours, Paris 2000; Andrée BACHOUD u.a., Les élites intellectuelles et l'Europe: espaces et représentations culturelles, in: FRANK (Hg.), Identités (wie Anm. 8), S. 69–80.

[22] Wilfried LOTH, André Philip und das Projekt eines sozialistischen Europas, in: Martin GRESCHAT, Wilfried LOTH (Hg.), Die Christen und die Entstehung der Europäischen Gemeinschaft, Stuttgart 1994, S. 189–202.

[23] Vgl. insbesondere Robert FRANK, Raymond Aron, Edgar Morin et les autres: le combat intellectuel pour l'Europe est-il possible après 1950, in: BACHOUD, CUESTA, TREBITSCH (Hg.), Intellectuels (wie Anm. 21), S. 77–89.

[24] Wilfried LOTH, Sozialismus und Internationalismus. Die französischen Sozialisten und die Nachkriegsordnung Europas 1940–1950, Stuttgart 1977; Raymond POIDEVIN, Robert Schuman – homme d'État 1886–1963, Paris 1986; Éric ROUSSEL, Jean Monnet 1888–1979, Paris 1996; Gérard BOSSUAT, Andreas WILKENS (Hg.), Jean Monnet, l'Europe et les chemins de la Paix, Paris 1999; Hans-Peter SCHWARZ, Adenauer und Europa, in: Vierteljahrshefte für Zeitgeschichte 27 (1979), S. 471–523; Wilfried LOTH, Konrad Adenauer und die europäische Einigung, in: Mareike KÖNIG, Matthias SCHULZ (Hg.), Die Bundesrepublik Deutschland und die

den letzten Jahren auch Studien zu Europapolitikern der mittleren Generation wie Maurice Faure, Walter Hallstein, Paul-Henri Spaak und Pierre Harmel gekommen[25]. Aus ihnen lassen sich zweierlei Beobachtungen zum Gang der europäischen Einigung ableiten: Zum einen läßt sich zeigen, daß die Motive dieser Politiker stets komplex sind und zumeist als Erfordernisse des jeweiligen nationalen Interesses verstanden werden. Gleichwohl gehen daraus Aktionen zur Gemeinschaftsbildung hervor. Bestimmte Vorstellungen vom nationalen Interesse führen diese Politiker also zu europäischen Lösungen. Zum anderen ist festzustellen, daß das europäische Bewußtsein sowohl in der öffentlichen Meinung als auch unter den Politikern häufig unbestimmt und vage ist. Das erlaubt starken und geschickten Persönlichkeiten, den Gang der europäischen Einigung in entscheidender Weise zu beeinflussen. So hat etwa Adenauer die Option der Bundesrepublik Deutschland für die Westintegration nahezu im Alleingang durchgesetzt. Maurice Faure hat wesentlich zur Hinwendung Frankreichs zum Projekt des Gemeinsamen Marktes beigetragen, und Hallstein hat es verstanden, die Europäische Kommission zu einem Motor der Integration zu formieren.

4. INTERESSENKONKURRENZ UND SUPRANATIONALES REGIME

Eine dritte Beobachtung folgt aus der Analyse der Konzeptionen von Politikern, die sich bestimmten Vorstellungen von Europa widersetzt haben. Sie zeigt, daß sich das europäische Bewußtsein häufig erst mit der Zeit entwickelt, so daß Politiker sich Lösungen zu eigen machen, die über ihre ursprünglichen Vorstellungen hinausgehen. So läßt sich etwa zeigen, daß britische Konservative, die traditionell gegen jedes föderalistische Schema eingestellt waren, zu Beginn der fünfziger Jahre sogenannte »funktionelle Agenturen« auf der Ebene der Europäischen Gemeinschaft vorgeschlagen haben, die von einem Ministerrat überwacht und in gewisser Weise auch von einem europäischen Parlament kontrolliert werden sollten. Formal war das ein intergouvernementaler Vorschlag; tatsächlich nahm er weitgehend vorweg, was heute in der Europäischen Union realisiert ist[26]. In ähnlicher Weise lehnte Charles de Gaulle die Integration »durch das Supranationale« ab; gleichzeitig wollte er aber ein starkes europäisches »ensemble«, das in mehreren Politikbereichen handlungsfähig sein sollte. Zu gewissen

---

europäische Einigung 1949–2000, Stuttgart 2004, S. 39–59; Daniela PREDA, Alcide De Gasperi. Federalista europeo, Bologna 2004.

[25] Bruno RIONDEL, Les institutions européennes dans la perspective de M. Faure, in: Marie-Thérèse BITSCH, Wilfried LOTH, Raymond POIDEVIN (Hg.), Institutions européennes et identités européennes, Brüssel 1998, S. 351–379; Wilfried LOTH, Les implications du conflit Hallstein – de Gaulle en 1965, in: ibid. S. 401–418; Wilfried LOTH, William WALLACE, Wolfgang WESSELS (Hg.), Walter Hallstein – Der vergessene Europäer?, Bonn 1995; Michel DUMOULIN, Spaak, Brüssel 1999; Vincent DUJARDIN, Pierre Harmel, Brüssel 2004.

[26] Silke SKÄR, The Strasbourg Tories in the Council of Europe, in: BITSCH, LOTH, POIDEVIN (Hg.), Institutions (wie Anm. 25), S. 73–85.

Zeiten stimmte er der Abtretung eines beträchtlichen Teils nationaler Souveränität an die Europäische Gemeinschaft zu; und in einer Unterhaltung mit seinem Informationsminister Alain Peyrefitte im April 1963 nahm er abermals die Zeit in den Blick, in der man im Ministerrat mit Mehrheitsbeschlüssen entscheiden würde: »Man muß mit der Einstimmigkeit beginnen, und dann wird man schon sehen«[27].

Die Ausbreitung des europäischen Bewußtseins, das man hier beobachten kann und das ein allgemeines Charakteristikum der Entwicklung der politischen Welt im westlichen Europa nach dem Zweiten Weltkrieg darstellt, bedeutet nicht, daß es keine Konflikte zwischen nationalen Interessen und supranationalem Regime gibt. Während überzeugte Europäer die europäische Konstruktion als eine Notwendigkeit betrachten, die in ihrem jeweiligen nationalen Interesse liegt, und daher eine Vereinbarkeit von nationalem Interesse und supranationalem Regime behaupten, wird diese Einstellung nicht von allen geteilt. Die Ausbreitung des europäischen Bewußtseins erfolgt nicht in konstanter Weise und linear; sie ist mit Blockaden, Umwegen und Rückschlägen verbunden. Hinzu kommt, daß die europäische Konstruktion auf sehr unterschiedliche Weise aufgefaßt werden kann: als liberales Europa, sozialistisches Europa, konservatives Europa usw. und als ein Europa nach französischem, britischem, deutschem, italienischem usw. Politikmodell. Daraus folgen unterschiedliche Visionen von Europa und, selbst ohne bewußte hegemoniale Tendenzen, Auseinandersetzungen zwischen unterschiedlichen nationalen Konzeptionen von Europa.

Es ist daher nicht erstaunlich, daß Studien zu den politischen Eliten zu dem Schluß gelangen, daß die Operationen, die zum Abschluß oder zur Revision von Verträgen führten, stets in einem Kontext intensiven Wettbewerbs und heftiger Kontroversen stattfanden. Konfrontationen gab es in jeder Hinsicht: zwischen Politikern und ihren Ratgebern, zwischen verschiedenen Ministerien und selbst innerhalb eines Ministeriums. Die Entscheidungsprozesse wurden von wirtschaftlichen und finanziellen Interessengruppen beeinflußt, von Gewerkschaften, ideologischen Gruppierungen und anderen. Gleichzeitig kann man die Bildung von Bündnissen mit anderen Staaten oder anderen Interessengruppen beobachten. Das Gelingen des einen oder anderen Vorschlags hing von der Beherrschung des außenpolitischen Prozesses ab und häufig auch von persönlichen Beziehungen auf der europäischen Ebene[28].

Ebenso betonen eine Reihe von Studien zu den europäischen Institutionen die Konfrontationen im Rahmen der Gemeinschaftsorgane, sei es zwischen mehreren Staaten oder Gruppen von Staaten, die unterschiedliche Positionen vertreten, oder zwischen

---

[27] Alain PEYREFITTE, C'était de Gaulle. Bd. 1, Paris 1994, S. 430. Vgl. Wilfried LOTH, De Gaulle und Europa. Eine Revision, in: Historische Zeitschrift 253 (1991), S. 629–660; DERS., Français et Allemands dans la crise institutionnelle de 1965, in: Marie-Thérèse BITSCH (Hg.), Le Couple France-Allemagne et les institutions européennes, Brüssel 2001, S. 229–243.
[28] Anne DEIGHTON, Elisabeth DU REAU, Elites, opinions et constructions européennes, in: FRANK (Hg.), Identités (wie Anm. 8), S. 47–68; Anne DEIGTHON (Hg.), Building Postwar Europe. National Decision Makers and European Institutions 1948–1963, London, New York 1995; Elisabeth DU REAU (Hg.), Europe des elites? Europe des peoples? La construction de l'espace européen 1945–1960, Paris 1998.

einem Staat, der mehr oder weniger isoliert ist, und der Gesamtheit der Partnerstaaten. Die europäischen Institutionen erscheinen teils als Partei in diesen Konflikten, teils als Wegbereiter der Verständigung, manchmal auch als Opfer oder sogar als Sündenbock. Die Konflikte in den Gemeinschaften nehmen die gleiche Heftigkeit an wie die Konflikte in zwischenstaatlichen Organisationen. Im ersten Fall führen sie aber häufig zu offenen Auseinandersetzungen, während im zweiten Fall zumeist Stillstand die Folge ist. Der Ausbreitung des europäischen Bewußtseins sind sie in keinem Falle förderlich[29].

Als der Völkerbund in seinen Bemühungen scheiterte, angesichts der divergierenden Wirtschafts- und Währungspolitiken der Staaten eine europäische Wirtschafts- und Währungsordnung zu schaffen, wurde er mit dem Fait accompli eines Auseinanderbrechens Europas in drei Zonen konfrontiert, zwischen denen die Kooperation schwierig wurde. Neben einem atlantischen Europa, das mit dem System der festen Wechselkurse gebrochen hatte, etablierte sich ein Europa der Kontrolle der Wechselkurse in der Mitte des Kontinents und auf dem Balkan. Der Völkerbund konnte danach nur noch der Entwicklung dieser Blöcke folgen und versuchen, die Verbindungen zwischen ihnen aufrechtzuerhalten[30]. In der Hohen Behörde der Europäischen Gemeinschaft für Kohle und Stahl, die doch allgemein als mächtig und unabhängig galt, verhinderte der Widerstand einiger Regierungen, die ihre Zustimmung verweigerten, jede gemeinsame Entscheidung zur Überwindung der Bergbaukrise. In gleicher Weise verhinderte der Widerstand eines Landes, der Bundesrepublik Deutschland, und seiner Wirtschaftsorganisationen die Auflösung von Kartellen, auch wenn deren Existenz gegen die Regeln des Gemeinschaftsvertrages verstieß. Das Entscheidungsrecht der hohen Behörde wurde somit in Frage gestellt[31].

Als noch schwerwiegender erweist sich die »Krise des leeren Stuhls« im Jahr 1965. Während sich hinsichtlich der meisten Probleme, die zur Entscheidung anstanden (die Errichtung des gemeinsamen Agrarmarkts, die Methoden seiner Finanzierung und die Reform der Institutionen) komplexe, aber durchaus nuancierte nationale Positionen entwickelten, mündeten die Spannungen in einen »Dialog der Taubstummen« zwischen den Anwälten eines unabhängigen Europas um General de Gaulle und den Verfechtern einer Stärkung der Institutionen der Römischen Verträge um den Kommissionspräsidenten Hallstein. Für mehrere Monate folgte daraus eine Blockade der Gemeinschaft. Die Anhänger der Offensive Hallsteins beschäftigten sich zu keinem Zeitpunkt ernsthaft mit den Argumenten de Gaulles hinsichtlich der europäischen Sicherheit und der Autonomie Europas, die Anwälte eines unabhängigen Europas

---

[29] Marie-Thérèse BITSCH, Wilfried LOTH, Raymond POIDEVIN, Institutions européennes et identités européennes, in: FRANK (Hg.), Identités (wie Anm. 8), S. 125–144.
[30] Sylvain SCHIRMANN, La SDN et la coopération monétaire en Europe au début des années »trente«, in: BITSCH, LOTH, POIDEVIN, Institutions (wie Anm. 25), S. 29–44.
[31] Raymond POIDEVIN, Le rôle de la CECA dans la prise de conscience d'une identité européenne, Ibid. S. 155–164; vgl. auch Dirk SPIERENBURG, Raymond POIDEVIN, Histoire de la Haute Autorité de la CECA, Brüssel 1993.

begnügten sich mit einem vagen »konföderalistischen« Diskurs, in dem ungeklärt blieb, mit welchen Mitteln ihr Ideal erreicht werden sollte[32]. In diesen beiden Fällen hatte die gemeinschaftliche Institution die Kosten des Konflikts zu tragen. Sie ging geschwächt daraus hervor, indem ihr Spielraum für Initiativen eingeschränkt wurde. Die Solidarität zwischen den Sechs wurde zwar nicht aufgekündigt, doch war sie danach nicht mehr sehr sichtbar, weder für die öffentliche Meinung noch für die anderen Staaten. Konfrontationen zwischen Staaten oder zwischen Staaten und Institutionen können also schwerwiegende Konsequenzen hinsichtlich des inneren Zusammenhalts und der Außenwirkung nach sich ziehen. Sie sind freilich unvermeidlich, weil die europäische Konstruktion nicht ohne die Staaten verwirklicht werden kann und die europäische Identität sich letztlich über ihren Willen und ihre Fähigkeit definiert, Kompromisse oder gemeinsame Projekte zu erarbeiten.

Auf der anderen Seite gibt es aber auch zahlreiche Fälle, in denen es den Akteuren gelang, Kompromisse zu finden oder eine enge und intensive Zusammenarbeit zu organisieren. Ein hervorragendes Beispiel hierfür ist die Vollendung des europäischen Binnenmarktes im Jahr 1992. Es macht deutlich, daß diese Art von Erfahrung erhebliche Fortschritte in der Ausweitung europäischer Identität begünstigt. Unter dem Einfluß von Jacques Delors verband die Kommission die Idee des gemeinsamen Marktes mit einem Symbol – dem Datum »1992«, das die öffentliche Meinung beeindruckte, und sie ergänzte die Idee mit einem anderen Symbol – dem Schlagwort vom »sozialen Europa«, das dem Prozeß der europäischen Integration eine neue Orientierung gab[33]. Die gleichen Feststellungen gelten für jene Fälle, in denen es Akteuren mit europäischem Bewußtsein gelang, die Widerstände aus unterschiedlichen nationalen Kontexten zu überwinden. Hierzu zählt der Erfolg des Schuman-Plans, der sowohl in Frankreich als auch in Deutschland gegen vielfältige Widerstände in den nationalen Administrationen und seitens der Interessengruppen verteidigt werden mußte[34]. Ähnliche Fälle stellen die schwierige Durchsetzung der Römischen Verträge dar[35] sowie die Einführung der gemeinsamen Währung gegen eine beachtliche Koalition von Partikularinteressen, feindlichen Experten und negativen Volksstimmungen, die die Umsetzung der Beschlüsse von Maastricht bekämpft hat. Der Entscheidungsprozeß zur Durchsetzung des Euro, der besonders in Deutschland heftige Formen angenommen hatte, harrt noch einer detaillierten Analyse.

---

[32] LOTH, Implications (wie Anm. 25).
[33] Dietrich ROMETSCH, La Commission européenne dans l'ère de Jacques Delors, in: BITSCH, LOTH, POIDEVIN, Institutions (wie Anm. 25), S. 419–432; DERS., Die Rolle und Funktionsweise der Europäischen Kommission in der Ära Delors, Frankfurt a. M. 1999.
[34] Vgl. Andreas WILKENS (Hg.), Le Plan Schuman dans l'histoire. Intérêts nationaux et projet européen, Brüssel 2004.
[35] Vgl. Wilfried LOTH, Deutsche und französische Interessen auf dem Weg zu EWG und Euratom, in: Andreas WILKENS (Hg.), Die deutsch-französischen Wirtschaftsbeziehungen 1945–1960, Sigmaringen 1997, S. 171–187.

5. EUROPÄISCHE INSTITUTIONEN

Die Einstellung der kleineren Staaten zur Supranationalität entwickelte sich nach Interpretation des jeweiligen nationalen Interesses. In den Verhandlungen, die zur Etablierung der Europäischen Gemeinschaft für Kohle und Stahl führten, verteidigten die drei Beneluxländer ihre souveränen Rechte mit großer Hartnäckigkeit; sie blieben bis zum Schluß darauf bedacht, nur ein absolutes Minimum ihrer Souveränität zu opfern. Es waren die Vertreter der Niederlande, die – sehr bald von Belgien und Luxemburg unterstützt – die Schaffung eines Ministerrats erzwangen, der nach ihrer Wahrnehmung ein Gegengewicht zur Hohen Behörde bilden sollte. Bei der »rélance européenne« nach dem Scheitern der EVG im August 1954 stellten sich die gleichen Staaten dagegen an die Spitze der Gemeinschaftsbewegung. Ebenso gaben sie sich in den Verhandlungen um den Fouchet-Plan 1961/62 außerordentlich gemeinschaftsfreundlich. Der Widerstand gegen supranationale Institutionen läßt sich genauso wie ihre Unterstützung mit nationalen Interessen erklären: Bei den Römischen Verträgen ging es der niederländischen Regierung darum, bestimmte Vorstellungen von einem gemeinsamen Markt durchzusetzen; in den Fouchet-Verhandlungen wollte sie mit einer Stärkung des europäischen Parlaments eine Hegemonie Frankreichs oder ein deutsch-französisches Kondominium in der Europäischen Gemeinschaft verhindern. Das Beispiel macht deutlich, daß die Staaten hinsichtlich der Definition ihrer nationalen Interessen Entwicklungsprozessen unterliegen, manchmal sogar in sehr kurzer Frist[36].

Die europäischen Institutionen tragen auf zweierlei Art zur Stärkung des europäischen Bewußtseins bei. Zum einen weist das Handeln der Institutionen schon an sich eine formative Dimension auf. Indem auf europäischer Ebene diskutiert und entschieden wird, lassen sie Europa realer werden, schärfen sie das Profil der europäischen Realität und stärken sie seine Sichtbarkeit. Zum anderen betrachten die Institutionen die Stärkung der europäischen Identität als eine – mehr oder weniger wichtige – spezifische Aufgabe, die beständige Anstrengungen erfordert. Sie entwickeln das Gefühl der Zugehörigkeit, bestärken den Willen zum Zusammenschluß und pflegen den Gemeinschaftsgeist.

Durch Initiativen, die sich an spezifische Gruppen oder an die allgemeine Öffentlichkeit richten, suchen die europäischen Organisationen die Kontakte zwischen den Europäern zu vervielfältigen, um so die wechselseitige Kenntnis und das Verstehen zu fördern. Bei den Europäern sollen auf diese Weise die Werte bewußt werden, die ihrer gemeinsamen Zivilisation zugrunde liegen. Entsprechende Aktivitäten entwickelten sich vor allem im Bereich der Erziehung und der Kultur, und das schon in der Zwischenkriegszeit. Mit seinen speziellen Organen wie der Kommission für intellektuelle Zusammenarbeit spielte der Völkerbund eine Vorreiterrolle bei der Organisation von

---

[36] Gilbert TRAUSCH, La place et le rôle des petits pays en Europe, in: FRANK (HG.), Institutions (wie Anm.. 8), S. 111–124; Wilfried LOTH, L'Allemagne et les petits États dans la construction européenne, in: Michel DUMOULIN, Geneviève DUCHENNE, Arthé VAN LAER (Hg.), La Belgique, les petits États et la construction européenne, Brüssel 2003, S. 247–258.

Begegnungen, beim Austausch insbesondere von Studenten, bei der Reform des Unterrichts und bei der Wahrung des kulturellen Erbes[37]. Von 1949 an wurden gleichermaßen voluntaristische und äußerst vielfältige Aktivitäten unter der Ägide des Europarates unternommen; in den letzten Jahren sind auch entsprechende Aktivitäten der Europäischen Union hinzu getreten[38]. Gleichzeitig unternahmen die europäischen Institutionen Anstrengungen, um sich stärker bekannt zu machen, sich eine größere demokratische Legitimation zu verschaffen und ein Maximum an Kompetenzen und Autorität zu erwerben.

Was die Wirkung dieser Aktivitäten betrifft, muß man einen gewissen Gegensatz zwischen der Fülle und dem Nachdruck der Initiativen und den Ergebnissen feststellen, die doch oft bescheiden ausfallen und häufig nur ernüchtern. Hier werden offensichtlich die Grenzen einer Kommunikation sichtbar, die einseitig von oben nach unten verläuft, es wird mit anderen Worten das Defizit an Repräsentation auf europäischer Ebene deutlich. In den demokratischen Gesellschaften des 20. Jahrhunderts bedingen sich die Möglichkeiten der Repräsentation und die Fähigkeiten zur Mobilisierung in zunehmendem Maße wechselseitig. Während in der Zeit zwischen den Weltkriegen die Resonanz unter den intellektuellen Eliten noch als ein vernünftiges und hinreichendes Ziel erscheinen konnte, hat die Verwirklichung des Binnenmarktes und der Währungsunion den technokratischen Ansatz der europäischen Konstruktion illusorisch werden lassen. Sie ging keineswegs zufällig mit einer neuen Intensität der öffentlichen Debatte über die europäischen Angelegenheiten seit dem Ende der 1980er Jahre einher, aus der sowohl die Stärkung der Rolle des europäischen Parlaments als auch die stärkere Betonung der europäischen Bürgerrechte hervorgingen.

Die europäischen Institutionen können also in zweierlei Richtung als Katalysatoren wirken: Entweder stärken sie eine vage und latent vorhandene Identität oder sie akzentuieren eine Malaise, die bereits spürbar ist. Die Institutionen beeinflussen die allgemeine Konjunktur, in gewissem Maße hängen sie aber auch von ihr ab. Als diese zu Zeiten de Gaulles der Entwicklung der Gemeinschaft eher abträglich war, hatte die Kommission nur sehr begrenzte Möglichkeiten, an der Entwicklung der europäischen Identität mitzuwirken[39]. In einer Zeit einigungsfreudiger Konjunktur wie in der Phase der Einheitlichen Europäischen Akte konnte dagegen selbst eine Institution außerhalb der Gemeinschaft wie der Europarat zur Stärkung der europäischen Identität und des

---

[37] Pierre GUILLEN, La SDN et la coopération dans le domaine de l'éducation et de la culture, in: BITSCH, LOTH, POIDEVIN (Hg.), Institutions (wie Anm. 25), S. 17–28.
[38] Manuel CONÇALVES MARTINS, Le Conseil de l'Europe et la défense de la culture européenne, in: ibid. S. 123–140.
[39] Vgl. N. Piers LUDLOW, Frustrated Ambitions. The European Commission and the formation of a European Identity, 1958–1967, in: ibid. S. 307–326.

Europa-Bewußtseins beitragen[40]. Die lange und wechselvolle Geschichte des Projekts einer europäischen Universität zeigt den gleichen Einfluß verschiedener Kontexte[41].

6. EUROPÄISCHE WERTE

Die Fortschritte des europäischen Bewußtseins stehen offensichtlich in einem Zusammenhang mit der Stärkung des Konsenses über die gemeinsamen politischen Werte der Europäer. Es zeigt sich, daß alle europäischen Organisationen, ob supranational oder intergouvernemental, sich auf die gleichen politischen Werte beziehen; und diese Werte werden auch von den Mitgliedsstaaten geteilt, sowohl in den Ländern, in denen sie eine lange Tradition aufweisen, als auch in denjenigen, die sich erst in jüngeren Jahren zu ihnen bekehrt haben. In der Präambel des EWG-Vertrages von 1957 war nur – auf das Wesentlichste konzentriert – die Notwendigkeit der Sicherung des Friedens und der Freiheit sowie die Orientierung an den Prinzipien der Charta der Vereinten Nationen betont worden. Anfang der siebziger Jahre entwickelte sich dann eine intensivere Diskussion um die Definition der politischen Identität der Europäischen Gemeinschaft. Eine Erklärung über die europäische Identität, die der Gipfel der Staats- und Regierungschefs im Dezember 1973 in Kopenhagen verabschiedete, unterstrich den Willen, die Prinzipien der repräsentativen Demokratie zu achten, den Rechtsstaat, die soziale Gerechtigkeit, das Ziel des wirtschaftlichen Fortschritts und die Menschenrechte »als die Grundelemente der europäischen Identität«[42]. Danach wurden diese Prinzipien in der Erklärung zur Demokratie bestätigt, die der Europäische Rat von Kopenhagen im April 1978 beschlossen hat. Sie wurden in den Vertrag von Maastricht übernommen und im Vertrag von Amsterdam noch ausdrücklicher bekräftigt. Die Union, hieß es hier, »gründet sich auf die Prinzipien der Freiheit, der Demokratie, der Achtung der Menschenrechte und der Grundfreiheiten ebenso wie des Rechtsstaats, Grundsätze, die von den Mitgliedsstaaten geteilt werden«[43].

Das Bekenntnis zu diesen Grundsätzen stärkt den Zusammenhalt der europäischen Gesellschaft, deren demokratischer Charakter hier betont wird. Auf diese Weise entsteht eine relativ homogene demokratische Gesellschaft Europas, die dem Pluralismus, den Freiheiten, dem Vorrang des Rechtsstaates, den Menschenrechten und dem Schutz der Minderheiten verpflichtet ist. Man kann also das Vorhandensein eines gemeinsamen konstitutionellen Erbes feststellen, das zur Herausbildung eines Verfassungspa-

---

[40] Vlad CONSTANTINESCO, Le rôle du Conseil européen dans la formation d'une identité européenne, in: ibid. S. 435–447.
[41] Jean-Marie PALAYRAT, Une grande école pour une grande idée. L'Institut universitaire européen de Florence et les vicissitudes d'une identité »académique« de l'Europe (1948–1990), Ibid. S. 477–501.
[42] Zit. nach Hagen SCHULZE, Inge Ulrike PAUL (Hg.), Europäische Identität. Quellen und Materialien, München 1994, S. 280–283, Zitat S. 281.
[43] Zitiert nach CONSTANTINESCO, Conseil européen (wie Anm. 40), S. 443 (Zitat übersetzt vom Autor).

triotismus auf europäischer Ebene führt. Dieser »Europa-Patriotismus«, in dem sich eher die Bindung an ein Wertesystem als eine gefühlsmäßige Zugehörigkeit spiegelt, kann zu dem »nationalen Patriotismus« hinzutreten, der durch die unterschiedlichen historischen Erfahrungen und die Unterschiede in den Sprachen und den Kulturen geprägt ist. Damit werden nationale und europäische Identität mehr und mehr als komplementär wahrgenommen, nicht mehr als Gegensätze, die sich ausschließen. Die Gefühle der Zugehörigkeit zu Gruppen unterschiedlicher Größenordnung, nationalen oder europäischen, können nicht nur nebeneinander bestehen, sie vermögen auch, sich gegenseitig zu stützen[44].

Diese doppelte Zugehörigkeit zur Nation und zur europäischen Gemeinschaft erlaubt und erleichtert die Verfolgung nationaler Interessen mit supranationalen Mitteln oder, um genauer zu sein, die Verfolgung von Interessen, die sowohl der Nation als auch der europäischen Gemeinschaft dienen. In dieser Hinsicht kann man durchaus von »europäischer Identität« im Singular sprechen. Freilich handelt es sich hier nicht um eine »identitäre« Konzeption von Identität, sondern um eine universalistische Konzeption, die die nationalen Identitäten und die Leistungen der Nationen achtet. Waren in der Vergangenheit häufig Konflikte zwischen nationalem und europäischem Bewußtsein zu konstatieren, so muß man jetzt zunehmend auch diesen neuen Typ einer doppelten Zugehörigkeit in die Betrachtung einbeziehen, einen Typ erweiterter Identität und erweiterten Bewußtseins[45].

Die Forschungen zur Entwicklung der Identitäten in Europa und zur Entstehung eines Europa-Bewußtseins korrigieren damit eine Tendenz der Geschichtsschreibung über die europäische Einigung, die nahezu ausschließlich die Rolle der Staaten im Einigungsprozeß betont hat. In letzter Instanz sind es nicht die Staaten, die Europa schaffen, es sind die Menschen. Sie schaffen Europa mit Hilfe der Staaten (weil die Schaffung Europas einen Reformprozeß darstellt, nicht einen revolutionären Prozeß), über die transnationalen Verbindungen und über die gemeinschaftlichen Institutionen, die so entstehen. Zwischen diesen Sektoren des Integrationsprozesses herrscht keine festgeschriebene Hierarchie.

---

[44] Vgl. neben dem Beitrag von CONSTANTINESCO, Conseil européen (wie Anm. 40) die Studien von Jörg GERKRATH, La Cour de justice des Communautés européennes, la constitutionnalisation du traité de Rome et son impact sur l'émergence d'une identité européenne, in: BITSCH, LOTH, POIDEVIN (Hg.), Institutions (wie Anm. 25), S. 451–474; DERS., L'émergence d'un droit constitutionnel dans l'Europe. Modes de formation et sources d'inspiration de la Constitution des Communautés et de l'Union européenne, Brüssel 1997.

[45] Vgl. Wilfried LOTH, Die Mehrschichtigkeit der Identitätsbildung in Europa. Nationale, regionale und europäische Identität im Wandel, in: Ralf ELM (Hg.), Europäische Identität: Paradigmen und Methodenfragen, Baden-Baden 2002, S. 93–109.

RÉSUMÉ FRANÇAIS

Pour comprendre le processus d'unification européenne, il convient de distinguer entre »identité européenne« et »conscience européenne«. L'identité européenne correspond au sentiment d'appartenance à une civilisation européenne. La »conscience européenne« se distingue en revanche par le fait de savoir qu'il est nécessaire de *créer* l'Europe, nécessaire de procéder à la »construction européenne«. On peut très bien être Européen et se sentir Européen, au sens ancien du terme, sans éprouver la nécessité de créer l'Europe. Mais, inversement, on ne peut créer l'Europe sans se sentir Européen. Autrement dit: alors que l'identité européenne est liée à une idée de l'Europe, la conscience européenne comporte en outre un projet européen. Créer l'Europe implique d'instaurer une communauté politique disposant d'institutions et de régulations communes, reconnues par tous les membres.

Malgré toutes les différences de conception de l'Europe et les conflits qui en résultent, la tendance est au renforcement du consensus sur les valeurs politiques communes des Européens. En conséquence, on peut parler au singulier de la formation d'une »identité européenne«. Certes, il s'agit ici d'une conception non pas »identitaire« de l'identité, mais universaliste, qui respecte les identités et les réalisations nationales. Si, par le passé, il y eut souvent des conflits entre consciences nationale et européenne, on doit à présent prendre aussi de plus en plus en compte cette nouvelle catégorie de double appartenance, celle d'une identité et d'une conscience élargies.

Les recherches sur l'évolution des identités en Europe et sur l'apparition d'une conscience européenne corrigent ainsi la tendance qu'a l'historiographie de l'unification européenne à souligner presque exclusivement le rôle des États dans le processus d'unification. En dernière instance, ce ne sont pas les États, mais les hommes qui créent l'Europe. Ils la créent avec l'aide des États par-dessus les liens transnationaux et les institutions communes qui en résultent. Aucune hiérarchie institutionnalisée ne règne entre ces secteurs du processus d'intégration.

TANJA A. BÖRZEL, DIANA PANKE

Europäisierung – ein politikwissenschaftliches Laboratorium

I. EUROPÄISIERUNG ALS GEGENSTAND POLITIKWISSENSCHAFTLICHER FORSCHUNG

Die politikwissenschaftliche Beschäftigung mit der Europäischen Integration hat sich in mehreren Wellen mit unterschiedlichen Forschungsgegenständen auseinandergesetzt. In den Anfängen befaßte sich die Europaforschung hauptsächlich mit der Finalität Europäischer Integration. Entsprechend wurde diskutiert, unter welchen Bedingungen sich die Europäischen Gemeinschaften zu einer intergovernementalen internationalen Organisation, einem wirtschaftlichen Zweckverband oder zu einem Bundesstaat entwickeln könnten[1]. Die neuere Governance-Forschung legt hingegen ihren Schwerpunkt nicht auf politische Institutionen (Polity), sondern auf Prozesse der Politikgestaltung (Politics) und auf Politikprogramme (Policy)[2]. In diesem Forschungskontext entstand das politikwissenschaftliche Konzept der Europäisierung, das Wechselwirkungen zwischen den (aktuellen und zukünftigen) Mitgliedsstaaten einerseits und der Europäischen Union (EU) andererseits erfassen und auch erklären will[3].

---

[1] Ernst B. HAAS, Beyond the Nation-State. Functionalism and International Organization, Stanford 1964; Stanley HOFFMANN, Obstinate or Obsolete? The Fate of the Nation-State and the Case of Western Europe, in: Daedalus 95 (1966), S. 826–915; Leon N. LINDBERG, The Political Dynamics of European Economic Integration, Stanford 1963; David MITRANY, A Working Peace System, Chicago 1966.

[2] Arthur BENZ, Governance. Regieren in komplexen Regelsystemen, Opladen 2004; Tanja A. BÖRZEL, Non-State Actors and the Provision of Common Goods. Compliance with International Institutions, in: Adrienne HÉRITIER (Hg.), Common Goods. Reinventing European and International Governance, Lanham MD 2002, S. 155–178; Rainer EISING, Beate KOHLER-KOCH, Governance in the European Union. A Comparative Assessment, in: DIES. (Hg.), The Transformation of Governance in the European Union, London 1999, S. 267–285; Edgar GRANDE, Multi-Level Governance. Institutionelle Besonderheiten und Funktionsbedingungen des europäischen Mehrebenensystems, in: DERS., Markus JACHTENFUCHS (Hg.), Wie problemlösungsfähig ist die EU?, Baden-Baden 2000; Adrienne HÉRITIER, New Modes of Governance in Europe. Policy-Making without Legislating?, in: DIES. (Hg.), Common Goods (wie oben), S. 185–206; Lisbet HOOGHE (Hg.), Cohesion Policy and European Integration. Building Multi-Level Governance, Oxford, New York 1996; Markus JACHTENFUCHS, The Governance Approach to European Integration, in: Journal of Common Market Studies 39 (2001), S. 245–264; Beate KOHLER-KOCH, The Transformation of Governance in Europe, Vortrag bei: The Future of Europe: Challenges Ahead, Kolloquium Maastricht University, 6. September 2002; James N. ROSENAU (Hg.), Governance Without Government: Order and Change in World Politics, Cambridge 1992; Fritz W. SCHARPF, Introduction. The Problem-Solving Capacity of Multi-Level Governance, in: Journal of European Public Policy 4 (1997), S. 520–538.

[3] Tanja A. BÖRZEL, Pace-Setting, Foot-Dragging, and Fence-Sitting. Member State Responses to Europeanization, in: Journal of Common Market Studies 40 (2002), S. 193–214.; Gary MARKS,

Dieser Beitrag bietet einen allgemeinen, politikwissenschaftlichen Überblick über den Stand der Europäisierungsforschung. Dabei werden verschiedene Forschungszweige beleuchtet: die Frosch-, die Vogel-, und die integrierte Perspektive, die jeweils unterschiedliche Teilaspekte des Phänomens »Europäisierung« betrachten (II). In einem dritten Schritt beschäftigt sich dieser Beitrag eingehender mit der Vogelperspektive und diskutiert drei unterschiedliche Wirkungsebenen der EU auf die Mitgliedsstaaten (III). Anschließend werden unterschiedliche theoretische Erklärungsansätze dargestellt und daraufhin diskutiert, inwiefern sie die Rolle der EU bei der Bildung einer europäischen Identität erfassen können (IV). Anhand von Arbeiten zur Europäisierung nationaler Identitäten wird schließlich der in der Forschung zum Einsatz kommende methodische Instrumentenkasten illustriert (V).

II. DREI EUROPÄISIERUNGSBEGRIFFE: DIE FROSCH-, DIE VOGEL- UND DIE INTEGRIERTE PERSPEKTIVE

Es gibt drei verschiedene Europäisierungsbegriffe, die unterschiedliche Elemente des Zusammenspiels zwischen der EU und den Mitgliedsstaaten hervorheben und an die sich jeweils unterschiedliche Erklärungsansätze koppeln[4]. Im folgenden werden alle drei Begriffe erläutert. Auch wird anhand des Forschungsgegenstands »Identität«[5]

Liesbet HOOGHE, Kermit BLANK, European Integration and the State, in: Journal of Common Market Studies 34 (1996), S. 341; Johan P. OLSEN, European Challenges to the Nation State, in: Bernard STEUNENBERG, Franz VAN VUGHT (Hg.), Political Institutions and Public Policy, Dordrecht 1997, S. 157–188.; Adrienne HÉRITIER u.a., Die Veränderung von Staatlichkeit in Europa. Ein regulativer Wettbewerb. Deutschland, Großbritannien, Frankreich, Opladen. 1994; Christoph KNILL, The Impact of National Administrative Traditions on the Implementation of EU Environmental Policy, in: DERS. (Hg.), The Impact of National Administrative Traditions on the Implementation of EU Environmental Policy. Preliminary Research Report for the Commission of the European Union, Florence 1997, S. 1–45; Donald J. PUCHALA, Domestic Politics and Regional Harmonization in the European Communities, in: World Politics 27 (1975), S. 496–520; Claudio RADAELLI, How Does Europeanization Produce Policy Change? Corporate Tax Policy in Italy and the UK, in: Comparative Political Studies 30 (1997), S. 553–575; Vivien A. SCHMIDT, European Integration and Institutional Change: The Transformation of National Patterns of Decision-Making, in: Gerhard GÖHLER (Hg.), Institutionenwandel, Leviathan Sonderheft 16 (1997).
[4] Für Überblick siehe Katrin AUEL, Europäisierung nationaler Politik, in: Hans-Jürgen BIELING, Marika LERCH (Hg.), Theorien der Europäischen Integration, Wiesbaden 2005, S. 293–318; Rainer EISING, Europäisierung und Integration. Konzepte in der EU-Forschung, in: Markus JACHTENFUCHS, Beate KOHLER-KOCH (Hg.), Europäische Integration. Opladen 2003, S. 387–416.; Tanja A. BÖRZEL, Thomas RISSE, Conceptualizing the Domestic Impact of Europe, in: Kevin FEATHERSTONE, Claudio RADAELLI (Hg.), The Politics of Europeanization, Oxford 2003, S. 55–78.
[5] Dabei wird angenommen, daß es sowohl nationale als auch europäische Identitäten geben kann, die sich nicht wechselseitig ausschließen, sondern überlappend sind. Eine Zunahme der bzw. die Bildung einer europäischer Identität führt deshalb nicht automatisch zur Abnahme bzw. Degeneration nationaler Identitäten: Dominic ABRAMS, Michael A. HOGG (Hg.), Social

skizziert, wie sich die verschiedenen Zugänge unterscheiden und in welcher Hinsicht sie sich ähneln.

Erstens erfaßt die Froschperspektive, wie Staaten Einfluß auf Entscheidungen und Entwicklungen der EU nehmen[6]. Dabei soll erklärt werden, wie die Mitgliedsstaaten Institutionen, Governance Strukturen und Politikinhalte der EU schaffen und wie sie gegebene Strukturen verändern können. Aus der Froschperspektive ist Europäisierung folglich nichts anderes als das erfolgreiche Durchsetzen staatlicher Politikprogramme, politischer Prozesse oder Ordnungsvorstellungen für ein Gemeinwesen auf europäischer Ebene (*uploading*). Für die Identitätsforschung legt die Froschperspektive der Europäisierung folgende Forschungsfrage nahe: Wie bilden sich europäische und transnationale Identitäten durch Interaktionen zwischen politischen und wirtschaftlichen Eliten, zwischen Interessengruppen, zwischen den Öffentlichkeiten und zwischen den Unionsbürgern heraus[7]? Welche Rolle haben hierbei nationale Ordnungsvorstellungen für ein Gemeinwesen und wie bzw. unter welchen Bedingungen lassen sich diese auf die EU übertragen?

Zweitens kann Europäisierung auch aus der Vogelperspektive betrachtet werden. In diesem Europäisierungsverständnis wird die Wirkung der EU auf ihre (jetzigen und zukünftigen) Mitgliedsstaaten erfaßt. Die zentrale Frage ist, wie die Politik der EU (meist in Form von Richtlinien oder Verordnungen) Politikprogramme, politische Prozesse und politische Institutionen der Staaten verändert[8]. Dabei steht oft im Vor-

---

Identity Theory, New York 1990; Jeffrey T. CHECKEL, Why Comply? Social Learning and European Identity Change, in: International Organization 55 (2001), S. 553–588; Shmuel Noah EISENSTADT, Bernhard GIESEN, The Construction of Collective Identity, in: Arch. europ. sociol, XXXVI (1995), S. 72–102; Thomas RISSE, A European Identity? Europeanization and the Evolution of Nation-State Identities, in: Maria GREEN COWLES, James A. CAPORASO, Thomas RISSE (Hg.), Transforming Europe. Europeanization and Domestic Change, Ithaca, New York 2001, S. 198–216; Alexander WENDT, Collective Identity Formation and the International State, in: The American Political Science Review 88 (1994), S. 384–396; Iver B. NEUMANN, Collective Identity Formation. Self and Other in International Relations, in: European Journal of International Relations 2 (1996), S. 139–174.

[6] Robert HARMSEN, Europeanization and Governance. A New Instituional Persepctive, in: Yearbook of European Studies 14 (2000), S. 51–81; Martin LODGE, The Europeanization of Governance – Top Down, Bottom Up or Both?, in: Gunnar F. SCHUPPERT (Hg.), The Europeanisation of Governance, Baden-Baden 2006, S. 60–76; Helen WALLACE, William WALLACE (Hg.), Policy-Making in the European Union, Oxford 1996; Adrienne HÉRITIER, Policy-Making and Diversity in Europe. Escape from Deadlock, Cambridge 1999; Alec Stone SWEET, Wayne SANDHOLTZ, Neil FLIEGSTEIN (Hg.), The Institutionalization of Europe, Oxford 2001.

[7] Klaus EDER, Öffentlichkeit und Demokratie, in: JACHTENFUCHS, KOHLER-KOCH (Hg.), Europäische Integration (wie Anm. 4), S. 85–120; Thomas RISSE, Zur Debatte um die (Nicht-)Existenz einer europäische Öffentlichkeit, in: Berliner Debatte Initial 13 (2002), S. 15–23.

[8] BÖRZEL, Pace-Setting, (wie Anm. 3); Maria GREEN COWLES, James A. CAPORASO, Thomas RISSE (Hg.), Transforming Europe. Europeanization and Domestic Change, Ithaca, New York 2001; Christoph KNILL, The Transformation of National Administrations in Europe. Patterns of Change and Persistence, Cambridge 2001; Sandra LAVENEX, The Europeanization of Refugee Policies, in: Journal of Common Market Studies 39 (2001), S. 851–74; RADAELLI, Europeanization Produce Policy (wie Anm. 3); Vivien A. SCHMIDT, The Europeanization of Governance

dergrund, inwiefern dieser Prozeß zu einer Konvergenz in den Mitgliedsstaaten führen wird[9]. Aus dieser Perspektive wird von Europäisierung gesprochen, wenn innerstaatlicher Wandel durch die EU herbeigeführt wurde[10]. Auch bei der Vogelperspektive können Wechselwirkungen zwischen nationalen und europäischen Identitäten betrachtet werden. Allerdings geht es nicht wie bei der Froschperspektive darum, die Rolle von Staaten für die Bildung einer europäischen Identität zu thematisieren, sondern um die Frage, was die EU zur Bildung einer europäischen Identität beitragen kann. Forschung zur von der EU induzierten Bildung einer europäischen Identität beschäftigen sich beispielsweise mit dem Wandel nationaler Identitäten durch Wirkung europäischer Normen und Werte auf das Zugehörigkeitsgefühl der Unionsbürger[11].

Eine dritte Möglichkeit, das Konzept der Europäisierung inhaltlich zu füllen, stellt die integrierte Perspektive dar. In dieser Leseart wird Europäisierung als interaktiver Prozeß verstanden, der sowohl die Entstehung neuer Institutionen, politischer Prozesse und Politikprogramme auf der europäischen Ebene als auch deren Wirkung auf der mitgliedsstaatlichen Ebene umfaßt[12]. Entsprechend stehen zwei Fragen im Mittelpunkt: Welche staatlichen Kompetenzen zur Politikgestaltung, welche Policy-Ideen und welche Ordnungsvorstellungen werden auf die EU übertragen? Wie verändern Kompetenzverlagerungen und europäische Politikprogramme tradierte staatliche Politiken, Strukturen und Institutionen? Auch die integrierte Perspektive bietet Raum für Forschung, die sich mit der Bildung europäischer Identitäten beschäftigt. Diese Perspektive nimmt die Erkenntnis als Ausgangspunkt, daß Identitäten sich nicht von heute auf morgen wandeln, sondern sich längerfristig ausbilden und verändern. Dementsprechend wird untersucht, ob sich im Zeitverlauf die Anschlußfähigkeit nationaler Identitäten und Gegebenheiten an europäische Herausforderungen ändert, und wie Interaktionen auf den verschiedensten Ebenen (staatlich, transnational, europäisch) auf Identitätsbildungsprozesse nationaler und europäischer Identitäten rückwirken.

Allen drei Perspektiven ist gemeinsam, daß sie die EU als Mehrebenensystem begreifen und sie deshalb nicht ohne ihre Mitgliedsstaaten analysieren wollen. Auch

---

in Larger European Democracies, Vortrag bei: European Union Studies Association, Biennial Conference, Nashville, TN (26–29 mars 2003).

[9] Wolfgang WESSELS, Andreas MAURER (Hg.), Fifteen into One? The European Union and its Member States, Manchester 2001.

[10] Tanja A. BÖRZEL, Shaping and Taking EU Policies. Member State Responses to Europeanization, in: http://ideas.uqam.ca/ideas/data/erpqueens.html, 2003; Tanja A. BÖRZEL, Thomas RISSE, When Europe Hits Home. Europeanization and Domestic Change, in: European Integration online Papers 4 (2000), http://eiop.or.at/eiop/texte/2000-015a.htm.

[11] Siehe Teil IV Thomas RISSE, European Institutions and Identity Change. What Have We Learned?, in: Richard HERRMANN, Marilynn BREWER, Thomas RISSE (Hg.), Identities in Europe and the Institutions of the European Union, Lanham, MD 2004, S. 247–271; Jeffrey T. CHECKEL, Norms, Institutions, and National Identity in Contemporary Europe, in: International Studies Quarterly 43 (1999), S. 83–114; DERS., The Europeanization of Citizenship?, in: GREEN COWLES, CAPORASO, RISSE (Hg.), Transforming Europe (wie Anm. 5), S. 180–97.

[12] OLSEN (wie Anm. 3), S. 157–188.; DERS., The Many Faces of Europeanization, in: Journal of Common Market Studies 40 (2002), S. 921–950.; KOHLER-KOCH, Transformation (wie Anm. 2)

untersuchen alle Perspektiven das Wechselverhältnis zwischen den Mitgliedsstaaten und der EU, um zu ergründen, wie und ob sich die Staaten immer ähnlicher werden bzw. wie und ob die Staaten die Europäische Union nach eigenen Ordnungsvorstellungen gestalten und sich deshalb zunehmen ähneln. Allerdings unterscheiden sich die drei Perspektiven hinsichtlich des Realitätsausschnitts im Mehrebenensystem der Europäschen Union, den sie verstehen oder erklären wollen und dementsprechend auch darin, was sie eigentlich unter dem Begriff der Europäisierung verstehen. Die Froschperspektive will erklären, wie Faktoren auf der Ebene der Mitgliedsstaaten die EU bzw. deren Teilausschnitte wie Politikinhalte, Prozesse oder Ordnungsideen beeinflussen. Die Mitgliedsstaaten fungieren als Erklärungsfaktoren (unabhängige Variable) und damit als Ursache für eine Wirkung auf die EU als das zu erklärende Phänomen (abhängige Variable). Anders bei der Vogelperspektive: Hier ist die EU die unabhängige Variable, deren Wirkung auf die Mitgliedsstaaten als abhängige Variable untersucht werden soll. Dementsprechend spricht die Froschperspektive dann von erfolgter Europäisierung, wenn die Mitgliedsstaaten Ursache für den Wandel innerhalb der EU waren, während die Vogelperspektive Europäisierung als einen von der EU hervorgerufenen innerstaatlichen Wandel begreift. Im Unterschied zur Vogel- und Froschperspektive kann bei der integrierten Perspektive nicht eindeutig bestimmt werden, was Ursache und was Wirkung ist, weil abhängige und unabhängige Variablen zeitlich differieren: Je nach konkreter Fragestellung wird die Ursache für den Prozeß der Europäisierung in den Staaten (Froschperspektive) oder in der EU (Vogelperspektive) gesucht. Weder die EU noch die Staaten können zu einem Zeitpunkt Ursache und Wirkung zugleich sein. Deshalb gibt es für die integrierte Perspektive im Unterschied zur Frosch- und zur Vogelperspektive keinen eigenen Indikator für erfolgreiche bzw. ausbleibende Europäisierung, sondern dieser ist je nach betrachtetem Ausschnitt bzw. je nach Teilfragestellung entweder der Frosch- oder der Vogelperspektive entlehnt.

Der folgende Abschnitt erläutert theoretische Erklärungsansätze für das Ablaufen oder Ausbleiben von Europäisierungsprozessen. Dabei konzentriert sich die Diskussion auf die Vogelperspektive und nicht auf die integrierte Perspektive, weil diese in zeitlich versetzter, infiniter Abfolge die Vogel- und die Froschperspektive vereint und somit keine originär neuen theoretischen Zugänge bereitstellt, die nicht bereits in den anderen beiden Perspektiven enthalten sind.

III. WIRKUNGSEBENEN IN DER VOGELPERSPEKTIVE

Aus der Vogelperspektive muß zwischen den Begriffen des innerstaatlichen Wandels und der Europäisierung unterschieden werden. Während »innerstaatlicher Wandel« durch eine Vielzahl an Faktoren wie zum Beispiel innenpolitische Entwicklungen und Erwägungen, externe Umwelteinflüsse, die Globalisierung, oder die EU ausgelöst werden kann, wird aus der Vogelperspektive nur dann von Europäisierung gesprochen, wenn der innerstaatliche Wandel auch tatsächlich von der EU herbeigeführt wurde. Mit anderen Worten liegt Europäisierung von Staaten nur dann vor, wenn es zu innerstaatlichem Wandel kam, den es ohne die EU nicht gegeben hätte. Europäisierung aus der Vogelperspektive ist somit ein engeres Konzept als »innerstaatlicher Wandel«, weil es nur den innerstaatlichen Wandel erfaßt, der auf eine bestimmte Ursache, nämlich die EU, zurückzuführen ist. Dennoch gibt es eine Reihe unterschiedlicher Ansätze, Europäisierung aus der Vogelperspektive zu begreifen. Prinzipiell lassen sich drei Dimensionen unterscheiden, in denen die Wirkung der Europäisierung auf die Mitgliedsstaaten untersucht und innerstaatliche Wandlungsprozesse nachvollzogen werden können.

Erstens kann die EU auf die politischen Institutionen der Mitgliedsstaaten wirken. Dabei kann zwischen formalen (z.b. formelle Kompetenzverteilung zwischen Regierung und Parlament) und informellen Institutionen (z.b. Identitäten) in den Mitgliedsstaaten unterschieden werden. Innerhalb diese Zweiges der Vogelperspektive untersuchen politikwissenschaftliche Arbeiten beispielsweise, inwiefern sich Politikprogramme, Institutionen und Prozesse der EU auf Interessenvermittlungsstrukturen in den Staaten[13], Territorialsysteme[14], auf staatliche Verwaltungsstrukturen[15], auf das Verhältnis zwischen staatlicher Regierung und nationalem Parlament[16], auf staatliche Rechtsstrukturen[17] oder nationale Identitäten[18] auswirken.

Zweitens kann die EU auf die politischen Prozesse in den Mitgliedsstaaten wirken und diese verändern. Wenn politische Entscheidungen zunehmend auf die europäische Ebene verlagert werden, hat dies entscheidende Auswirkungen auf innerstaatliche Prozesse der gesellschaftlichen Interessenbildung und Interessenvertretung. Zahlreiche Studien haben aufgearbeitet, wie innerstaatliche Akteure versuchen, ihre Interessen in

---

[13] SCHMIDT, European Integration and Institutional Change (wie Anm. 3).; GREEN COWLES, CAPORASO, RISSE (Hg.), Transforming Europe (wie Anm. 5); Adrienne HÉRITIER, Differential Europe: National Administrative Responses to Community Policy, in: GREEN COWLES, CAPORASO, RISSE (Hg.), Transforming Europe (wie Anm. 5), S. 44–59.

[14] Charlie JEFFERY, Farewell to the Third Level? The German Länder and the European Policy Process, in: DERS. (Hg.), The Regional Dimension of the European Union. Towards a Third Level in Europe? London 1997, S. 56–75.; BÖRZEL, Pace-Setting (wie Anm. 3), S. 193–214.

[15] KNILL, Transformation (wie Anm. 8); Vincent WRIGHT, Reshaping the State: The Implications for Public Administration, in: Wolfgang C. MÜLLER, Vincent WRIGHT (Hg.), The State in Western Europe. Retreat or Redefinition. London 1994, S. 102–137; Dietrich ROMETSCH, Wolfgang WESSELS, The European Union and the Member States: Towards Institutional Fusion?, Manchester, New York 1996.

[16] Svein S. ANDERSEN, Tom BURNS, The European Union and the Erosion of Parliamentary Democracy: A Study of Post-Parliamentary Governance, in: Svein S. ANDERSEN, Kjell A. ELIASSEN (Hg.), The European Union: How Democratic Is It?, London 1996, S. 227–251; Phillip Norton (Hg.), National Parliaments and the European Union. London 1996.; BÖRZEL, Non-State Actors (wie Anm. 2).

[17] Lisa J. CONANT, Europeanization and the Courts: Variable Patterns of Adaptation among National Judiciaries, in: GREEN COWLES, CAPORASO, RISSE (Hg.), Transforming Europe (wie Anm. 5), S. 97–115; James A. CAPORASO, Joseph JUPILLE, The Europeanization of Gender Equality Policy and Domestic Structural Change, in: GREEN COWLES, CAPORASO, RISSE (Hg.), Transforming Europe (wie Anm. 5), S. 21–43.

[18] RISSE, A European Identity? (wie Anm. 5); CHECKEL, The Europeanization of Citizenship? (wie Anm. 11), S. 180–197.

den europäischen Politikprozeß einzubringen[19]. Die Wahl- und Parteienpolitik hat bisher weniger Aufmerksamkeit erfahren[20]. Unser Wissen über die Auswirkung des europäischen Interessenvermittlungssystems auf die Strukturen der Interessenvertretung und politischen Auseinandersetzung in den verschiedenen Mitgliedsstaaten ist immer noch begrenzt[21].

Drittens kann die EU auf politische Programme in den Mitgliedsstaaten Einfluß nehmen. Immer mehr Politikfelder werden durch Entscheidungen in Brüssel bestimmt. In einigen Fällen (z.B. Landwirtschaft, Umwelt) ist der Europäisierungsgrad soweit fortgeschritten, daß mehr als 80% aller nationalen Politikprogramme ihren Ursprung auf der europäischen Ebene haben. Die Umsetzung europäischer Entscheidungen führt zu nachhaltigen Veränderungen nationaler Politikinhalte, die nicht selten auch eine Anpassung dominanter Politikstile, Problemlösungsansätze und Politikinstrumente erfordern[22]. Damit kann der europainduzierte Wandel politischer Programme auch Verwaltungsstrukturen und -traditionen, Interessenvermittlungssysteme oder politische Diskurse beeinflussen.

Dieser Überblick zeigt, daß es eine Vielzahl möglicher abhängiger Variablen gibt, wenn aus der Vogelperspektive beobachtet wird, wie die EU auf ihre Mitgliedsstaaten wirkt. Dieser Beitrag konzentriert sich auf einen Ausschnitt und betrachtet die Wirkung der EU auf die Bildung und den Wandel europäischer und transnationaler Identitäten. Identitäten sind informelle Institutionen. Sie sind soziale Konstrukte, über die sich Individuen kognitiv und affektiv als zu bestimmten Gruppen oder Gemeinschaften zugehörig verstehen und über die sie abgrenzen können, wer nicht Mitglied der Gruppe ist[23]. Politische Identitäten konstituieren Gemeinschaften, die den Anspruch erheben, sich legitimerweise selbst zu regieren[24]. Die EU ist – wie Konföderationen und Bundesstaaten auch – ein Mehrebenensystem, welches auf verschachtelten Mitgliedschaf-

---

[19] Sonja MAZEY, Jeremy RICHARDSON (Hg.), Lobbying in the European Community. Oxford, New York 1993.; Justin GREENWOOD, Marc ASPINWALL (Hg.), Collective Action in the European Union: Interests and the New Politics of Associability, London 1998.

[20] Robert LADRECH, Europeanization and Political Parties: Towards a Framework for Analysis. Belfast 2001; Michael GREVEN, Political Parties between National Identity and Eurofication, in: Brian NELSON, David ROBERTS, Walter VEIT (Hg.), The Idea of Europe. Oxford 1992, S. 75–95.; Kevin FEATHERSTONE, Socialist Parties and European Integration. Manchester 1988.

[21] Brian C. SCHMIDT, On the History and Histography of International Relations, in: Walter CARLSNAES, Thomas RISSE, Beth A. SIMMONS (Hg.), Handbook of International Relations. London 2001, S. 3–22.

[22] HÉRITIER u.a., Die Veränderung von Staatlichkeit (wie Anm. 3); Christoph KNILL, Andrea LENSCHOW, Coping with Europe: the impact of British and German administrations on the implementation of EU environmental policy, in: Journal of European Public Policy 5 (1998), S. 595–614.; Markus HAVERLAND, National Adaptation to European Integration: The Importance of Institutional Veto Points, in: Journal of Public Policy 20 (2000), S. 83–103.

[23] ABRAMS, HOGG, Social Identity Theory (wie Anm. 5).

[24] Richard HERRMANN, Marilynn BREWER, Identities and Institutions. Becoming European in the EU, in: Richard HERRMANN, Marilynn BREWER, Thomas RISSE (Hg.), Identities in Europe and the Institutions of the European Union, Lanham, MD 2004, S. 1–22, hier S. 6f.

ten beruht und in welchem auf verschiedenen Ebenen (EU, Staat, Regionen, lokal) politische Macht ausgeübt wird. Die weite Verbreitung überlappender Ebenen von Staatlichkeit und überlappender Mitgliedschaften in Gemeinwesen wie der EU deutet bereits an, daß politische Identität kein ausschließliches Konzept sein muß, das dazu führt, nur einer Ebene die alleinige Kompetenz zuzuschreiben, Entscheidungen für ein Gemeinwesen zu treffen. Vielmehr kann es lokale, regionale, nationale und europäische Mitgliedschaften geben, die jeweils auf sich nicht wechselseitig ausschließenden Identitäten beruhen, sondern indem Identitäten aufeinander aufbauen und ineinander verschachtelt sind[25]. In dieser Perspektive führt eine zunehmende Identifikation mit der EU (steigende europäische Identität) nicht automatisch zur Abnahme bzw. Degeneration nationaler Identitäten. Eine zunehmende Identifikation mit der EU ist nicht der Anfang vom Ende des Staates. Dennoch ist es angesichts des oft gerügten Legitimitätsdefizits der EU[26] eine spannende und immer wieder aktuelle Frage, wie sich europäische Identitäten ausbilden und unter welchen Bedingungen diese gestärkt werden können.

Um diese Fragen aus politikwissenschaftlicher Perspektive beantworten zu können, führt der folgende Abschnitt Erklärungsansätze aus der Vogelperspektive der Europäisierung ein und diskutiert, inwiefern sie die Rolle der EU bei der Bildung einer europäischen Identität erfassen können.

IV. ERKLÄRUNGSANSÄTZE DER EUROPÄISIERUNG AUS DER VOGELPERSPEKTIVE

Angesichts der zunehmenden Popularität der Europäisierungsforschung in den letzten beiden Jahrzehnten überrascht es nicht, daß es eine Vielzahl unterschiedlicher Erklärungsansätze gibt. Exemplarisch wird hier ein Ansatz erläutert, der zwischen notwendigen und hinreichenden Bedingungen des von der EU ausgelösten innerstaatlichen Wandels unterscheidet und zweierlei Kausalmechanismen verknüpft[27].

---

[25] ABRAMS, HOGG, Social Identity Theory; CHECKEL, Why Comply? (wie Anm. 5); EISENSTADT, GIESEN, Construction of Collective Identity (wie Anm. 5); RISSE, A European Identity? (wie Anm. 5); WENDT, Collective Identity Formation (wie Anm. 5); Iver B. NEUMANN, Collective Identity Formation: Self and Other in International Relations, San Domenico 1995.
[26] Thomas BANCHOFF, Mitchell SMITH (Hg.), Legitimacy and the European Union. The Contested Polity, London 1999; Lene HANSEN, Michael C. WILLIAMS, The Myths of Europe. Legitimacy, Community and the »Crisis« of the EU, in: Journal of Common Market Studies 37 (1999), S. 233–49; Christoph MEYER, Political Legitimacy and the Invisibility of Politics. Exploring the European Union's Communication Deficit, in: Journal of Common Market Studies 37 (1999), S. 617–639; Kalypso NICOLAIDIS, Robert HOWSE (Hg.), The Federal Vision. Legitimacy and Levels of Governance in the US and EU, Oxford 2001.
[27] BÖRZEL, RISSE, When Europe Hits Home (wie Anm. 10).

Damit überhaupt erst die Möglichkeit besteht, daß die EU innerstaatlichen Wandel anstößt, gehen die meisten Studien davon aus, daß es einen *misfit*[28] oder *mismatch*, also eine Unvereinbarkeit zwischen europäischen und mitgliedsstaatlichen Politikprogrammen, Institutionen oder politischen Prozessen gibt. Die Paßgenauigkeit zwischen der EU- und der nationalen Ebene bestimmt den Grad des Anpassungsdrucks, den die Europäisierung auf die Mitgliedsstaaten ausübt. Je geringer die Übereinstimmung zwischen europäischen und mitgliedsstaatlichen Institutionen, politischen Prozessen und Politikprogrammen ist, desto höher wird der Anpassungsdruck und desto wahrscheinlicher kommt es zu innerstaatlichem Wandel. Wenn europäische Normen, Regeln und Verfahren sowie die damit verbundenen kollektiven Bedeutungsgehalte mit denen der Mitgliedsstaaten vereinbar sind, entstehen keine Probleme der Regeleinhaltung oder der wirksamen Umsetzung von Gemeinschaftsrecht. Ebenso wenig schafft die Europäisierung in diesem Fall neue Handlungsmöglichkeiten bzw. Handlungsbeschränkungen, die zu einer Ressourcenumverteilung zwischen innerstaatlichen Akteuren führen könnten.

Es lassen sich zwei Formen von *misfit* unterscheiden, durch welche die Europäisierung Anpassungsdruck auf die Mitgliedsstaaten ausübt. Erstens können europäische Politikprogramme zu einem *policy misfit* zwischen europäischen und nationalen Vorschriften führen. Hier geht es um den Inhalt europäischer Politikprogramme, der in den Mitgliedsstaaten zu Problemen der Regeleinhaltung führen kann, weil ihre Umsetzung Veränderungen bei den nationalen Politikzielen, Regulierungsstandards, Politikinstrumenten und/oder Problemlösungsansätzen erfordert[29]. Solche *policy misfits* können auch Anpassungsdruck auf die Institutionen erzeugen, welche die nationalen Politikprogramme verarbeiten und implementieren[30].

Zweitens kann die Europäisierung zu institutionellem *misfit* führen, der eine Anpassung innerstaatlicher Normen, Regeln und Verfahren sowie der damit verbundenen Bedeutungsgehalte verlangt. Europäische Entscheidungsverfahren, die aufgrund der herausragenden Stellung des Ministerrats den Regierungen der Mitgliedsstaaten mehr politische Macht als anderen innerstaatlichen Akteuren einräumen, widersprechen z.B. den territorialen Institutionen stark dezentralisierter Mitgliedsstaaten, weil dort die Regionen über umfassende Entscheidungsrechte verfügen, die sie mit der Europäisierung zugunsten ihrer Regierungen verlieren (siehe unten). Die Europäisierung kann sogar das

---

[28] Tanja A. BÖRZEL, Towards Convergence in Europe? Institutional Adaptation to Europeanisation in Germany and Spain, in: Journal of Common Market Studies 37 (1999), S. 573–596; Francesco G. DUINA, Harmonizing Europe. Nation-States within the Common Market, New York 1999.
[29] HÉRITIER u.a., Die Veränderung von Staatlichkeit (wie Anm. 3); Tanja A. BÖRZEL, Europäisierung und innerstaatlicher Wandel: Zentralisierung und Entparlamentarisierung?, in: Politische Vierteljahresschrift 41 (2000), S. 225–250.
[30] CAPORASO, JUPILLE (wie Anm. 17), S. 21–43.; Alberta SBRAGIA, Italy Pays for Europe: Political Leadership, Political Choice, and Institutional Adaptation, in: GREEN COWLES, CAPORASO, RISSE (Hg.), Transforming Europe (wie Anm. 5), S. 79–98.

tief verwurzelte Verständnis nationaler Identität herausfordern, wenn sie in Konflikt mit konstitutiven Normen der staatlichen Souveränität oder der Staatsbürgerschaft gerät[31]. Die Unvereinbarkeit zwischen europäischen Regeln und Politikprogrammen einerseits und mitgliedsstaatlichen Normen, Problemlösungsverfahren und Institutionen andererseits kann auf zweierlei Weise innerstaatlichen Wandel hervorrufen. Der neue Institutionalismus liefert hinreichende Bedingungen, um zu erklären ob und wie innerstaatlicher Wandel bei bestehendem Anpassungsbedarf erfolgt[32]. Dabei können mit dem rationalistischen und dem soziologischen Institutionalismus zwei Kausalpfade theoretisiert werden. Aus rationalistischer Perspektive ist die innerstaatliche (Um)Verteilung von Ressourcen und das Stärken innerstaatlicher Regelbefürworter essentiell für innerstaatlichen Wandel, während die konstruktivistische Version auf die Rolle von Normunternehmern bei sozialem Lernen und Sozialisationsprozessen abstellt[33].

INNERSTAATLICHER WANDEL ALS PROZESS DER RESSOURCENUMVERTEILUNG[34]

Der rationalistische Institutionalismus folgt einer »Logik zweckgeleiteten Handelns«, die Akteure als rational, zielorientiert und zweckgeleitet ansieht. Akteure handeln strategisch, sie setzen ihre Ressourcen ein, um ihre individuellen Nutzenkalküle zu maximieren. Sie folgen damit einer instrumentellen Rationalität, die sie die Kosten und Nutzen verschiedener Strategieoptionen abwägen läßt, wobei sie auch das (antizipierte) Verhalten anderer Akteure berücksichtigen. Aus dieser Perspektive erscheint die Europäisierung als die Herausbildung einer neuen politischen Opportunitätsstruktur. Anpassungsdruck entsteht, wenn Unvereinbarkeiten zwischen der europäischen und der mitgliedsstaatlichen Ebene gesellschaftlichen und/oder politischen Akteuren neue Handlungsmöglichkeiten eröffnen bzw. sie bei der Verfolgung ihrer Interessen einschränken. Inwieweit solche Veränderungen in der politischen Opportunitätsstruktur eines Mitgliedsstaates zu einem Wandel der politischen und sozialen Kräfteverhältnisse führen, hängt davon ab, ob Akteure willens und fähig sind, die neuen Handlungsmöglichkeiten auszuschöpfen bzw. Handlungsbeschränkungen auszuweichen. Zwei intervenierende Faktoren beeinflussen diese Fähigkeit:

---

[31] RISSE, A European Identity? (wie Anm. 5); CHECKEL, The Europeanization of Citizenship? (wie Anm. 11), S. 180–197.
[32] Peter A. HALL, Rosemary C. R. TAYLOR, Political Science and the Three New Institutionalisms, in: Political Studies XLIV (1996), S. 936–957; James G. MARCH, Johan P. OLSEN, The New Institutionalism: Organizational Factors in Political Life, in: American Political Science Review 78 (1984), S. 734–749.
[33] Tanja A. BÖRZEL, Thomas RISSE, Europäisierung und die Transformation der Nationalstaaten, in: Volker H. SCHNEIDER (Hg.), Entgrenzte Märkte – grenzenlose Bürokratie. Frankfurt a. M. 2002, S. 86–108.
[34] Siehe ausführlich BÖRZEL, RISSE, When Europe Hits Home (wie Anm. 10).

Europäisierung – ein politikwissenschaftliches Laboratorium 63

Zwei Logiken innerstaatlichen Wandels[35]

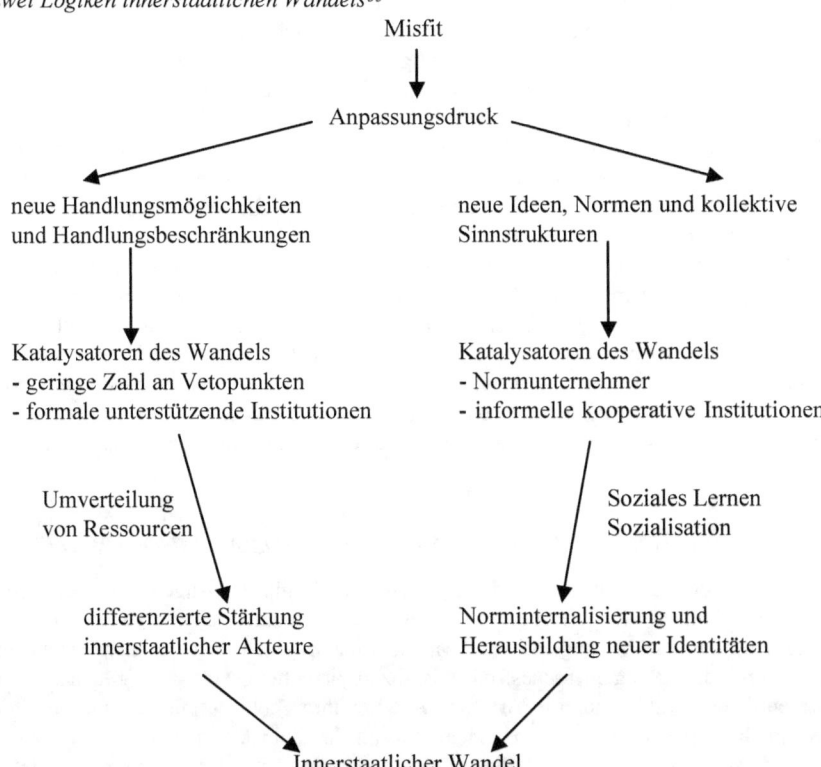

Multiple Vetopunkte im politischen System eines Mitgliedsstaates versetzen Akteure mit abweichenden Interessen in die Lage, europäischen Handlungsbeschränkungen auszuweichen und die notwendigen Anpassungsprozesse zu blockieren. So hat die EU-induzierte Liberalisierung des Transportsektors die Reformkräfte in hochregulierten Mitgliedsstaaten gestärkt, die mit ihren Forderungen nach Deregulierung und Privatisierung zuvor innenpolitisch gescheitert waren. Aber während in Deutschland die Reformkoalition in der Lage war, mit Hilfe des europäischen Liberalisierungsprogramms innerstaatliche Widerstände zu überwinden, haben italienische Gewerkschaften und sektorale Interessenverbände alle Reformversuche verhindert[36].

[35] Aus BÖRZEL, RISSE, When Europe Hits Home (wie Anm. 10); BÖRZEL (wie Anm. 3), S. 193–214.
[36] HÉRITIER (wie Anm. 13), S. 44–59; Dieter KERWER, Michael TEUTSCH, Elusive Europeanisation. Liberalising Road Haulage in the European Union, in: Journal of European Public Policy 8 (2001), S. 124–143.

Unterstützende Institutionen können Akteure mit materiellen und ideellen Ressourcen ausstatten, damit sie durch die Europäisierung geschaffene Handlungsmöglichkeiten ausschöpfen können, um die notwendigen Anpassungsprozesse voranzutreiben. In Großbritannien z.b. unterstützen öffentliche Einrichtungen wie die Equal Opportunities Commission Frauenorganisationen bei der Wahrnehmung ihrer Rechte, die in der EU-Gleichstellungsrichtlinie niedergelegt sind. In Frankreich fehlt es an solchen formalen Institutionen, die den Frauen dabei helfen könnten, innenpolitische Widerstände gegen die Durchsetzung von Gleichbehandlung und Gleichbezahlung am Arbeitsplatz zu überwinden[37].

Die Logik des rationalistischen Institutionalismus erwartet also innerstaatlichen Wandel als Folge von Europäisierung, wenn *misfits* eine Veränderung innenpolitischer Kräfteverhältnisse zugunsten einer Reformkoalition erzeugen, die von den notwendigen Anpassungen profitiert. Dies hängt im wesentlichen davon ab, ob eine geringe Zahl von Vetopositionen und formal unterstützende Institutionen es bestimmten Akteuren ermöglichen, die neu gewonnenen Handlungsmöglichkeiten auch tatsächlich wahrzunehmen und die notwendigen innerstaatlichen Anpassungen durchzusetzen.

INNERSTAATLICHER WANDEL ALS LERN- UND SOZIALISATIONSPROZESS

Der soziologische Institutionalismus stellt auf die »Logik der Angemessenheit« ab[38], nach der Akteure sich weniger von rationalen Nutzenkalkülen als von gemeinsam geteilten Normen über angemessenes Handeln leiten lassen. Was in einer gegebenen Regelstruktur als angemessenes, d.h. als sozial akzeptiertes Handeln gilt, hat einen wesentlichen Einfluß auf die Art, wie Akteure ihre Ziele definieren, und auf ihre Wahrnehmung von rationalem Handeln. Anstatt ihre subjektiven Interessen zu maximieren, sind Akteure bestrebt, die an eine bestimmte Situation gerichteten sozialen Erwartungen zu erfüllen. Diese Perspektive versteht Europäisierung als die Herausbildung neuer Regeln, Normen, Praktiken sowie kollektiver Sinnstrukturen, denen sich die Mitgliedsstaaten ausgesetzt sehen und die sie in ihre innerstaatlichen Strukturen integrieren müssen. Anpassungsdruck entsteht, wenn europäische Normen, Regeln und Verfahren sowie die damit verbundenen Bedeutungsgehalte auf der innerstaatlichen Ebene nicht anschlußfähig sind. Zwei intervenierende Faktoren beeinflussen dann das Ausmaß, in dem dieser Anpassungsdruck über Lern- und Sozialisationsprozesse zu innerstaatlichem Wandel führt:

Normunternehmer fungieren als »Agenten des Wandels« (*change agents*), indem sie reformfeindliche Akteure davon überzeugen, ihre Interessen und Identitäten neu zu

---

[37] CAPORASO, JUPILLE (wie Anm. 17), S. 21–43; Sabrina TESOKA, Judicial Politics in the European Union: Its Impact on National Opportunity Structures for Gender Equality. Köln 1999.
[38] James G. MARCH, Johan. P. OLSEN, The Institutional Dynamics of International Political Orders, in: International Organization 52 (1998), S. 943–969.

definieren. Im Gegensatz zu den oben erwähnten Reformkoalitionen, auf die der rationalistische Institutionalismus verweist, setzen Normunternehmer keine materiellen Ressourcen ein, um die Kosten-Nutzen-Kalküle der Reformgegner z.B. durch Androhung rechtlicher Schritte zu ihren Gunsten zu verändern. Erstere versuchen vielmehr letztere in einem politischen und gesellschaftlichen Diskurs davon zu überzeugen, ihre Interessen und Identitäten im Rahmen eines sozialen Lernprozesses neu zu definieren.

Regeln über angemessenes Verhalten, die sich an Kooperation und Konsens orientieren, helfen der politischen Entscheidungsfindung, multiple Vetopositionen zu überwinden, indem sie deren Einsatz zur Blockade politischer Reformentscheidungen als unangemessen ausschließen (siehe unten). Zum anderen begünstigt eine konsensorientierte politische Kultur die Aufteilung von Anpassungskosten zwischen Gewinnern und Verlierern innerstaatlichen Wandels und hilft so, innerstaatlichen Widerstand gegen notwendige Anpassungen zu überwinden[39]. Anstatt die Anpassungskosten auf politische Minderheiten abzuwälzen, entschädigen die ›Gewinner‹ die ›Verlierer‹ des Wandels.

Die Logik des soziologischen Institutionalismus erwartet also innerstaatlichen Wandel als Folge von Europäisierung, wenn *misfits* einen kollektiven Lern- und Sozialisationsprozeß auslösen, der zur Internalisierung neuer Normen und/oder der Entwicklung neuer Identitäten führt. Dies ist dann wahrscheinlich, wenn Normunternehmer und eine konsensorientierte politische Kultur die Internalisierung europäischer Werte, Normen und Regeln befördern.

Aus der Vogelperspektive wird gefragt, wie sich europäische Normen und Werte auf das Zugehörigkeitsgefühl der nationalen Bevölkerungen und damit auf nationale und europäische Identitäten auswirken. Wie beeinflussen Normen und Regeln individuelle Überzeugungen hinsichtlich der Eigenwahrnehmung von Individuen und deren Identifikation mit Gemeinschaften?

Damit die EU Wandel von Identitäten bewirken kann, ist zunächst einmal nötig, daß die EU vom Individuum auch als Gemeinschaft wahrgenommen wird. Dies setzt einen misfit zwischen nationalen und europäischen Normen und Werten voraus, da nur dann Anpassungsbedarf entstehen kann. Allerdings genügen Norm- und Wertdivergenz alleine noch nicht, um europäische Identitäten zu stärken. Selbst wenn es eine vom Individuum wahrgenommene Dissonanz zwischen nationalen und europäischen Normen und Werten gibt, bestehen verschiedene Möglichkeiten, damit umzugehen. Erstens kann sich das Individuum aus der politischen Sphäre zurückziehen und durch Politikverdrossenheit den *misfit* ignorieren. Zweitens kann eine kognitive oder emotionale Dissonanz zwischen staatlichen und europäischen Normen und Werten zu einer Stärkung nationaler Identitäten führen, wenn diese Werten und Normen als den europäischen überlegen eingeordnet werden. Drittens können europäische Identitäten gestärkt werden, wenn europäische Normen und Werte als gut und richtig eingeordnet

---

[39] Peter J. KATZENSTEIN, Corporatism and Change. Austria, Switzerland, and the Politics of Industry. Ithaca, London 1984.

werden und dem Individuum erlauben, sich mit der EU als Gemeinschaft zu identifizieren. Dies muß nicht zwangsweise zu einer Schwächung nationaler Identitäten führen, weil prinzipiell auch die Möglichkeit überlappender und ineinander verschränkter Mitgliedschaften und Identitäten besteht. *Misfit* zwischen staatlichen und europäischen Normen und Werten ist somit auch für Identitätenwandel nur eine notwendige und keine hinreichende Bedingung.

Der vorgestellte Europäisierungsansatz spezifiziert hinreichende Bedingungen des innerstaatlichen Wandels mittels zweier verschiedener Kausalmechanismen. Allerdings kann nur der konstruktivistische und nicht der rationalistische Mechanismus eine Aussage darüber treffen, unter welchen Bedingungen europäische Identitäten gestärkt werden. Der rationalistische Ansatz beruht auf der Annahme eines strategisch rationalen Akteurs, der in Interaktionen seine Interessen beibehält und Strategien so an Kontextbedingungen anpaßt, daß die Interessen bestmöglich erfüllt werden. Akteure haben Identitäten, aber rationalistische Ansätze müssen diese exogenisieren, d.h. der Rationalismus nimmt an, Identitäten (wie auch die Interessen) wären bereits vor Interaktionen gegeben und würden sich in ihnen auch nicht ändern.

Hingegen kann der soziologische Institutionalismus die Änderung von Akteursidentitäten in Interaktionen gut erfassen. Der soziologische Institutionalismus geht davon aus, daß Individuen nur dann ihre Identitäten ändern, wenn soziale Lernprozesse ablaufen, in denen kognitive Dissonanzen zwischen europäischen und staatlichen Normen und Werten zugunsten der europäischen Ebene aufgelöst werden. Dies setzt voraus, daß Individuen soziale Lernprozesse durchlaufen, in denen sie zu der Überzeugung gelangen, daß europäische Normen und Werte besser oder angemessener sind als tradierte staatliche Problemlösungen und Prinzipien. Soziale Lernprozesse werden vor allem dann ausgelöst und führen zur Internalisierung neuer Werte und Normen, wenn nationale, transnationale oder europäische Normunternehmer Überzeugungsarbeit leisten, etwa indem sie Diskurse über Wahrheit, Richtigkeit und Angemessenheit starten und moderieren oder indem sie auf die Anschlußfähigkeit europäischer Normen verweisen können[40].

---

[40] Markus JACHTENFUCHS, Frames and Learning, in: DERS. (Hg.), International Policy-Making as a Learning-Process?, Aldershot, Brookfield 1996, S. 23–41; Peter KODRÉ, Henrike MÜLLER, Shifting Policy Frames. EU Equal Treatment Norms and Domestic Discourse in Germany, in: Ulrike LIEBERT (Hg.), Genering Europeanization, Brüssel 2003, S. 83–116; Roger A. PAYNE, Persuasion, Frames and Norm Construction, in: European Journal of International Relations 7 (2001), S. 37–61; Yves SUREL, The Role of Cognitive and Normative Frames in Policy-Making, in: Journal of European Public Policy 7 (2000), S. 495–512; Cornelia ULBERT, Die Konstruktion von Umwelt. Der Einfluß von Ideen, Institutionen und Kultur auf (inter-)nationale Klimapolitik in den USA und der Bundesrepublik Deutschland, Baden-Baden 1997.

V. DER POLITIKWISSENSCHAFTLICHE WERKZEUGKASTEN IN DER PRAXIS: FORSCHUNG ZUR EUROPÄISIERUNG VON IDENTITÄTEN

Dieser Abschnitt vertieft die aus der Europäisierungsforschung gewonnene Einsicht, daß der Wandel von Identitäten in Reaktion auf die EU mit konstruktivistischen Ansätzen erfaßt werden kann, während rationalistische Zugänge annehmen müssen, daß Identitäten – ebenso wie Interessen – innerhalb eines Untersuchungszeitraums konstant bleiben. Neuere Arbeiten zur Europäisierung von Identitäten illustrieren die Rolle von Normunternehmern für Prozesse des sozialen Lernens und der Norminternalisierung und zeigen auch, daß der gesamte Werkzeugkasten politikwissenschaftlicher Forschung zum Einsatz kommt.

Im gegenwärtigen Forschungsparadigma hat sich die Politikwissenschaft von der reinen Deskription ebenso gelöst wie von purer Theorie. Vielmehr geht es darum, theoriegeleitete empirische Forschung zu betreiben, um die zahlreichen existierenden theoretischen Ansätze zu plausibilisieren, zu verfeinern und zu spezifizieren oder zu verwerfen und die bestehenden empirischen Funde zu systematisieren. Diese Ansicht hat sich von den internationalen Beziehungen auf die Integrationsforschung übertragen[41]. Prinzipiell ist die theoriegeleitete empirische Europäisierungsforschung mit dem methodischen Problem belastet, daß es schwierig sein kann, kausale Effekte zu isolieren. Aus der Vogelperspektive ist Europäisierung nichts anderes, als ein durch die EU ausgelöster innerstaatlicher Wandel. Dies bedeutet im Umkehrschluß, daß die EU nur dann tatsächlich auslösender Faktor für beobachteten innerstaatlichen Wandel ist, wenn es kontrafaktisch keinen innerstaatlichen Wandel geben würde, würde die EU keinen *misfit* und damit keinen Anpassungsbedarf erzeugen. Allerdings kann auf diese Weise nicht empirisch gezeigt werden, was unter den gleichen Bedingungen passiert wäre, wenn die EU keinen Anpassungsbedarf geschaffen hätte. Zugleich bedeutet das empirisch beobachtete Ausbleiben von innerstaatlichem Wandel trotz bestehendem Anpassungsbedarf noch nicht, daß die oben vorgestellte Europäisierungstheorie widerlegt wäre, denn *misfit* ist nur die notwendige, aber nicht die hinreichende Bedingung für innerstaatlichen Wandel. So bedarf es neben dem empirischen Vorhandensein eines *misfits* zusätzlich auch der *mediating factors* (als notwendige Bedingung), um Wandel herbeizuführen.

Die empirische, theoriegeleitete Politikwissenschaft geht vergleichend vor, um Hypothesen über Zusammenhänge zwischen benannten Ursachen (unabhängige Variable) und Wirkungen (abhängige Variable) unter bestimmten, ebenfalls benannten Randbedingungen zu plausibilisieren bzw. zu verwerfen. Dabei kann die Anzahl der Untersuchungseinheiten groß (quantitative Studie) oder klein (qualitative Studie) sein, es können Länder, Politiken oder Kombinationen aus beiden verglichen werden, und

---

[41] GREEN COWLES, CAPORASO, RISSE (Hg.), Transforming Europe (wie Anm. 5); HÉRITIER (wie Anm. 13), S. 44–59.

die Untersuchung kann synchron (gleicher Untersuchungszeitpunkt mehrerer Länder/Politiken) oder diachron (längerer Zeitraum in einem Land/Politikfeld) erfolgen.

Ein Beispiel für eine empirische Untersuchung mit großer Fallzahl (quantitative Studie) für die Identitätsbildung innerhalb des europäischen Mehrebenensystems wäre die auf Eurobarometer und European Values Study-Daten gestützte Untersuchung von Martin Kohli[42]. Er geht der Frage nach, in welchem Ausmaß europäische Identitätsansätze vorliegen und wie diese sich zu anderen Identitätskonzeptionen verhalten. Die quantitative Studie umfaßt alle EG-/EU-Mitgliedsländer (und Kontrollstaaten wie z.B. die USA und Kanada) für die Zeiträume von 1975–1979 und 1990–1992. Das Ergebnis der Studie ist, daß auch heute noch die nationale vor der europäischen Identität rangiert, aber die nationale Identifikation eine gleichzeitige europäische Identifikation nicht ausschließt[43]. Zugleich gibt es eine hohe Korrelation zwischen soziodemographischen Merkmalen und der Ausbildung europäischer Identitäten. Je höher das Einkommen und die Bildung sind, desto größeren Raum nimmt die europäische Identität ein[44].

In einer Arbeit mit geringerer Fallzahl (qualitativ) hat sich Thomas Risse mit der Evolution von Identitäten in den drei großen EU-Mitgliedsstaaten Deutschland, Frankreich und dem UK über einen Zeitraum von 50 Jahren beschäftigt[45]. Der empirische Teil der Studie basiert auf der Diskursanalyse von Eliten der jeweils stärksten Regierungs- und Oppositionsparteien. Die beiden Hauptergebnisse der Arbeit sind erstens, daß die bestehenden nationalen Identitäten in allen Staaten genügend Raum für die Entwicklung einer europäischen Identität lassen. Zweitens verläuft die Bildung einer europäischen Identität in allen Staaten unterschiedlich: Die Eliten lancierten im Untersuchungszeitraum fünf verschiedene Identitätskonzeptionen, die sich hinsichtlich des Verhältnisses der europäischen und der nationalen Identitäten sowie der europäischen politischen und ökonomischen Ordnung unterschieden haben[46]. Im Falle Großbritanniens wurde die EU als »friendly other« konstruiert. Damit einhergehend wurde und wird die europäische von der britischen Identität getrennt gehalten[47]. In der Bundesrepublik Deutschland war Europa seit Ende des Zweiten Weltkrieges Teil der nationalen Identifikation; eine dem britischen Fall ähnliche separate europäische und nationale Gemeinschaftskonzeption gab es hier während der letzten 50 Jahre folglich nicht[48]. Frankreich war hinsichtlich der Identitätsbildungsentwicklungen weniger stabil als Deutschland und Großbritannien. Vom Ende der 1950er bis zum Ende der 1970er

---

[42] Martin KOHLI, The Battlegrounds of European Identity, in: European Societies 2 (2000), S. 113–137.
[43] Ibid., S. 126; siehe auch Jack CITRIN, John SIDES, More Than Nationals. How Identity Choice Matters in the New Europe, in: GREEN COWLES, CAPORASO, RISSE (Hg.), Transforming Europe (wie Anm. 5), S. 161–185.
[44] KOHLI, Battlegrounds of (wie Anm. 42), S. 125.
[45] RISSE, A European Identity? (wie Anm. 5).
[46] Ibid., S. 199.
[47] Ibid., S. 204–206.
[48] Ibid., S. 206–209.

Jahre dominierte eine separate nationale Identität, die die Unabhängigkeit Frankreichs an Eckdaten der französischen Geschichte (Zentralstaat, Republikanismus) festmachte. In den 1970er und 1980er Jahren lancierten Angehörige der französischen Elite ein neues Verständnis Frankreichs, indem sie auf die geringe Paßfähigkeit zwischen der in der Identität hochgehaltenen Unabhängigkeit der Grande Nation und der Wirklichkeit hinwiesen[49]. Dies führte zu kollektiven Lernprozessen, an deren Ende ein identitärer Wandel stand. Ab den 1980er Jahren gewährte die nationale Identität Europa einen größeren Raum. Entsprechend wurde die EU als größere Version des französischen Nationalstaats begriffen[50]. Offensichtlich ist die Europäisierung nationaler Identitäten kein uniformer Prozeß, sondern die europäischen Normen und Werte schließen sich an die jeweiligen nationalen Sinn- und Deutungsstrukturen an – mit folglich differierenden Ergebnissen.

Die Studien haben gemeinsam, daß sie von einem Anpassungsdruck durch die EU ausgehen, weil die Bürger der Mitgliedsstaaten die EU als Instanz politischer Machtausübung wahrnehmen. Damit diese Herrschaftsausübung als legitim erachtet werden kann, wird der EU ein Bedarf an europäischer Identität kontrastiert. Vor diesem Hintergrund beschäftigen sich beide Arbeiten mit dem Verhältnis zwischen nationaler und europäischer Identität und versuchen den Einfluß der EU als Anstoß für identitären Wandel zu erfassen. Beide kommen zu dem Schluß, daß es europäische Identitäten gibt und daß es kein Nullsummenspiel zwischen nationaler und europäischer Identifikation geben muß, weil Identitäten überlappen und ineinander verschränkt sein können. Die qualitative Arbeit von Thomas Risse beruht auf einer Diskursanalyse und zeigt damit, daß die Selbstwahrnehmung von Eliten sich über Zeit hinweg wandeln kann, wenn es Sozialisationsagenten gibt, die Wandel bewußt anstoßen[51]. Die quantitative Studie von Martin Kohli hingegen zeigt, daß nationale Identitäten stärker als europäische sind und daß bestimmte sozio-demographische Merkmale (Bildung, Einkommen) Identitätsbildungs- und -wandlungsprozesse beeinflussen.

VI. SCHLUSSBETRACHTUNG

Mit dem in Mode gekommenen Begriff Europäisierung werden vielfältige Wechselwirkungen zwischen der EU und ihren Mitgliedsstaaten erfaßt. Dieser Beitrag systematisiert bestehende Ansätze in drei Kategorien, die sich hinsichtlich ihrer abhängigen und unabhängigen Variablen unterschieden: die Frosch-, die Vogel-, und die integrierte Perspektive. Während in der Froschperspektive die Mitgliedsländer als Ursache des Wandels in der EU (als abhängige Variable) betrachtet werden, interessiert sich die Vogelperspektive für die umgekehrte Wirkungsrichtung. Sie fragt, wie die EU als unabhängige Variable Wandel in den Mitgliedsstaaten herbeiführen kann. Ausgehend

---
[49] Ibid., S. 210–216.
[50] Ibid., S. 199.
[51] Ibid.

von der Vogelperspektive diskutiert dieser Beitrag unterschiedliche theoretische Erklärungsansätze daraufhin, inwiefern sie die Rolle der EU bei der Bildung einer europäischen Identität erfassen können. Es wird festgestellt, daß konstruktivistische Zugänge identitären Wandel erklären können, während rationalistische Ansätze Identitäten exogenisieren und damit für die Erklärung des durch die EU induzierten Wandels nicht geeignet sind.

Empirisch werden die theoretischen Einsichten anhand einiger quantitativer und qualitativer Arbeiten zu Identitätsbildung und -wandel illustriert. Dabei zeigt sich, daß der methodische Instrumentenkasten der Politikwissenschaft reichhaltig ist: quantitative und qualitative Methoden sowie diachrone und synchrone Länder- und Politikfeldvergleiche finden in der Identitätsforschung Anwendung. Trotz unterschiedlicher Methoden und Forschungsdesigns kommen neuere Arbeiten zu dem Schluß, daß die Europäisierung eine Tiefenwirkung mit sich bringt: europäische Identitäten entwickeln sich in allen Mitgliedsstaaten, wenngleich mit unterschiedlichen Konnotationen und Geschwindigkeiten[52]. Dabei liegt der Unterschied zu anderen transnationalen Beeinflussungen nationaler Gesellschaften, seien es Amerikanisierung/Westernisierung oder Globalisierung, darin, daß der Effekt der Europäisierung auf die EU-Staaten durch die Möglichkeit der rechtlichen Durchsetzung von Verordnungen ungleich höher einzuschätzen ist.

RÉSUMÉ FRANÇAIS

Le concept d'européanisation recouvre les effets d'interaction entre l'Union européenne (UE) et ses États membres. Compte tenu de la multiplication quasi explosive de la littérature de sciences politique sur l'européanisation, cette contribution offre un aperçu systématique de l'état de la recherche. Trois aspects différents, se distinguant par leurs variables dépendantes et indépendantes, y seront examinés: le point de vue au ras du sol, le point de vue de Sirius et le point de vue intégré. Alors que, dans la première perspective, les pays membres sont considérés comme étant la cause du changement dans l'UE (en tant que variable dépendante), le point de vue de Sirius étudie l'effet inverse. Il s'interroge sur la manière dont l'UE, variable indépendante, peut entraîner le changement dans les États membres. Se dégageant du point de vue de Sirius, cette contribution discute les différents débuts d'explication théorique en se demandant dans quelle mesure ils permettent de comprendre le rôle de l'UE dans la formation d'une identité européenne. On constate que les approches constructivistes peuvent expliquer le changement identitaire alors que, rendant les identités exogènes, les évaluations rationalistes ne sont pas en mesure d'expliquer le changement induit par l'UE. Les études théoriques sont illustrées empiriquement par quelques travaux quantitatifs et qualitatifs sur la formation et le changement identitaires. Ce qui prouve que la science politique dispose de bons instruments méthodologiques: la recherche sur l'identité utilise les méthodes quantitatives et qualitatives de même que des comparaisons diachroniques et synchroniques entre les pays et le champ politique. Quoique avec des méthodes et des modèles de

---

[52] Ibid.; KOHLI, Battlegrounds (wie Anm. 42); Bridget LAFFAN, The European Union and Its Institutions as »Identity Builders«, in: GREEN COWLES, CAPORASO, RISSE (Hg.), Transforming Europe (wie Anm. 5), S. 75–96; CITRIN, SIDES, More Than Nationals (wie Anm. 41); CHECKEL, Norms, Institutions, and National Identity (wie Anm. 11); DERS., The Europeanization of Citizenship? (wie Anm. 11).

recherche différents, des travaux plus récents parviennent à la conclusion que l'européanisation a une action en profondeur: les identités européennes se développent dans les États membres, avec cependant des connotations et des rythmes variés. La différence par rapport à d'autres influences transnationales sur les sociétés nationales, qu'il s'agisse de l'américanisation/occidentalisation ou de la mondialisation, vient de ce que la possibilité d'imposer juridiquement des directives contribue de manière bien plus importante à l'européanisation dans les États de l'UE.

ECKART CONZE

Wege in die Atlantische Gemeinschaft
Amerikanisierung und Westernisierung in Westeuropa nach 1945

I.

Ganz ohne Zweifel haben die Vereinigten Staaten von Amerika die politische, wirtschaftliche, gesellschaftliche und kulturelle Entwicklung Westeuropas im 20. Jahrhundert entscheidend geprägt[1]. Insbesondere mit Blick auf den sozial-kulturellen Bereich werden diese Prozesse schon seit langem, im Grunde seit Beginn des 20. Jahrhunderts, als Amerikanisierung bezeichnet und beschrieben. Das gilt für Frankreich, das gilt für Deutschland, und es gilt für eine Vielzahl anderer Gesellschaften. Es ist deshalb nicht verwunderlich, daß sich eine reichhaltige und mittlerweile kaum noch überschaubare Forschung mit Fragen der Amerikanisierung befaßt hat[2].

[1] Bei diesem Beitrag handelt es sich um den nur geringfügig überarbeiteten und mit Anmerkungen versehenen Text meines Vortrags, dessen Stil weitgehend beibehalten wurde. Der Beitrag erhebt nicht den Anspruch, »Amerikanisierung« und Westernisierung (als historische Prozesse wie als analytische Konzepte) umfassend darzustellen. Er konzentriert sich vielmehr auf die Anwendbarkeit und den potentiellen Nutzen der beiden Begriffe und versucht, sie voneinander zu unterscheiden, sie aber gleichzeitig auch in ihrer Verknüpfung vorzustellen. Für eine umfassendere Auseinandersetzung mit den beiden Begriffen und Konzepten vgl. die Konferenzpapiere einer schon 1999 durchgeführten einschlägigen Tagung des Deutschen Historischen Instituts in Washington, D.C.: »The American Impact on Western Europe. Americanization and Westernization in Transatlantic Perspective, unter: http://www.ghi-dc.org/conpotweb/.
[2] Es seien hier nur einige wenige Beispiele genannt. Mit Blick auf Deutschland: Anselm DOERING-MANTEUFFEL, Dimensionen von Amerikanisierung in der deutschen Gesellschaft, in: AfS 35 (1995), S. 1–34; Alf LÜDTKE u.a. (Hg.), Amerikanisierung. Traum und Alptraum im Deutschland des 20. Jahrhunderts, Stuttgart 1996; Konrad JARAUSCH, Hannes SIEGRIST (Hg.), Amerikanisierung und Sowjetisierung in Deutschland 1945–1970, Frankfurt a. M, New York 1997; Philipp GASSERT, Amerika im Dritten Reich. Ideologie, Propaganda und Volksmeinung 1933–1945, Stuttgart 1997; Uta G. POIGER, Jazz, Rock, and Rebels. Cold War Politics and American Culture in a Divided Germany, Berkeley 2000; Heinz BUDE, Bernd GREINER (Hg.), Westbindungen. Amerika in der Bundesrepublik, Hamburg 1999. Mit Blick auf Frankreich: Richard F. KUISEL, Seducing the French. The Dilemma of Americanization, Berkeley 1993; Philippe ROGER, Rêves et cauchemars américaines. Les États-Unis au miroir de l'opinion publique française, 1945–1963, Paris 1996; Egbert KLAUTKE, Unbegrenzte Möglichkeiten. »Amerikanisierung« in Deutschland und Frankreich (1900–1933), Stuttgart 2003. Übergreifend: Rob KROES u.a. (Hg.), Cultural Transmissions and Receptions. American Mass Culture in Europe, Amsterdam 1993; Heide FEHRENBACH, Uta G. POIGER (Hg.), Transactions, Transgressions, Transformations. American Culture in Western Europe and Japan, Oxford 1999; Richard PELLS, Not like US. How Europeans Have Loved, Hated, and Transformed American Culture since World War Two, New York 1997; Reinhold WAGNLEITNER, Coca-Colonization and the Cold War. The Cultural Mission of the U.S. after the Second World War, Chapel Hill 1994; Ursula LEHMKUHL u.a. (Hg.), Kulturtransfer und Kalter Krieg. Westeuropa als Bühne und Akteur im Amerikanisierungsprozeß, Erfurt 2000. Wichtiger Forschungsüber-

Wesentlich jünger ist demgegenüber der Begriff der Westernisierung, ein in unserem Zusammenhang zunächst in der deutschen Geschichtswissenschaft geprägter Forschungsbegriff[3]. Er bezieht sich in erster Linie auf Entwicklungen der Zeit nach 1945, und er wird verwandt, um primär ideelle Transformationsprozesse in einzelnen Gesellschaften, allen voran der westdeutschen, zu beschreiben, die mit dem Begriff der Amerikanisierung nicht hinreichend zu erfassen sind. Zwar hat das Konzept der Westernisierung, ausgehend von einem ideengeschichtlichen Forschungsprojekt des Zeithistorikers Anselm Doering-Manteuffel[4], in den letzten Jahren Eingang gefunden in die Darstellung und Analyse der Geschichte der Bundesrepublik Deutschland, und die jüngste Gesamtdarstellung zur Geschichte der Bundesrepublik aus der Feder von Edgar Wolfrum greift das Konzept ausdrücklich auf[5]. Dennoch ist der Begriff Westernisierung in der deutschen Zeitgeschichtsforschung noch immer kein so breit akzeptierter und selbstverständlich verwandter Terminus wie der der Amerikanisierung[6]. Er rivalisiert vielmehr in seinem Deutungsanspruch, der Erklärung des fundamentalen Wandels der Sozialkultur und politisch-sozialer Ordnungsvorstellungen und Wertorientierungen in Westdeutschland nach 1945, mit anderen Interpretationsangeboten wie dem der »gesellschaftlichen Liberalisierung«[7] oder dem der »Zivilisierung«[8]. Das besondere Signum des Westernisierungskonzepts dürfte im Kontext der alternativen Begriffsangebote seine inhärente Internationalität und Transnationalität sein, die zu den wesentlichen Prämissen des Konzepts gehört.

blick: Philipp GASSERT, Amerikanismus, Antiamerikanismus, Amerikanisierung. Neue Literatur zur Sozial-, Wirtschafts- und Kulturgeschichte des amerikanischen Einflusses in Deutschland und Europa, in: AfS 39 (1999), S. 531–561.
[3] Die Begriffe »Westernisierung«, zugegebenermaßen ein durch die Eindeutschung des englischen Wortes »westernization« entstandenes sprachliches Ungetüm, und »Verwestlichung« werden in diesem Aufsatz synonym gebraucht. Eine knappe, aber pointierte Definition bietet: Julia ANGSTER, Westernisierung, in: Michael BEHNEN (Hg.), Lexikon der deutschen Geschichte 1945–1990, Stuttgart 2002, S. 659f.
[4] Programmatisch und gleichzeitig resümierend: Anselm DOERING-MANTEUFFEL, Wie westlich sind die Deutschen? Amerikanisierung und Westernisierung im 20. Jahrhundert, Göttingen 1999; wichtig auch: DERS., Westernisierung. Politisch-ideeler und gesellschaftlicher Wandel in der Bundesrepublik bis zum Ende der 60er Jahre, in: Axel SCHILDT u.a. (Hg.), Dynamische Zeiten. Die sechziger Jahre in beiden deutschen Gesellschaften, Hamburg 2000, S. 311–341.
[5] S. Edgar WOLFRUM, Die geglückte Demokratie. Geschichte der Bundesrepublik Deutschland von ihren Anfängen bis zur Gegenwart, Stuttgart 2006, S. 43–186.
[6] Wichtige Studien, die den Westernisierungsansatz aufnehmen, sind: Michael HOCHGESCHWENDER, Freiheit in der Offensive? Der Kongreß für kulturelle Freiheit und die Deutschen, München 1998; Gudrun KRUIP, Das »Welt«-»Bild« des Axel-Springer-Verlags. Journalismus zwischen westlichen Werten und deutschen Denktraditionen, München 1999; Thomas SAUER, Westorientierung im deutschen Protestantismus? Vorstellungen und Tätigkeit des Kronberger Kreises, München 1999; Julia ANGSTER, Konsenskapitalismus und Sozialdemokratie. Die Westernisierung von SPD und DGB, München 2003; Vanessa CONZE, Das Europa der Deutschen. Ideen von Europa in Deutschland zwischen Reichstradition und Westorientierung, München 2005.
[7] Ulrich HERBERT (Hg.), Wandlungsprozesse in Westdeutschland. Belastung, Integration, Liberalisierung 1945–1980, Göttingen 2002.
[8] Konrad JARAUSCH, Die Umkehr. Deutsche Wandlungen 1945–1995, München 2004.

Jenseits des deutschen Horizonts ist bislang noch kaum systematisch mit Begriff und Konzept der »occidentalisation« (Frankreich) oder der »occidentalizzazione« (Italien) gearbeitet worden. Das dürfte, insbesondere im Falle Frankreichs, mit der weit verbreiteten Meinung zu tun haben, daß das Konzept der Westernisierung sich für die Untersuchung bestimmter historischer Entwicklungen und Veränderungen außerhalb Deutschlands weniger eignet, daß es sich letztlich nur auf den Weg der Deutschen nach Westen bezieht. Kann man soziale, sozialkulturelle und ideelle Wandlungsprozesse in Frankreich nach 1945 als Westernisierung, als »occidentalisation« fassen und deuten, wo doch Frankreich zweifellos bereits – ideengeschichtlich und politisch – ein integraler Bestandteil des Westens war? Im italienischen Kontext hingegen dominieren die Versuche, die Prozesse soziopolitischen, sozioökonomischen und soziokulturellen Wandels nach Ende des Faschismus als Teilprozesse von Amerikanisierung zu fassen, um damit auch dem massiven Gewicht der USA für die Transformation der italienischen Gesellschaft in der Nachkriegszeit terminologisch Rechnung zu tragen[9].

Deutlich ist eines: Amerikanisierung und Westernisierung sind zwar verwandte, es sind aber keine synonymen Begriffe. Und man griffe auch zu kurz, wollte man Westernisierung lediglich als ideelle Amerikanisierung, als »Amerikanisierung des Denkens«, verstehen[10]. Amerikanisierung – wie im übrigen auch der Begriff des Amerikanismus – ist darüber hinaus zunächst auch weniger ein analytischer Begriff, sondern ein diskursiver; er entstammt politischen, gesellschaftlichen oder kulturellen Konfliktfeldern und Auseinandersetzungen seit Beginn des 20. Jahrhunderts. Das mag der Hinweis auf die deutsche Amerikanismus-Debatte in den Jahren der Weimarer Republik belegen oder auch, mit Blick auf Frankreich, auf die um einen vielschichtigen und schillernden Amerikanisierungsbegriff zentrierten politischen Debatten nicht zuletzt während der Präsidentschaft de Gaulles. Amerikanisierung steht als Chiffre für ganz unterschiedliche sozioökonomische, soziopolitische und soziokulturelle Entwicklungen und Konzepte wie zum Beispiel Modernisierung, Industrialisierung, Technisierung, Entfaltung des Kapitalismus, Marktwirtschaft, Konsumgesellschaft, Massenkultur oder moderne Unterhaltung[11]. Das verweist auf die vielfältigen Dimensionen des Amerikanisierungsbegriffs und auf ganz unterschiedliche Zielrichtungen seiner Verwendung. Es verweist auf die Wirkmächtigkeit, aber eben auch auf die Wandelbarkeit

---

[9] Vgl. David ELLWOOD, L'Europa ricostruita. Politica ed economia tra Stati Uniti ed Europa occidentale 1945–1955, Bologna 1994. Deutlich über das Amerikanisierungsparadigma hinaus geht Paolo Pombeni, ohne dabei allerdings auf den Westernisierungsansatz zurückzugreifen oder seine Anwendbarkeit auf den italienischen Fall zu überprüfen. Der von Pombeni verwandte Begriff der »Stabilisierung« vernachlässigt das Ausmaß an tiefgreifenden sozialkulturellen Wandlungsprozessen in beiden Gesellschaften. S. Paolo POMBENI, Die politische Stabilisierung in Italien und Deutschland (1945–1958), in: Gian Enrico RUSCONI, Hans WOLLER (Hg.), Parallele Geschichten? Italien und Deutschland 1945–2000, Berlin 2006, S. 261–289.

[10] Dietrich BEYRAU, Anselm DOERING-MANTEUFFEL, Lutz RAPHAEL, Vorwort der Herausgeber, in: Michael HOCHGESCHWENDER, Freiheit, S. 9–13 (wie Anm. 6), hier S. 12.

[11] Vgl. im Überblick: Alf LÜDTKE u.a., Amerikanisierung. Traum und Alptraum im Deutschland des 20. Jahrhunderts, in: DERS. u.a. (Hg.), Amerikanisierung (wie Anm. 2), S. 7–33.

des Begriffs. Wer »Amerikanisierung« historisch-systematisch verwenden möchte, der muß sich der wechselnden Bedeutung des Wortes in Raum und Zeit bewußt sein[12]. Es kann freilich in diesem Beitrag nicht darum gehen, Dimensionen und historische Ausprägungen von Amerikanisierungsprozessen bzw. Amerikanisierungsdiskursen darzustellen, zu ordnen oder zu bündeln. Vielmehr geht es zum einen um den knappen Versuch, jenseits der spezifischen historischen Ausprägungen Kernelemente von Amerikanisierung zu benennen; zum anderen wird unter der Überschrift »Methodendiskussion« gefragt, in welchen Zusammenhängen, zur Analyse welcher Entwicklungen wir sinnvoll mit dem Konzept der Amerikanisierung arbeiten können. Die gleiche Frage wird dann auch an das Konzept der Westernisierung gerichtet. Allerdings sind Amerikanisierung und auch Westernisierung zunächst keine im engeren Sinne methodischen Instrumente (so wenig wie Europäisierung oder Globalisierung[13]), sondern eher theoretisch-konzeptionelle Ansätze, die sich freilich einerseits verbinden lassen mit unterschiedlichen methodischen Zugriffen und die andererseits durchaus beträchtlichen methodischen und heuristischen Nutzen entfalten können.

Weder die historisch-dynamischen Prozeßbegriffe Amerikanisierung und Westernisierung noch die mit ihnen verbundenen ahistorisch-statischen Begriffe Amerikanismus und Westen sind rein geographische Termini. Dem widerspricht der hohe normative Gehalt dieser Konzepte[14]. Dieser normative Gehalt seinerseits ist alles andere als festgelegt. Es gibt keinen unwandelbaren normativ-idealtypischen Begriffsinhalt, den man ohne weiteres den Prozessen von Amerikanisierung und Westernisierung unterlegen könnte. Dennoch ist ein geographischer Bezug oder Bezugsrahmen insofern gegeben, als für den Begriff der Amerikanisierung ein wenn auch nicht unbedingt reales, so doch aber imaginiertes Bild von Amerika eine entscheidende Referenzgröße darstellt. Und wenn man für die Idee des Westens oder das Konzept von Westlichkeit im Anschluß an Ernst Fraenkels Studie »Deutschland und die westlichen Demokratien«[15] die Ausbildung einer verfassungspatriotischen Zivilgesellschaft auf der Grundlage demokratischer politischer Strukturen als konstitutiv erachtet, dann hat dies selbstverständlich geographische Implikationen, als diese Art der politischen Kultur in den Industrie-

---

[12] Das widerspricht allen Positionen, die den Begriff und das Konzept der Amerikanisierung erst auf die Zeit nach 1945 anwenden wollen wie zum Beispiel: Bernd GREINER, »Test the West«. Über die Amerikanisierung der Bundesrepublik Deutschland, in: BUDE, GREINER (Hg.), Westbindungen (wie Anm. 2), S. 16–53.

[13] Einführend zu Europäisierung und Globalisierung: Jürgen OSTERHAMMEL, Internationale Geschichte, Globalisierung und die Pluralität der Kulturen, in: DERS., Wilfried LOTH (Hg.), Internationale Geschichte. Themen – Ergebnisse – Aussichten, München 2000, S. 387–408; DERS., Niels P. PETERSSON, Geschichte der Globalisierung. Dimensionen, Prozesse, Epochen, München 2003; Wolfram KAISER, Transnationale Weltgeschichte im Zeichen der Globalisierung, in: Eckart CONZE u.a. (Hg.), Geschichte der internationalen Beziehungen. Erneuerung und Erweiterung einer historischen Disziplin, Köln 2004, S. 65–92; Katharina HOLZINGER u.a., Die Europäische Union. Theorien und Analysekonzepte, Paderborn 2005.

[14] Vgl. HOCHGESCHWENDER, Freiheit (wie Anm. 6), S. 29. Auf die Studie von Hochgeschwender wird hier verwiesen, weil deren Einleitung in der notwendigen begrifflichen Klarheit und Differenzierung das Konzept der Westernisierung anwendungsbezogen einführt.

[15] Ernst FRAENKEL, Deutschland und die westlichen Demokratien, Stuttgart 1974.

gesellschaften des atlantischen Raums ihre zunächst und bislang deutlichste Ausformung erfahren hat[16].

II.

Der Begriff der Amerikanisierung bezog sich zunächst – schon im 19. Jahrhundert – auf eine kulturelle Praxis, in der die Vielfalt sozialer und vor allem ethnischer Herkünfte in den Vereinigten Staaten zu einer einheitlichen »Nation« umgeformt würden. Dieses Verständnis griff auch der Publizist William Stead 1901 in seinem Werk »The Americanization of the World« auf, glaubte aber schon damals, in dieser homogenisierenden Dynamik eine Tendenz zu erkennen, die nicht nur auf eine, auf die amerikanische Gesellschaft begrenzt bleiben würde. Stead vermutete darin eine Entwicklungsperspektive, die schließlich die ganze Welt erfassen würde[17]. Amerikanisierung beschreibt in dieser Perspektive – ganz allgemein – den kulturellen Transfer von Amerikanismen, also von Produkten, Normen, Verhaltensweisen oder Symbolen, die ihren Ursprung in den USA haben oder die als amerikanisch empfunden oder auch nur konnotiert werden[18]. Doch das ist nicht die ganze Reichweite des Amerikanisierungsbegriffs. Denn historisch kann sich seine Verwendung völlig von den Vereinigten Staaten abkoppeln und Amerika kann zur Chiffre nationalgesellschaftlicher oder nationalkultureller Entwicklungen oder Phänomene werden, die unter Umständen überhaupt keinen Amerikabezug aufweisen. Daß dies möglich ist, liegt an der Wahrnehmung Amerikas als Inbegriff technischer-industrieller Modernität und gesellschaftlicher Zukunftsdynamik sowie, als Voraussetzung dafür, am ökonomischen und machtpolitischen Aufstieg der USA, wie er in den Jahren um 1900 manifest wurde. Amerika wurde in diesem Sinne zur Referenzgröße nationaler Entwicklungen und ihrer Beurteilung. Die Folge dieses Sachverhalts sind jeweils nationale Amerika- und Amerikanisierungsdiskurse. Doch auch die Amerikanisierungsprozesse selbst laufen vor einem nationalen Hintergrund ab und werden von den jeweiligen nationalen Bedingungen geprägt und beeinflußt. Der jüngere Begriff der »Kreolisierung« versucht, dem Rechnung zu tragen[19].

---

[16] Vgl. HOCHGESCHWENDER, Freiheit (wie Anm. 6), S. 29f.
[17] William Th. STEAD, The Americanization of the World; or, the Trend of the Twentieth Century, London, New York 1902.
[18] Vgl. Anselm DOERING-MANTEUFFEL, Art. »Amerikanisierung«, in: Michael BEHNEN (Hg.), Lexikon der deutschen Geschichte nach 1945, S. 17f.; s. auch DERS., Wie westlich sind die Deutschen (wie Anm. 4), S. 11.
[19] Vgl. Rob KROES, Americanisation: What Are We Talking About?, in: DERS. u.a. (Hg.), Cultural Transmissions, S. 302–318; Ulf HANNERZ, Transnational Connections. Culture, People, Places, London 1996. Ob Reinhold Wagnleitner nicht das Kind mit dem Bade ausschüttet, wenn er den Begriff der Amerikanisierung wegen seiner inhärenten »nationalistischen Stereotypisierung« verwirft und vorschlägt, ihn durch »Europäisierung und »Creolisation« zu ersetzen, sei an dieser Stelle nicht weiter diskutiert. Vgl. Reinhold WAGNLEITNER, Coca-Colonisation und Kalter Krieg. »Amerikanisierung« als historisches Phänomen und der »Fall« Österreich, in: LEHMKUHL u.a. (Hg.), Westeuropa (wie Anm. 2), S. 12–23, hier S. 22f.

Prozesse der Amerikanisierung vollziehen sich nicht unabhängig von den Epochen der politischen und politisch-ideologischen Entwicklung in den Staatenbeziehungen. Der machtpolitische Aufstieg der USA seit der Wende vom 19. zum 20. Jahrhundert, der amerikanische Eintritt in den Ersten und den Zweiten Weltkrieg und schließlich der Aufstieg der USA zur Supermacht des Kalten Kriegs und zur Hegemonialmacht über Westeuropa begünstigten Amerikanisierungsprozesse, weil politische Macht und Hegemonie Prozesse kulturellen Transfers beförderet und weil, damit zusammenhängend, in der Wahrnehmung dieser politischen Macht und Kraftentfaltung die Dynamik der amerikanischen Gesellschaft bzw. des amerikanischen Gesellschafts- und Kulturmodells gleichsam eine vorbildhafte Demonstration und Bestätigung erfährt. Dabei entspricht der Asymmetrie der Machtbeziehungen (hegemoniales Verhältnis) der Einbahnstraßencharakter des Kulturtransfers, bei dessen Analyse wir klar zwischen ›Sender‹ und ›Empfängern‹ unterscheiden können[20]. Der Kulturtransfer der Amerikanisierung bündelt die Dynamik der US-amerikanischen Gesellschaft, »insoweit und solange sie als hochentwickelte Industriegesellschaft und als multiethnische Massengesellschaft Kulturmuster für Menschen in anderen Ländern«, Leitbilder für menschliches Verhalten (individuell oder kollektiv) bereithält[21]. Wenn wir in diesem Sinne Prozesse der Amerikanisierung an den Macht- bzw. Weltmachtstatus der USA binden, dann ergeben sich daraus durchaus auch Folgerungen im Blick auf den Zusammenhang von Amerikanisierung und Globalisierung in der allerjüngsten Zeit, ja in der Gegenwart. Dabei bleibt freilich auch zu berücksichtigen, daß die Wirkungen von Globalisierung (bezogen insbesondere auf Kommunikation) Amerikanisierungsprozesse als gleichsam globalen Kulturtransfer erleichtern, wenn nicht gar erst ermöglichen[22].

Versuchen wir den analytischen Wert des Amerikanisierungskonzepts näher zu bestimmen, so lassen sich hier mit dem Soziologen Heinz Bude vier wesentliche Analyseebenen unterscheiden, und methodisch ist es wichtig, diese Ebenen zu benennen, bevor man daran geht, Art und Umfang des amerikanischen Einflusses auf die europäischen Staaten und Gesellschaften nach 1945 präziser zu beschreiben[23].

Amerikanisierungsprozesse haben, erstens, eine machtpolitische Dimension. Das bezieht sich für die Zeit nach 1945 auf die klare politische, machtpolitische Ausrichtung der Staaten der westlichen Welt auf die Vereinigten Staaten als Führungs- und

---

[20] Vgl. Johannes PAULMANN, Internationaler Vergleich und interkultureller Transfer. Zwei Forschungsansätze zur europäischen Geschichte des 18.–20. Jahrhunderts, in: HZ 267 (1998), S. 649–685; deutlicher über Europa hinausgehend DERS., Grenzüberschreitungen und Grenzräume. Überlegungen zur Geschichte transnationaler Beziehungen von der Mitte des 19. Jahrhunderts bis in die Zeitgeschichte, in: CONZE u.a. (Hg.), Geschichte (wie Anm; 13), S. 169–196.
[21] DOERING-MANTEUFFEL, Wie westlich sind die Deutschen (wie Anm. 4), S. 11.
[22] Wichtig in diesem Kontext ist beispielsweise das Konzept der McDonaldisierung. Dazu George Ritzer, The McDonaldization of Society. An Investigation into the Changing Character of Contemporary Social Life, Thousand Oaks 1996. Dazu auch PAULMANN, Grenzüberschreitungen (wie Anm. 20), S. 173–178. Kritisch-ablehnend: Ulrich BECK, Was ist Globalisierung? Irrtümer des Globalismus – Antworten auf Globalisierung, Frankfurt a. M. 1997, S. 80–82.
[23] Zum folgenden vgl. Heinz BUDE, Vorwort, in: DERS., Bernd GREINER (Hg.), Westbindungen (wie Anm. 2), S. 7–15, hier S. 9–11.

Hegemonialmacht. Der Westen, die immer wieder sogenannte »freie Welt«, nahm als derjenige geopolitische Raum Gestalt an, in welchem die amerikanische politische, militärische und ökonomische Hegemonie wirksam wurde[24]. In diesem Sinne müssen wir Amerikanisierung als »machtpolitische Setzung« (Bude) verstehen. Das bezieht sich für die Zeit nach 1945 – und nur für diese Zeit macht es Sinn von machtpolitischer Amerikanisierung zu sprechen – auf die Rolle der USA als blockbildende Zentralmacht im Kalten Krieg. Die machtpolitische Hierarchie und das mit ihr verbundene Machtgefälle bestimmten politische Handlungsspielräume insbesondere der westeuropäischen Staaten, am stärksten der Bundesrepublik Deutschland. Aber auch die politischen Bemühungen, der amerikanischen Hegemonie zu entrinnen bzw. ihre Strukturen und Machtverhältnisse zu verändern, liefern uns einen Erklärungsansatz für zentrale Entwicklungen der internationalen Politik nach 1945[25]. Die machtpolitischen Verhältnisse beförderten schließlich auch sozialkulturelle Amerikanisierungsprozesse, indem sie zur Öffnung von Gesellschaften für amerikanische Einflüsse beitrugen. Das gilt für das besiegte Deutschland nach 1945 in besonderem Maße, grundsätzlich aber auch für die anderen europäischen Gesellschaften angesichts ihrer Schwäche und Orientierungslosigkeit nach dem Zweiten Weltkrieg.

In der Auseinandersetzung mit der amerikanischen Politik der »reeducation« und »reorientation« in Westdeutschland nach 1945 wird eine zweite Analyseebene erkennbar[26]. Diese bezieht sich auf Prozesse der Bewußtseinsbildung und des Lernens am Modell bzw. des Lernens vom Modell Amerika. Hier geht es um politische, kulturpolitische Maßnahmen der USA, anderen Gesellschaften das amerikanische Modell nicht nur zu demonstrieren, sondern es durchzusetzen. In den Zusammenhang dieser intendierten Erziehungs- und Lernprozesse gehören die Errichtung von Amerikahäusern, die Veranstaltung kultureller Kongresse, die Organisation von Besuchs- und Austauschprogrammen. Die zeithistorische Forschung hat sich in den letzten Jahren durchaus intensiv mit diesen Programmen und Maßnahmen beschäftigt, ist aber den – zugegebenermaßen – schwierigeren Schritt der Frage nach dem Erfolg bzw. den mittel- und langfristigen Wirkungen dieser Lernprozesse bislang nur in Ansätzen gegangen.

Besser erforscht ist ein dritter Analysebereich: die Verknüpfung des Amerikanisierungsbegriffs mit bestimmten Bildern und Vorstellungen von Amerika. Buchtitel wie

---

[24] Zur Bedeutung des »Freiheits«-Topos für die westliche Welt (der Zeit des Ost-West-Konflikts) und zur politischen Vokabel der »freien Welt« vgl. u.a. die Studien von HOCHGESCHWENDER, Freiheit (wie Anm. 6); Frank SCHUMACHER, Kalter Krieg und Propaganda. Die USA, der Kampf um die Weltmeinung und die ideelle Westbindung der Bundesrepublik Deutschland, 1945–1955, Trier 2000; Anselm DOERING-MANTEUFFEL, Im Kampf um Frieden und Freiheit. Über den Zusammenhang von Ideologie und Sozialkultur im Ost-West-Konflikt, in: Hans Günter HOCKERTS (Hg.), Koordinaten deutscher Geschichte in der Epoche des Ost-West-Konflikts, München 2003, S. 29–47.
[25] Das gilt natürlich nicht zuletzt für die französische Politik, insbesondere in der Ära de Gaulle (1958–1969). Dazu einschlägig: Maurice VAÏSSE, La grandeur. Politique étrangère du général de Gaulle 1958–1969, Paris 1998.
[26] Dazu differenzierend: Axel SCHILDT, Vom politischen Programm zur Populärkultur. Amerikanisierung in Westdeutschland, in: Detlef JUNKER (Hg.), Die USA und Deutschland im Zeitalter des Kalten Krieges 1945–1968, Stuttgart, München 2001, S. 955–965.

»Amerika – Traum und Alptraum« oder die Rede von »Amerika als Vorbild und Schreckbild« können für diese Untersuchungsrichtung stehen[27]. Es geht hier nicht zuletzt um die Politisierung und die Instrumentalisierung von Amerikabildern. Für diese Fragen ist die »Realität Amerika« in ihren unterschiedlichen Dimensionen nicht mehr von entscheidender Bedeutung; vielmehr geht es um Amerikanisierung als Idee und Vorstellung der vergangenen, gegenwärtigen und zukünftigen Entwicklung von Gesellschaften. Das ist einerseits ein Eliten- oder Intellektuellendiskurs, andererseits aber auch ein alltagskulturelles Massenphänomen, wenn man beispielsweise an die Ausbreitung und Rezeption, ja die Popularisierung von spezifischen Amerikabildern oder Amerikavorstellungen durch den Film, durch Musik, durch populäre Literatur (Comics) denkt.

Eng damit verbunden ist schließlich ein vierter »Mechanismus der Amerikanisierung«: eine materielle Amerikanisierung, eine Amerikanisierung über die Dinge, eine Amerikanisierung in Konsum und Konsumverhalten. Das ist zum einen als mehr oder weniger zwangsläufige Begleiterscheinung bzw. Folgeerscheinung der hegemonialen Allgegenwart der USA nach 1945 zu werten, zum anderen aber verweist es uns auf gesellschaftliche Amerikabezüge und damit die materielle Dimension sozialer Transformation im Zeichen Amerikas[28].

Diese Ebenen von Amerikanisierung wurden hier zu Zwecken der Analyse und um die Reichweite und Tragfähigkeit des Amerikanisierungskonzepts zu bestimmen scharf voneinander getrennt. Die Wirklichkeit, auch die historische, ist komplexer, und ihre Komplexität ergibt sich nicht zuletzt aus der Gleichzeitigkeit der beschriebenen Prozesse, aus ihrer Überlagerung und ihrer Interdependenz. Wir haben es aber – und hierin liegt der methodische Nutzen des Konzepts – mit einem Frageansatz, mit einem Analysehorizont zu tun, der in der Lage ist, unterschiedliche Entwicklungsstränge zusammenzubinden: politische, ökonomische, soziale und kulturelle. Gleichzeitig ist das Konzept – historisch im besten Sinne – aus der Zeit selbst gewonnen, und es bezieht sich mit Amerika auf den zentralen politischen, ökonomischen, sozialen und kulturellen Referenzhorizont der Zeit.

III.

Der Begriff der Westernisierung ist demgegenüber ein aus der Retrospektive gewonnenes analytisches Konstrukt. Ein Westernisierungsdiskurs, zumal einer, in dem der Begriff selbst auftaucht, läßt sich in den Quellen nicht finden. Als Wissenschaftsbegriff wurde Westernisierung erst in den 1980er Jahren geprägt, und zwar von dem deutsch-amerikanischen Historiker Theodor H. von Laue in seinem Buch »The World

---

[27] Beispielsweise: LÜDTKE u.a. (Hg.), Amerikanisierung (wie. Anm. 2); oder ROGER, Rêves (wie Anm. 2).
[28] Vgl. BUDE, Vorwort (wie Anm. 23), S. 10f.

Revolution of Westernization«[29]. Laue analysiert in dieser Studie vor allem die kolonialen und kolonialisierenden *missions civilisatrices* der europäischen Großmächte und der USA seit dem 19. Jahrhundert in der außereuropäischen Welt. Ein jüngerer Begriff der Westernisierung entstand in der deutschen Zeitgeschichtsforschung der 1990er Jahre im Zusammenhang mit dem Versuch, jene tiefgreifenden Wandlungsprozesse in Westdeutschland nach 1945 zu verstehen, in deren Verlauf sich die Bundesrepublik vor allem soziopolitisch und soziokulturell in die Wertegemeinschaft des Westens integrierte. Eine solche Verwendung der Begriffe Westen, Westlichkeit und Westernisierung geht zurück auf die Selbstabgrenzung Deutschlands von den westlichen Nationen (vor allem Großbritannien, den USA und Frankreich) seit den Jahren des Kaiserreichs bzw. des Ersten Weltkriegs, wie sie sich nicht zuletzt in der – von Deutschen ersonnenen – Gegenüberstellung der Ideen von 1914 und der Ideen von 1789 artikulierte, aber auch in der Rede von einer »deutschen Freiheit« beziehungsweise einer »deutschen Idee der Freiheit«[30]. In diesem Sinne – und bezogen auf die deutsche Geschichte – verbindet sich das Konzept der Westernisierung geradezu dialektisch mit dem Topos des deutschen Sonderwegs in die Moderne, der ja bekanntermaßen in unterschiedlichen Variationen ein Abweichen Deutschlands vom westlichen ›Normalweg‹ politischer, gesellschaftlicher und sozialkultureller Entwicklung seit dem 19. Jahrhundert feststellte[31].

So konstituiert für Heinrich August Winkler in seinem Werk »Der lange Weg nach Westen« die Dreiheit von Freiheit, Demokratie und Nation, basierend auf den französischen Revolutionsimperativen von »liberté«, »égalité« und »fraternité«, im Kern den Westen bzw. die Westlichkeit, und insofern ist für Winkler mit der deutschen Vereinigung von 1990 im Zeichen der liberalen Demokratie der Weg der Deutschen nach Westen im Sinne der Rückkehr Deutschlands in die Gemeinschaft der westlichen Nationen des 19. Jahrhunderts an sein Ende gelangt[32]. Das ist zwar nicht zu bestreiten, es sei aber

---

[29] Theodor H. VON LAUE, The World Revolution of Westernization. The Twentieth Century in Global Perspective, New York, Oxford 1987.
[30] Vgl. DOERING-MANTEUFFEL, Wie westlich sind die Deutschen (wie Anm. 4), S. 14f. Wichtig aber auch noch immer Leonard KRIEGER, The German Idea of Freedom. History of a Political Tradition, Chicago, London 1972.
[31] S. dazu Bernd FAULENBACH, Ideologie des deutschen Weges. Die deutsche Geschichte in der Historiographie zwischen Kaiserreich und Nationalsozialismus, München 1980; vgl. aber auch Thomas WELSKOPP, Identität *ex negativo*. Der »deutsche Sonderweg« als Metaerzählung in der bundesdeutschen Geschichtswissenschaft der siebziger und achtziger Jahre, in: Konrad H. JARAUSCH, Martin SABROW (Hg.), Die historische Meistererzählung. Deutungslinien der deutschen Nationalgeschichte nach 1945, Göttingen 2002, S. 109–139. Zur gleichsam dialektischen Beziehung zwischen Sonderwegsthese und Westernisierungsansatz s. Eckart CONZE, Nationale Vergangenheit und globale Zukunft. Deutsche Geschichtswissenschaft und die Herausforderung der Globalisierung, in: Jörg BABEROWSKI u.a., Geschichte ist immer Gegenwart, Stuttgart, München 2001, S. 43–65, hier S. 51–54.
[32] Heinrich August WINKLER, Der lange Weg nach Westen, 2 Bde., München 2000, insbesondere Bd. 2, S. 630–657. Daß Winklers »Weg nach Westen« auf anderen Prämissen beruht als das Konzept der Westernisierung, betont Doering-Manteuffel in seiner kritischen Auseinandersetzung mit dem Werk des Berliner Historikers. Vgl. DERS., Eine politische Nationalgeschichte

darauf verwiesen, daß Winklers nationalhistorische Perspektive und seine nationalisierende, seine rein auf Deutschland und Sonderweg bezogene Deutung der Verwestlichung die Übertragung seines Konzepts auf andere Gesellschaften im Grunde ausschließt. Auch das Westernisierungskonzept, das von dem Zeithistoriker Anselm Doering-Manteuffel entwickelt worden ist, zielt analytisch auf den politischen, den gesellschaftlichen und den ideellen Wandel in Westdeutschland nach 1945, auf die ideelle Transformation der westdeutschen Nachkriegsgesellschaft und auf die »ideellen Einflüsse in der inneren Entwicklung der Bundesrepublik bis 1970, die dazu beigetragen haben, das spezifische Profil des westdeutschen Gemeinwesens mit seinen markanten Unterschieden sowohl zur Weimarer Republik als auch zum Dritten Reich und zur DDR herauszubilden«[33]. Das Konzept ist zwar am deutschen Fall entwickelt worden und hat seine Erklärungskraft bislang in erster Linie an der (west-)deutschen Nachkriegsgeschichte entfaltet[34]. Es bleibt aber in seinem Anspruch und auf Grund seiner Prämissen nicht auf die deutsche Entwicklung beschränkt. Denn das Ordnungssystem des Westens, das insbesondere die USA vor dem Hintergrund des Kalten Krieges umrissen und als kulturelle Gemeinschaft, als Wertegemeinschaft zu schaffen bestrebt waren, war insgesamt atlantisch-europäisch ausgerichtet. Es ging den USA nicht nur um die Integration der Westdeutschen in das westliche Lager, sondern darum, die Staaten Nordamerikas und Westeuropas gegen kommunistische Einflüsse zu immunisieren[35]. Dazu mußten nicht nur die Deutschen ihre ideellen Traditionsbestände kritisch prüfen und mit Ordnungsvorstellungen aus dem gesellschaftlichen Horizont der Siegermächte und insbesondere der USA konfrontieren, sondern auch die anderen westeuropäischen Gesellschaften »fügten ihre je eigenständigen kulturellen Traditionen in einen international gültigen Wertehorizont ein, der den Gegensatz zwischen Demokratie und jeder Form von totalitärer Diktatur als Fundamentalkonflikt erscheinen ließ und keine Alternative, keinen »Dritten Weg« anzubieten schien«[36].

In diesem Sinne ist das Westernisierungskonzept auch auf andere westeuropäische Gesellschaften nach 1945 zu übertragen. Insbesondere mit Blick auf Italien, aber auch

für die Berliner Republik. Überlegungen zu Heinrich August Winklers »Der lange Weg nach Westen«, in: GG 27 (2001), S. 446–462.
[33] Vgl. BEYRAU u.a. (wie Anm. 10), Vorwort, S. 9.
[34] Vgl. dazu die in Anm. 6 genannten Studien.
[35] Auf dem Gebiet der politischen Ökonomie war der Marshall-Plan von 1947 das Hauptinstrument dieser Politik. Zu seiner antikommunistischen Immunisierungsfunktion vgl. Charles S. MAIER, Die konzeptuellen Grundlagen des Marshall-Plans, in: Othmar N. HABERL, Lutz NIETHAMMER (Hg.), Der Marshall-Plan und die europäische Linke, Frankfurt a. M. 1986, S. 47–58, hier S. 47 und 53f. Die jüngere Forschung zum Marshall-Plan im europäisch-amerikanischen Kontext zusammenfassend: Michael WALA, Der Marshallplan und die Genese des Kalten Krieges, in: JUNKER (Hg.), USA und Deutschland (wie Anm. 26), Bd. 1, S. 124–131.
[36] DOERING-MANTEUFFEL, Wie westlich sind die Deutschen (wie Anm. 4), S. 10. Die Idee des »Dritten Weges« oder auch der »Dritten Kraft« (zwischen Ost und West) war vor allem im Kontext der europäischen Integration der späten vierziger und fünfziger Jahre virulent. Antikommunismus konnte sich hier durchaus mit einem politischen Antiamerikanismus (auch als Bestreben, der amerikanischen politischen, militärischen und ökonomischen Hegemonie zu entkommen) verbinden. Vgl. dazu Wilfried LOTH, Der Weg nach Europa. Geschichte der europäischen Integration 1939–1957, Göttingen 1991, S. 28–47.

auf die übrigen südeuropäischen Mitgliedsstaaten der NATO und der europäischen Gemeinschaften (Griechenland, Spanien, Portugal) wäre es einmal auf seine – womöglich zeitlich versetzte – Übertragbarkeit zu überprüfen[37]. Ob man die Analyse von Transformationsprozessen in postkommunistischen Gesellschaften seit 1989/90 ebenfalls unter den Auspizien der Westernisierung betreiben könnte, muß an dieser Stelle dahinstehen. Einerseits steht zwar der Begriff des Westens für bestimmte Transformationsrichtungen und Transformationsziele, die wir auch in postkommunistischen Gesellschaften ausmachen können. Auch würde die Anwendung des Westernisierungskonzepts in diesem Zusammenhang unterstreichen, daß Prozesse der Westernisierung nicht notwendigerweise an die Existenz eines »Ostens« gebunden sind, wie es die zeitliche Verortung der Westernisierung insbesondere der Bundesrepublik in den Jahrzehnten des Ost-West-Konflikts nahelegt. Andererseits wirkte natürlich der ideologische und weltpolitische Hintergrund des Ost-West-Konflikts dynamisierend auf die Westernisierung. Denn, um es noch einmal zu betonen: Im Zentrum der Westernisierung steht die Herausbildung einer gemeinsamen Werteordnung in den westeuropäisch-atlantischen Gesellschaften, die Herausbildung gemeinsamer politisch-ideeller Denkmuster über die Ordnung der Gesellschaft im Zeichen von Liberalismus und Pluralismus.

Im Unterschied zum Konzept der Amerikanisierung handelt es sich bei den Prozessen der Westernisierung um einen linearen Transfer von den USA in Richtung Westeuropa. Vielmehr geht es um eine gemeinsame europäisch-atlantische Annäherung, die durch interkulturellen Transfer zwischen mehreren Gesellschaften zustande kam. Ideengeschichtlich steht diese Entwicklung damit in einem längeren Zusammenhang europäisch-amerikanischer ideeller Austauschbeziehungen seit dem 18. Jahrhundert[38], und die Wandlungsprozesse in Westdeutschland nach 1945 sind in diesem größeren historischen Kontext nur ein Teil, nur ein Ausschnitt. Damit ist es möglich, die Entwicklungen der Zeit nach 1945 einerseits ideengeschichtlich in eine längere historische Perspektive zu rücken, andererseits aber vor diesem Hintergrund nach den Spezifika der Nachkriegsentwicklungen zu fragen. In diesem Kontext muß daher auch die Frage nach der Rolle und dem Ort Großbritanniens oder Frankreichs im Prozeß der Westernisierung keine Empörung hervorrufen. Vielmehr sollte sie als wissenschaftlich legitime Frage nach der Bedeutung einzelner nationaler Gesellschaften und Kulturen in jenem und für jenen Prozeß verstanden werden, in dessen Verlauf sich über etwa zwei Jahrhunderte, also seit der zweiten Hälfte des 18. Jahrhunderts, in den Gesellschaften diesseits und jenseits des Nordatlantik eine gemeinsame politische Wertorientierung herausbildete. Der indignierte Verweis auf eine doch außer Zweifel stehende »Westlichkeit« insbesondere Großbritanniens oder Frankreichs verkennt diese Dimension des Westernisierungsansatzes. Ein solcher Verweis mag zwar nationalpolitisch und nationalkulturell nachvollziehbar sein, wissenschaftlich jedoch ist er unangemessen, greift (zeitlich) zu kurz und argumentiert in unserem Diskussionszusammenhang an der Sache vorbei.

---

[37] So auch der Appell von BEYRAU u.a. (wie Anm. 10), Vorwort, S. 11f.
[38] Vgl. DOERING-MANTEUFFEL, Wie westlich sind die Deutschen (wie Anm. 4), S. 12f.

Das entwertet indes nicht die Frage nach den Spezifika der Nachkriegsentwicklung – im Gegenteil. Zu diesen Spezifika gehört der bestimmende Einfluß der USA auf den Prozeß der Westernisierung, der sich aus der politischen Dominanz der USA in der westlichen Welt nach 1945 ergab. Nicht zuletzt angesichts dieses dominierenden amerikanischen Einflusses ist der Terminus Westernisierung auch kritisiert worden, und man hat beispielsweise die Verwendung des Begriffs »ideeller Amerikanisierung« (verstanden als Amerikanisierung in den Köpfen und als Gegenbegriff zur materiellen Amerikanisierung) vorgeschlagen[39]. Der Amerikanisierungsbegriff jedoch wird den Prozessen, die der Ausdruck Westernisierung umschreibt, nicht gerecht. Das bezieht sich sowohl auf die Richtung der Transferprozesse als auch auf die Tatsache, daß die Ideen und Vorstellungen von Westlichkeit, die im Zentrum der Westernisierungsprozesse standen, historisch nicht allein amerikanische Ideen und Vorstellungen waren, sondern sich aus europäisch-atlantischen Wurzeln speisten. Dennoch wird man konzedieren müssen, daß in den Jahren unmittelbar nach 1945 sich Amerikanisierungs- und Westernisierungsprozesse überschnitten, wenn sie nicht gar temporär de facto zusammenfielen, weil die USA zur militärisch-politischen Führungsmacht des Westens geworden waren und sich ihre Gesellschaft gleichzeitig »zum idealtypisch verklärten Musterfall westlicher Entwicklung und der ihr zugrunde liegenden Werte« entwickelte[40].

Methodisch ist das ein Problem und zugleich ein Vorzug. Das Problem liegt in der Schwierigkeit, die beiden Prozesse klar voneinander zu trennen. Warum soll man einen neuen Begriff – Westernisierung – einführen, wenn man doch für die Zeit, um die es geht, die Jahre nach 1945, mit einem eingeführten Begriff – Amerikanisierung – arbeiten kann, der überdies den nicht zuletzt machtpolitischen Realitäten und Strukturen der Nachkriegszeit gerecht wird? Dem ist entgegenzusetzen, daß die begriffliche Trennung uns wichtige Differenzierungsmöglichkeiten an die Hand gibt und es uns beispielsweise ermöglicht, in einer konkreten historischen Situation innerhalb des umfassenden Westernisierungsprozesses den amerikanischen Einfluß und die Amerikarezeption klar herauszupräparieren. In diesem Sinne ist die »Varianzbreite« des Westernisierungsbegriffs deutlich größer[41]. Und es wäre auch zu überlegen, ob nicht für die Zeit nach 1945 bestimmte Prozesse oder Teilprozesse der Europäisierung analytisch mit der Westernisierung zu verknüpfen wären, weil Europäisierung sich durchaus auch auf die soziopolitische, soziökonomische und soziokulturelle Angleichung bzw. Annäherung im westlichen Sinne beziehen konnte (von einer im Blick auf die USA europäisierenden Wirkung der Westernisierungsprozesse ganz zu schweigen).

[39] So lese ich Volker BERGHAHN, Conceptualizing the American Impact on Germany. West German Society and the Problem of Americanization in: GHI Conference Papers on the Web, No. 1, http://www.ghi-dc.org/conpotweb/; vgl. aber beispielsweise auch BUDE, Vorwort (wie Anm. 23), S. 9f.; im Grunde auch GREINER, »Test the West« (wie Anm. 12), S. 44–54. Abwägend hingegen: Alfons SÖLLNER, Normative Verwestlichung. Der Einfluß der Remigranten auf die politische Kultur der frühen Bundesrepublik, in: BUDE, GREINER (Hg.), Westbindungen (wie Anm. 2), S. 72–92, hier S. 89–92. Zur Auseinandersetzung mit einem so weit verstandenen Amerikanisierungskonzept s. auch Anselm DOERING-MANTEUFFEL, Dimensionen von Amerikanisierung in der deutschen Gesellschaft, in: AfS 35 (1995), S. 1–34.
[40] HOCHGESCHWENDER, Freiheit (wie Anm. 6), S. 32.
[41] Vgl. ibid., S. 34.

Mehr noch als für die Prozesse der Amerikanisierung stellt sich für jene der Westernisierung die Frage nach ihrer Identifizierbarkeit und danach, wie die mit der Westernisierung verbundenen Ideen und Ordnungsvorstellungen ihren Weg in einzelne Gesellschaften fanden und dort Wirksamkeit entfalteten. Dies ist eine methodische Frage, die weit über Fragen der Amerikanisierung und Westernisierung – wenn man sie nicht als reine Theoriekonzepte betrachten möchte – hinausweist. Denn es geht ja um die Wirkungsgeschichte von Ideen, die man als verhaltensprägende »Realitätsbilder« und »gedachte Ordnungen« begreifen muß[42]. Entscheidend für eine so ausgerichtete Analyse ist die Identifikation von Trägergruppen bestimmter Ideen. Diesen Ansatz hat die zeithistorische Westernisierungsforschung bereits exemplarisch demonstriert, indem sie beispielsweise den Kongreß für kulturelle Freiheit, gewerkschaftliche Führungsgruppen, kirchliche Leitungszirkel, Staatsrechtslehrer oder europapolitische Interessenverbände untersucht hat[43]. Um die Wirkmächtigkeit von Ideen auf Individuen und Gruppen (als Träger) deutlich zu machen, gilt es immer wieder, im Anschluß an Max Weber und M. Rainer Lepsius diejenigen Ordnungsvorstellungen präzise zu bestimmen, die das Handeln der Träger leiteten[44]. Folgt man diesem Ansatz konsequent, entgeht man auch der Gefahr einer abgehobenen Ideengeschichte eher traditionellen Zuschnitts und nähert sich statt dessen einer Sozialgeschichte von Ideen.

Dieser Beitrag konzentrierte sich auf konzeptionelle und methodische Aspekte und verzichtete daher darauf, den Prozeß der Westernisierung in seiner inhaltlichen Ausfüllung und seinen konkreten Ausprägungen näher zu beleuchten, wie dies mittlerweile in einer ganzen Reihe von Studien geschehen ist. Hinzuweisen wäre hier nicht zuletzt auf das amerikanische Konzept des Konsensliberalismus: auf die Idee eines liberalen Konsenses als dem Ordnungsprinzip für eine freie, moderne Gesellschaft; über das Wirtschaftskonzept des Keynesianismus als Zentrum eines auch ökonomisch fundierten Freiheitsverständnisses (Konsenskapitalismus)[45]. Aufstieg und Niedergang von Konsensliberalismus und Konsenskapitalismus (und mit ihm auch des Keynesianismus, der stets mehr war als ein ökonomisches Modell) markieren insofern auch den Kernzeitraum der Westernisierung nach 1945, und diese Entwicklungen reichen deutlich über Westdeutschland hinaus. Die Übereinstimmung mit dem Zeitalter des Booms oder mit Eric Hobsbawms »Goldenem Zeitalter«, den drei Jahrzehnten zwischen 1945

---

[42] Das nimmt konstruktivistische und wissenssoziologische Ansätze auf, rekurriert aber im Kern auf die Frage der »Sozialrelevanz von Ideen«, wie sie, unter Bezug auf Max Weber, M. Rainer Lepsius entwickelt hat. Vgl. Max WEBER, Die Wirtschaftsethik der Weltreligionen. Vergleichende religionssoziologische Versuche. Einleitung, in: DERS., Gesammelte Aufsätze zur Religionssoziologie, Bd. 1, Tübingen, ^{9}1988, S. 237–275, hier S. 252; s. auch M. Rainer LEPSIUS, Interessen und Ideen. Die Zurechnungsproblematik bei Max Weber, in: DERS., Interessen, Ideen und Institutionen, Opladen 1990, S. 31–43.
[43] S.o., Anm. 6.
[44] Vgl. WEBER, Wirtschaftsethik, sowie LEPSIUS, Interessen (wie Anm. 42).
[45] Zusammenfassend dazu DOERING-MANTEUFFEL, Wie westlich sind die Deutschen (wie Anm. 4), S. 75–102. Umfassende Einzelstudien stammen von HOCHGESCHWENDER, Freiheit (Konsensliberalismus) (wie Anm. 6), und ANGSTER, Konsenskapitalismus (wie Anm. 6).

und 1975, ist vor diesem Hintergrund kein Zufall[46]. Aber auch auf den Antikommunismus als Klammer des Westens und Katalysator des Westernisierungsprozesses nach 1945 wäre hinzuweisen.

IV.

Möglicherweise könnte der Begriff der »Atlantischen Gemeinschaft« dazu beitragen, die Verbindungen und Wechselwirkungen zwischen Amerikanisierung und Westernisierung nach 1945 zu fassen. Zwar ist Atlantische Gemeinschaft kein Prozeßbegriff – und es geht hier auch nicht um die Einführung eines Begriffs der Atlantisierung. Dennoch scheinen in Begriff und Idee der Atlantischen Gemeinschaft wesentliche Dimensionen sowohl des Amerikanisierungs- als auch des Westernisierungsprozesses auf, ohne daß man die unterschiedlichen Dimensionen ignorieren müßte. Der Begriff der Atlantischen Gemeinschaft war nach 1945 auf beiden Seiten des Atlantiks ein Schlüsselwort der politischen Rhetorik[47]. Er hat durchaus das Potential zu einem Epochenbegriff, weil er schon in seiner zeitgenössischen Verwendung ganz unterschiedliche Ebenen internationaler und transnationaler Beziehungen, politischer, ökonomischer und soziokultureller Entwicklungen im europäisch-atlantischen Raum umgriff: die Herausbildung von Militärbündnissen und Sicherheitsstrukturen, die Bedeutung des transatlantischen Raums als Zentralraum der liberal-kapitalistischen Weltwirtschaft, aber auch die ideelle Entwicklung der Herausbildung und Stabilisierung einer westlichen Wertegemeinschaft im Zeichen von Kaltem Krieg und Antikommunismus. Ein solches Konzept bliebe freilich noch präziser auszuarbeiten und auf seine Validität zu überprüfen.

---

[46] Eric HOBSBAWM, Das Zeitalter der Extreme. Weltgeschichte des 20. Jahrhunderts, München 1995, S. 285–499, insbesondere S. 324–362. Zur Auseinandersetzung mit Hobsbawms Periodisierung vor dem Hintergrund der Westernisierungsüberlegungen s. Anselm DOERING-MANTEUFFEL, Das »schwarze Jahrhundert« und sein »Goldenes Zeitalter«, in: NPL 3 (1997), S. 365–377.

[47] Der Begriff geht zurück auf den amerikanischen Publizisten Walter Lippmann, der schon während des Ersten Weltkriegs von der »Atlantic Community« sprach, verstanden als in erster Linie anglo-amerikanische Sicherheitsgemeinschaft, um die vor allem wirtschaftlichen Verbindungen über den Nordatlantik freizuhalten. Im Zweiten Weltkrieg griff Lippmann das Konzept wieder auf, betonte nun aber stärker die gemeinsame Kultur und die gemeinsamen Werte der »Atlantischen Gemeinschaft«. Vgl. Walter LIPPMANN, U.S. Foreign Policy. Shield of the Republic, Boston 1943, S. 114–136.

RÉSUMÉ FRANÇAIS

Dans la discussion sur les transformations politiques, sociales, économiques et culturelles dans les sociétés européennes au XXe siècle et en particulier après 1945, la notion d'américanisation joue depuis longtemps un rôle central, à la fois comme mot-clé et comme thème de recherche. Elle correspond à l'étiquette de »siècle américain« (*American Century*) qui fut attribuée au XXe siècle. En revanche, un terme plus récent, celui d'occidentalisation, plus spécifiquement employé par les chercheurs, a été élaboré par la recherche allemande en histoire du temps présent au cours des années 1990, dans le but d'exprimer conceptuellement les processus de transformation idéologique dans la société ouest-allemande après la Seconde Guerre mondiale, processus qui ne se laissaient pas saisir de manière appropriée par la notion d'américanisation.

L'article met surtout en relief les différences entre les deux notions et plaide à cette occasion pour que celle d'américanisation soit avant tout comprise comme un processus de transfert culturel unilatéral (partant des États-Unis), tandis que l'occidentalisation est considérée comme un transfert culturel américano-européen qui se déploie dès la fin du XVIIIe siècle et dont le résultat le plus important est la formation d'un Ouest comme une communauté des États libéraux et régis par l'économie de marché. Dans cette perspective, les années après 1945, les décennies de la guerre froide représentent sans aucun doute une période-clé de l'occidentalisation et la République fédérale d'Allemagne (dans le mesure où elle se trouvait en pleine période d'abandon des traditions de pensée et des représentations d'ordre »allemandes«) était tout particulièrement touchée par cette occidentalisation. Cela n'exclut pas l'application du concept d'occidentalisation à d'autres sociétés ouest-européennes et l'article propose de tester également sa solidité au regard des processus de transformation à l'œuvre en France et en Italie. Dans ce cadre, l'article cherche à savoir dans quels contextes et pour l'analyse de quels processus il serait judicieux de travailler avec le concept d'américanisation et où il serait préférable utiliser le concept d'occidentalisation.

Enfin l'article débat également des liens et des relations entre américanisation et occidentalisation d'une part et entre européanisation et mondialisation d'autre part et jette ainsi des ponts vers les autres articles de cet ouvrage. On cherche en outre à savoir si le terme de »communauté atlantique« ne possède pas la potentialité d'unir en un concept les différentes dimensions des processus de transformation dans les pays et les sociétés des deux côtés de l'Atlantique Nord après 1945.

NIELS P. PETERSSON

Globalisierung und Globalisierungsdiskurse
Netzwerke, Räume, Identitäten

Die Ansicht, wir lebten im »Zeitalter der Globalisierung«, ist Gemeingut, und es lassen sich auf Anhieb zahlreiche banale und alltägliche Globalitätserfahrungen als Beleg für diese Aussage anführen. Auch in wissenschaftlicher Diagnostik ist die Rede von der »Vernichtung von Raum und Zeit«, von einer Gegenwart, welche nunmehr eine global erfahrbare Gleichzeitigkeit sei, von der soziokulturellen Homogenisierung, den Problemen des Regierens auf globaler Ebene, von globaler Empathie mit den Opfern von Kriegen, Natur- und Technikkatastrophen. Auch die Wirtschaft sei global, mit multinationalen Konzernen und globalen Finanzmärkten. Unzählige Menschen in aller Welt seien nunmehr beteiligt an der Herstellung der Kleidung, die wir am Leibe tragen, und der Nahrung, die wir zu uns nehmen. Die wirtschaftliche Entwicklung der einzelnen Staaten könne nicht mehr isoliert beurteilt werden, sondern nur vom weltwirtschaftlichen Standpunkt, unter dem Blickwinkel von Weltmarkt und Weltkonjunktur.

Die hier paraphrasierten Gegenwartsdiagnosen stammen allerdings nicht aus der Tageszeitung von gestern, sondern aus der Zeit um 1900. Die Vernichtung der Distanz, die David Harvey als Kennzeichen des heraufziehenden globalen Zeitalters beschreibt, wurde auch schon von Künstlern und Technikern um die vorletzte Jahrhundertwende empfunden[1]. Klagen über eine kulturelle Amerikanisierung der Welt wurden schon laut, als die USA noch ganz und gar abhängig von europäischen Kultur- (und Kapital-) importen waren[2], während die Menschen des späten 19. Jahrhunderts zugleich staunend (und zutreffend) die Homogenisierung sozialer und kultureller Rollen und Ausdrucksformen in der Welt beschrieben[3]. Hungersnöte in Indien und China mobilisierten bereits im ausgehenden 19. Jahrhundert Mitleid und Spendenbereitschaft von Menschen in Europa und Nordamerika. Kurz nach der Jahrhundertwende erzielte die Diplomatengattin Elisabeth von Heyking mit ihrem Roman »Briefe, die ihn nicht erreichten« einen unverhofften literarischen Erfolg. Darin wird geschildert, wie die durch den Ausfall der bereits selbstverständlich gewordenen globalen Kommunikationsmittel Brief und Telegraphie im Boxeraufstand quälend zu Bewußtsein gebrachte Distanz die Heldin in Wahnsinn und Tod treibt[4]. Der Verweis auf die ökonomische

---

[1] David HARVEY, The Condition of Postmodernity. An Enquiry into the Origins of Cultural Change, Oxford 1989; zur Wahrnehmung um 1900 Stephen KERN, The Culture of Time and Space, 1880–1918, London 1983.
[2] Vgl. den Beitrag von Pascal ORY in diesem Band.
[3] C.A. BAYLY, The Birth of the Modern World 1780–1914. Global Connections and Comparisons, Oxford 2004, S. 12–19.
[4] Elisabeth von HEYKING, Briefe, die ihn nicht erreichten, Berlin 1903.

Verflechtung der Welt vor dem Ersten Weltkrieg ist mittlerweile ein Gemeinplatz[5]. Natürlich hätte sich durch Bezugnahme auf Nuklearwaffen, Terror oder den Treibhauseffekt eine etwas aktuellere Liste globaler Themen erstellen lassen. Aber man kann ebensogut darauf hinweisen, daß auch heute noch für einen großen Teil der Menschheit nicht die Welt ein Dorf, sondern ihr Dorf die Welt ist[6]. Globalisierung ist also nichts, was unsere Gegenwart von anderen Epochen abhebt. Zugleich ist aber auch klar: Die Welt war nicht immer schon, und nicht immer auf gleiche Weise, »globalisiert«.

Im folgenden plädiere ich zunächst für einen Begriff von Globalisierung, der durch drei Merkmale ausgezeichnet ist: Erstens lenkt er den Blick auf schon länger bestehende globale Interdependenzen und verortet damit die ganze in diesem Band interessierende Phase, die Zeit nach dem Zweiten Weltkrieg, als einen Abschnitt der Geschichte – also *nicht* der Vorgeschichte – von Globalisierung. Zweitens soll dieser Begriff die Beschreibung von Prozessen ermöglichen, nicht einfach einen idealtypischen Maßstab von Globalität bereitstellen. Drittens spreche ich mich dafür aus, Globalisierung als einen Sammelbegriff für konkret beschreibbare und oftmals bereits beschriebene Einzelprozesse zu verstehen, nicht als eine bis vor kurzem noch unentdeckte geschichtsmächtige Kraft. Im zweiten Teil des Beitrags wird das Verhältnis dieses Globalisierungsbegriffes zu den anderen Prozeßbegriffen, die in diesem Band vorgestellt werden, erläutert. Abschließend wird dann noch die identitätsstiftende Wirkung von Globalisierungsdiskursen erörtert.

ZUM GLOBALISIERUNGSBEGRIFF

In Deutschland hat der Streit über Begriffe, Methoden und Theorien von Globalgeschichte eine wesentlich längere Tradition und einen wesentlich breiteren Teilnehmerkreis als die Befassung mit der Sache selbst[7]. Aber auch wenn Theoriedebatten und die Konzipierung von Forschungsansätzen nicht nur dazu dienen sollen, sich in einem schnellebigen wissenschaftlichen Umfeld zu positionieren, ohne den zeitraubenden

---

[5] Hierzu aus einer umfangreichen Literatur Knut BORCHARDT, Globalisierung in historischer Perspektive, München 2001; Michael D. BORDO u.a. (Hg.), Globalization in Historical Perspective, Chicago 2003; Albert G. KENWOOD, Alan L. LOUGHEED, The Growth of the International Economy 1820–2000. An Introductory Text, London ⁴1999; Kevin H. O'ROURKE, Jeffrey G. WILLIAMSON, When Did Globalization Begin?, in: European Review of Economic History 6 (2002), S. 23–50; Niels P. PETERSSON, Das Kaiserreich in Prozessen ökonomischer Globalisierung, in: Jürgen OSTERHAMMEL, Sebastian CONRAD (Hg.), Das Kaiserreich transnational. Deutschland in der Welt 1871–1914, Göttingen 2004, S. 49–67 und zeitgenössisch z.B. Paul ARNDT, Deutschlands Stellung in der Weltwirtschaft, Leipzig 1913; Bernhard HARMS, Volkswirtschaft und Weltwirtschaft. Versuch der Begründung einer Weltwirtschaftslehre, Jena 1912.

[6] Jan Aart SCHOLTE, Globalization. A Critical Introduction, Basingstoke 2000 und Michael KIDRON, Ronald SEGAL, Der politische Weltatlas, Bonn 1992, S. 49.

[7] Eckhardt FUCHS, Welt- und Globalgeschichte – ein Blick über den Atlantik, H-Soz-Kult 2005 (http://hsozkult.geschichte.hu-berlin.de/forum/2005-03-004).

Umweg über eigene Forschungsarbeiten zu gehen, ist vorab zu klären, wovon eigentlich die Rede ist – ganz besonders bei einem Begriff wie Globalisierung, der gleichermaßen analytische, politische und normative Konnotationen hat und offenbar für jeden einzelnen Autor eine ganz individuelle Mischung aus Werten, Urteilen und Feststellungen bezeichnet.

Welchen Begriff von Globalisierung sollen wir wählen?[8] Wenn ein Begriff für Historiker einen Wert haben soll, dann muß er es ermöglichen, Entwicklungen und Prozesse zu thematisieren und die Forschung anzuleiten, statt sie a priori auf von abstrakt ausgearbeiteten Theorien vorgegebene Muster festzulegen. Genau diese Gefahr bergen allerdings einige der naheliegendsten soziologischen Theorieangebote. Ulrich Beck beispielsweise sieht Globalisierung als ein Phänomen der »Zweiten Moderne«, in der die Nationalstaaten von außen unter Druck gesetzt werden[9]. Ist Globalisierung dergestalt eingeordnet, kann es schon per definitionem keine *Geschichte* der Globalisierung geben, bevor nicht die Welt in souveräne Nationalstaaten mit umfassenden Gestaltungsansprüchen aufgeteilt ist, die dann durch die Globalisierung wieder in Frage gestellt werden. Für den Soziologen mag dies eine wenig bedeutungsvolle Spitzfindigkeit ohne Einfluß auf seine konkrete Arbeit sein, für den Historiker, der gezwungen ist, über Anfänge und Endpunkte, über Kontinuitäten, Transformationen und Brüche und über Epochengrenzen zu sprechen, wirft eine Definition Probleme auf, die so stark mit *der* zentralen Institution der (ersten) Moderne, dem Nationalstaat, verknüpft ist.

Benutzt man dagegen Begriffe wie »Weltgesellschaft«[10] und »Weltsystem«[11], so geht man damit implizit von einer bereits globalisierten Welt aus. Es wird dann schwierig zu entscheiden, ab wann die Welt globalisiert ist und wie sie globalisiert wird: Wann ist denn die Schwelle überschritten, wo sich aus sporadischen Kontakten ein System ergibt, das nur noch als Ganzes analysiert und verstanden werden kann? »Solange es mehrere oder sogar viele Gesellschaftssysteme auf der Welt gibt, kann in struktureller Hinsicht von Weltgesellschaft keine Rede sein«, konstatiert Rudolf Stichweh. Für ihn beginnt die Weltgesellschaft gewissermaßen mit einem Schlag (im

---

[8] Der Konzeption des Bandes entsprechend werden im ersten Teil dieses Beitrags zunächst anderswo bereits ausführlicher dargestellte Überlegungen präsentiert: die folgenden Ausführungen stützen sich auf Jürgen OSTERHAMMEL, Niels P. PETERSSON, Geschichte der Globalisierung. Dimensionen – Prozesse – Epochen, München ³2006, Kap. 1 und 2. In eine ähnliche Richtung argumentiert auch Felicitas BECKER, Netzwerke versus Gesamtgesellschaft: ein Gegensatz? Anregungen für Verflechtungsgeschichte, in: Geschichte und Gesellschaft 30 (2004), S. 316-324. Einen Überblick über für Historiker interessante Zugänge zu Globalisierungsphänomenen bietet Bruce MAZLISH, Akira IRIYE (Hg.), The Global History Reader, London, New York 2005.

[9] Ulrich BECK, Was ist Globalisierung? Irrtümer des Globalismus – Antworten auf die Globalisierung, Frankfurt a. M. ⁴1998.

[10] Bettina HEINTZ u.a. (Hg.), Weltgesellschaft. Theoretische Zugänge und empirische Problemlagen, Stuttgart 2005 (Sonderheft der Zeitschrift für Soziologie); Niklas LUHMANN, Die Gesellschaft der Gesellschaft, Bd. 1, Frankfurt a. M. 1997, S. 150; DERS., Soziologische Aufklärung 1. Aufsätze zur Theorie sozialer Systeme, Opladen 1970, S. 60; Rudolf STICHWEH, Die Weltgesellschaft. Soziologische Analysen, Frankfurt a. M. 2000; Theresa WOBBE, Weltgesellschaft, Bielefeld 2000.

[11] Immanuel WALLERSTEIN, World-Systems Analysis. An Introduction, Durham, NC 2004.

15./16. Jahrhundert)»in dem Augenblick, in dem eines der Gesellschaftssysteme nicht mehr akzeptiert, daß es neben ihm noch andere Gesellschaftssysteme gibt *und* dieses Gesellschaftssystem zusätzlich über die Instrumente und Ressourcen verfügt, diese Nichtakzeptation in strukturelle Realität umzuformen«. Gleichzeitig ist bei ihm aber auch von der Theorie der Weltgesellschaft als Theorie eines »entstehenden Systems« die Rede[12]. In einem ähnlichen Dilemma befindet sich Immanuel Wallerstein, der erklären muß, wann und warum aus einzelnen regionalen »Systemwelten« ein kapitalistisches »Weltsystem« entsteht[13]. Solche Begriffe verführen dazu, genau das vorauszusetzen, was es eigentlich zu erforschen gilt, nämlich die Tatsache, daß es einen weltweiten Systemzusammenhang in einem starken Sinne systemischer Interdependenz gibt[14].

Eine dritte Klasse von Globalisierungsbegriffen geht noch weiter: Ausgehend von einem Idealtypus weltweiter Totalvernetzung in Echtzeit wird postuliert, daß wir gegenwärtig die Anfänge eines Prozesses erleben, der zu einer solchen Totalvernetzung hinführt, weshalb unsere Gegenwart den Beginn des Zeitalters der Globalisierung markiere[15]. Damit fiele Globalisierung ganz aus dem Zuständigkeitsbereich der Geschichtswissenschaft heraus. Allerdings reicht ein kurzer Blick auf die Liste der zum Beleg dieser These angeführten Entwicklungen, um zu erkennen, daß nicht alle davon wirklich neu sind. Ohnehin wissen Historiker um die reichhaltige Geschichte negativer oder positiver Utopien, die alle eben nicht eingetroffen sind[16].

Als Alternative zu den vorgestellten Makrokonzepten schlage ich vor, die Welt nicht »von oben«, sondern »von unten« zu betrachten und nicht mit einem Ganzen zu beginnen, sondern mit Teilen – von denen wir noch nicht wissen, ob sie sich denn überhaupt zu einem Ganzen fügen. Anregungen kann man sich bei Ethnologen und Soziologen holen, die in ihrer Feldforschung mit dem herkömmlichen Konzept einer klar abgrenzbaren Gesellschaft als Analyseeinheit nicht zurechtkamen, deren Untersuchungsobjekte also einfach zu offenkundig mit dem Modell der nationalen Gesellschaft oder der autarken Stammesgemeinschaft nicht zu beschreiben waren[17]. Sie begannen, Netzwerken aufeinander bezogener Interaktionen nachzuspüren und die Institutionen und

---

[12] STICHWEH, Die Weltgesellschaft (wie Anm. 10), S. 248–250.
[13] Interessante Überlegungen zu diesem Prozeß der Systemintegration finden sich bei Ulrich PFISTER, Die Entstehung der europäischen Weltwirtschaft (ca. 1450–1850). Ein endogenes Modell, in: Jahrbuch für Wirtschaftsgeschichte (2003), S. 57–82.
[14] Vgl. Göran THERBORN, Globalizations. Dimensions, Historical Waves, Regional Effects, Normative Governance, in: International Sociology 15 (2000), S. 151–179.
[15] Diese Tendenz findet sich bei Martin ALBROW, The Global Age. State and Society Beyond Modernity, Cambridge 1996 und Manuel CASTELLS, The Information Age. Economy, Society, and Culture, 3 Bde., Oxford 1996–2000. Vgl. dazu auch Frank WEBSTER, Theories of the Information Society, London ²2002, v.a. S. 121–123.
[16] Ute FREVERT (Hg.), Das Neue Jahrhundert. Europäische Zeitdiagnosen und Zukunftsentwürfe um 1900, Göttingen 2000; Sönke NEITZEL, 1900. Zukunftsvisionen der Großmächte, Paderborn 2002; wirtschaftsgeschichtlich Paul A. DAVID, Mark THOMAS (Hg.), The Economic Future in Historical Perspective, Oxford 2003.
[17] Vgl. hierfür v.a. Frederik BARTH, Towards Greater Naturalism in Conceptualizing Societies, in: Adam KUPER (Hg.), Conceptualizing Society, London 1992, S. 17–33.

kulturellen Annahmen zu beschreiben, die solche Interaktionen ermöglichten und stabilisierten. Dabei stellte sich heraus, daß selbst scheinbar isolierte dörfliche Gemeinschaften über kulturell-religiöse Kommunikation, Geldströme oder Heiratsbeziehungen in Interaktionszusammenhänge von großer Reichweite integriert sind. Zugleich partizipieren Individuen bereits bei solchen Kleingruppen an verschiedenen überlappenden, aber nicht deckungsgleichen sozialen Zusammenhängen, die deshalb auch nicht als »Teile« eines räumlich umgrenzten »Ganzen« namens »Gesellschaft«, »Nationalstaat« oder »Volkswirtschaft« angesehen werden können[18].

Man muß deswegen nicht so weit gehen wie Margaret Thatcher, die bekanntlich feststellte: »There is no such thing as society«. Wohl aber sollte man die Reichweite und die Grenzen sozialer Einheiten selbst zur Fragestellung machen. Das Konzept des Netzwerks bietet sich dann als begriffliche Alternative zu »System«, »Gesellschaft«, »Nation« oder »Volkswirtschaft« an. Es ließe sich dann beispielsweise ein »Spinnennetzmodell« (John W. Burton) weltweiter sozialer Beziehungen konstruieren, indem man auf einer Weltkarte ohne politische Grenzen alle Telefongespräche, alle Reisen oder alle Warenbewegungen aufträgt. Auf dieser Weltkarte sind nicht Territorien und Grenzen abgebildet, sondern soziale Interaktionen. In dieser »Transaktionswelt« verdichten sich Interaktionen zu Netzwerken, Interaktionsräumen, Strukturen oder Systemen[19].

Das ist im übrigen keine bahnbrechend neue Perspektive – der deutsche Ökonom und Begründer des Kieler Instituts für Weltwirtschaft, Bernhard Harms, hat schon im

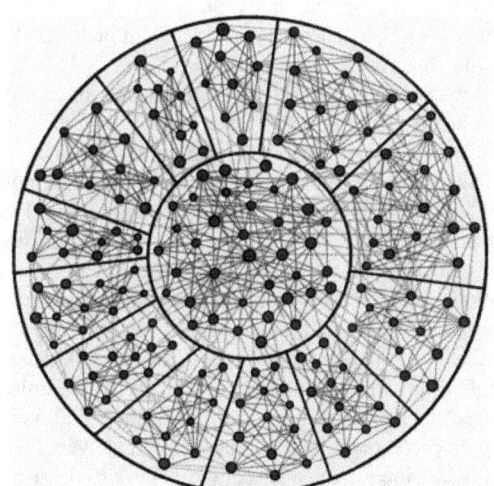

Jahre 1912 eine schematische Darstellung der Weltwirtschaft als Netzwerk angefertigt[20]. Darin sind (im Original farblich unterschieden) Vernetzungen zwischen Einzelwirtschaften – Individuen und Firmen – abgebildet, die sich teils innerhalb territorialer Grenzen halten (hier dunkel dargestellt), teils über diese hinweggehen (hell). Die soziale Bedeutung der Grenze ergibt sich dabei erst im Nachhinein aus einer Analyse der relativen Bedeutung dunkler und heller Stränge.

---

[18] Frederik BARTH, Sohar. Culture and Society in an Omani Town, Baltimore 1983; Reidar GRØNHAUG, Scale as a Variable in Analysis. Fields in Social Organization in Herat, North-West Afghanistan, in: Frederik BARTH (Hg.), Scale and Social Organization, Oslo 1978, S. 78–121.
[19] John W. BURTON, World Society, Cambridge 1972.
[20] HARMS, Volkswirtschaft und Weltwirtschaft (wie Anm. 5), Beiblatt o. Seitenzahl.

Die Geschichte von Globalisierung ist zu einem großen Teil die Geschichte des Aufbaus von Großräumen aus Interaktionen und Vernetzungen. Zu fragen wäre dann nach Gestalt, Struktur und Dauerhaftigkeit von Netzwerken, nach Inklusion und Exklusion, nach Zonen und Epochen der Netzverdichtung und natürlich auch nach ›Löchern im Netz‹. Vernetzungen unterscheiden sich je nach der Intensität und Geschwindigkeit von Kontakten. Hierbei kommt es auf die verfügbaren technischen Mittel und auf organisatorisch-institutionelle Voraussetzungen an – Technologie ermöglicht Vernetzung, aber ihr Einsatz ist an politische Entscheidungen und kulturelle Bedingungen gebunden. Weitere Dimensionen sind die Dauer der Interaktion und ihrer Frequenz. Durch regelmäßige Wiederholung kann aus einzelnen Interaktionen ein festes Netz werden, in dem ökonomische Arbeitsteilung und Verständnis für die Symbolsysteme der Interaktionspartner entstehen, so daß schließlich die Veränderung eines Teils eine Veränderung des Gesamtsystems nach sich ziehen muß. In lockeren Netzwerken hingegen mögen einzelne Ereignisse wichtige Fernwirkungen haben, ohne daß es jedoch zu Wiederholung und Arbeitsteilung kommt.

Menschen können in solche Netze eingebunden sein, ohne es zu bemerken, oder sie können sie bewußt zu gestalten versuchen. Entsteht eine gegenseitige Abhängigkeit, so ist deren jeweilige Form von Machtverhältnissen geprägt – auch in Netzwerken gibt es Hierarchien. Netzwerke können in unterschiedlichen Dimensionen sozialen Handelns einer je eigenen Ausdehnung und Dynamik folgen – hier ist die systemtheoretische Perspektive mit ihrer Betonung der Eigenlogik und Selbstreproduktion gesellschaftlicher Subsysteme hilfreich. Es ist aber auch möglich, daß viele Netzwerke durch ein starkes politisches Zentrum auf einen geographischen Raum – den Nationalstaat, Europa oder den nordatlantischen Raum – konzentriert werden.

Unter dem Gesichtspunkt der Globalisierung interessieren natürlich besonders die Reichweite von Interaktionen und ihre Bedeutung. Globalisierung als Prozeß heißt, daß die *relative* Bedeutung von Netzen mit großer Reichweite zunimmt. Aber auch das Zerreißen, Schrumpfen und Ausdünnen von Beziehungsnetzen und die Schwächung der sie stabilisierenden Institutionen läßt sich beobachten – also *De*globalisierung. Eine solche Vorstellung von Globalisierung lädt dazu ein, statische Begriffe von Staaten, Gesellschaften, Kulturen und Volkswirtschaften durch dynamischere zu ersetzen, in denen jeweils die relative Bedeutung interner Kohärenz und externer Abgrenzung dieser Einheiten verglichen mit ihrer Offenheit nach außen mitgedacht ist. Eine Geschichte der Globalisierung als Verflechtungsgeschichte hat zudem den Vorteil, daß sie Globalisierung entmystifiziert – Globalisierung ist dann ein Sammelbegriff für zahlreiche Prozesse der Netzverdichtung, die für sich genommen zu untersuchen sind, keine totalisierende Zustandsbeschreibung, und erst recht kein homogener und zielgerichteter Prozeß, dem vielleicht sogar selbst noch eine geschichtsmächtige Kraft zugeschrieben wird[21].

---

[21] Dies kritisieren von unterschiedlichem Ausgangspunkt u.a. Frederick COOPER, What is the Concept of Globalization Good For? An African Historian's Perspective, in: African Affairs (2001), S. 189–213 und Justin ROSENBERG, The Follies of Globalisation Theory, London 2000.

Einzelne Prozesse und Strukturen globaler – also wirklich weltweiter und nicht nur sehr großer – Reichweite entstehen seit der Frühen Neuzeit. Natürlich fand Mitte des 19. Jahrhunderts ein gewaltiger, nicht zuletzt durch Industrialisierung und neue Technologien ermöglichter Globalisierungsschub statt[22]. Um 1900 waren weltweite Beziehungsnetze bereits so dicht und hatten sich Menschen überall bereits so sehr auf die Existenz dieser Beziehungsnetze eingestellt, daß die Welt zur Schicksalsgemeinschaft geworden war und auch als solche wahrgenommen wurde. Von nun an hatten Krisen und Kriege potentiell globale Auswirkungen. Auch die Konsequenzen von Versuchen, Globalität einzuschränken oder zu steuern, mußten nun weltweit spürbar werden. Seit Globalität als Option verfügbar war, stellte sich die politische Frage, wieviel Globalität eine Gesellschaft zulassen wollte, über welche Gestaltungsspielräume sie dabei verfügte und welche Gruppeninteressen dabei maßgeblich sein sollten[23].

Der Begriff der Globalisierung bringt diese Tatsachen zu Bewußtsein. Darüber hinaus erlaubt er das gezielte Fragen nach der Bedeutung globaler und grenzüberschreitender Beziehungen und damit auch nach der Bedeutung der unterschiedlichen Bezugsrahmen menschlichen Handelns – des Nationalstaats, des Unternehmens, der religiösen oder kulturellen Gemeinschaft, der supranationalen Integration. Eine präzise Methodologie *der* Globalisierungsgeschichte läßt sich nicht angeben. Globalisierungsprozesse als Gegenstände historischer Forschung lassen sich ebensogut im Bereich der Wirtschaft wie in der Kultur, im Recht und in der Sozialgeschichte[24] finden und mit den entsprechenden Methoden erforschen. Faßt man Globalisierungsgeschichte als die Geschichte konkreter Verflechtungsprozesse auf, ist es auch unproblematisch, daß weltweit wirksame Strukturen und Prozesse sich aus unterschiedlichen Blickwinkeln unterschiedlich darstellen: Für an der Geschichte Chinas – lange Zeit selbst »Mittelpunkt der Welt« und nie kolonialer Herrschaft unterworfen – geschulte Historiker sieht Globalisierung anders aus, als wenn man sie vor dem Hintergrund der kolonialen Erfahrungen Indiens betrachtet, und eine auf den amerikanischen Leser gemünzte

---

[22] In Frankreich ist diese Periodisierung durch die Arbeiten von Daniel COHEN bekannt, v.a. La Mondialisation et ses ennemis, Paris 2003.

[23] Alan S. Milward hat deshalb die Zolltarife als die außenwirtschaftlichen Verfassungen der europäischen Staaten vor 1914 bezeichnet: Alan S. MILWARD, Tariffs as Constitutions, in: Susan STRANGE, Roger TOOZE (Hg.), The International Politics of Surplus Capacity, London 1981, S. 57–66.

[24] Es gibt weiterhin gute Gründe, die Geschichte sozialer Großgruppen im Zeitalter der Nationalstaaten im nationalen Rahmen oder im internationalen Vergleich zu schreiben. Zwingend im Forschungsinteresse der Sozialgeschichte angelegt ist ein solcher Zuschnitt jedoch nicht, und zahlreiche transnationale soziale Formationen bieten sich für eine sozialgeschichtliche Untersuchung an. Beispiele finden sich etwa bei Boris BARTH, Weder Bürgertum noch Adel. Zwischen Nationalstaat und kosmopolitischer Gesellschaft: Zur Sozialgeschichte der deutschjüdischen Hochfinanz vor dem Ersten Weltkrieg, in: Geschichte und Gesellschaft 25 (1999), S. 94–122; Nancy L. GREEN, Ready-to-Wear and Ready-to-Work. A Century of Industry and Immigrants in Paris and New York, Durham, NC 1997; Marcus REDIKER, Between the Devil and the Deep Blue Sea. Merchant Seamen, Pirates, and the Anglo-American Maritime World, 1700–1750, Cambridge 1987. Einschlägige Arbeiten zu diesem Thema entstehen zur Zeit auch in der von Bernd-Stefan GREWE geleiteten Konstanzer Nachwuchsgruppe »Dynamik transnationalen Handelns«.

Überblicksdarstellung setzt andere Akzente als eine für Europäer gedachte Untersuchung[25]. Gefragt ist in jedem Falle eine »kosmopolitische Aufmerksamkeitsstruktur«[26], d.h. Sensibilität dafür, daß viele historische Strukturen und Prozesse nicht im »Container« des Nationalstaats (Ulrich Beck) verpackt sind.

EUROPA, DIE GLOBALISIERUNG UND DER WESTEN

Der hier skizzierte Globalisierungsbegriff steht weder in Konkurrenz noch in einem Ausschließlichkeitsverhältnis zu den anderen in diesem Band thematisierten Prozeßbegriffen. Globalisierung in dem eben beschriebenen Sinne bezieht sich *erstens* auf die Dichte und Reichweite sozialer Beziehungen, nicht auf ihren Inhalt. Schon aus diesem Grunde würde es sich verbieten, Globalisierung etwa mit Amerikanisierung gleichzusetzen, mit einem Begriff also, der sich auf Inhalte interkulturellen Transfers bezieht. Allerdings ist es durchaus möglich, Amerikanisierung als ein Merkmal von Globalisierungsprozessen in einem bestimmten Zeitraum zu betrachten. Dabei ist stets zu beachten, daß interkulturelle Transfers zumindest ebensosehr nachfrage- wie angebotsgesteuert ablaufen und nur stattfinden, wenn die transferierten Elemente in den lokalen Kontext nutzbringend eingepaßt werden können[27]. Vor allem aus deutscher Sicht gilt es zudem für die Zeit nach dem Zweiten Weltkrieg, Amerikanisierung von Verwestlichung zu unterscheiden – dem Einschwenken auf einen demokratischen, wohlfahrtsstaatlichen und marktwirtschaftlichen Entwicklungspfad in Orientierung an westeuropäischen ebenso wie amerikanischen Handlungs-, Konsum- und Deutungsmustern, wie es sich besonders prägnant in der westdeutschen Nachkriegsgeschichte

---

[25] Michael GEYER, Rezension von Jürgen Osterhammel, Niels P. Petersson, Globalization: A Short History, Princeton 2005, H-German (http://www.h-net.org/~german/), der das rezensierte Werk mit BAYLY, The Birth of the Modern World (wie Anm. 3), vergleicht; ebenso aufschlußreich wäre der Vergleich mit Alfred E. ECKES, Thomas W. ZEILER, Globalization and the American Century, New York 2003.

[26] Jürgen OSTERHAMMEL, Aufstieg und Fall der neuzeitlichen Sklaverei. Oder: Was ist ein weltgeschichtliches Problem?, in: DERS., Geschichtswissenschaft jenseits des Nationalstaats. Studien zu Beziehungsgeschichte und Zivilisationsvergleich, Göttingen 2001, S. 342–369, hier S. 343.

[27] Hierzu Johannes PAULMANN, Grenzüberschreitungen und Grenzräume. Überlegungen zur Geschichte transnationaler Beziehungen von der Mitte des 19. Jahrhunderts bis in die Zeitgeschichte, in: Eckart CONZE u.a. (Hg.), Geschichte der Internationalen Beziehungen. Erneuerung und Erweiterung einer historischen Disziplin, Köln 2004, S. 169–197 und zur Amerikanisierung Kaspar MAASE, »Amerikanisierung der Gesellschaft.« Nationalisierende Deutung von Globalisierungsprozessen, in: Konrad H. JARAUSCH, Hannes SIEGRIST (Hg.), Amerikanisierung und Sowjetisierung in Deutschland 1945–1970, Frankfurt a. M., New York 1997, S. 219–241. Daß Transferforschung angesichts der Auflösung deutlich unterscheidbarer nationalstaatlicher Referenzpunkte für die Zeit nach etwa 1970 kaum noch gewinnbringend sei, wie Matthias Middell jüngst argumentiert hat, erscheint mir übertrieben (vgl. Middells Einführungsvortrag zum Potsdamer Doktorandenforum »Europäischer Kulturtransfer im 20. Jahrhundert«, Bericht in H-Soz-Kult, 17.5.2006).

zeigt[28]. Während man allerdings in Deutschland gelungene Verwestlichung unter amerikanischer Anleitung inzwischen als Teil der eigenen Erfolgsgeschichte und demokratischen Identität ansieht, wird in Frankreich der Anspruch gepflegt, ein eigenständiges Zentrum einer von Amerikanisierung deutlich verschiedenen Form von Verwestlichung zu sein.

Transfers über kulturelle Grenzen hinweg bilden also einen wichtigen Bestandteil der Geschichte von Globalisierungsprozessen. Ihre Untersuchung zeigt nach Hermann Lübbe aber immer wieder den »herkunftskulturabhängigen« Charakter vieler mit »Amerika« oder dem »Westen« in Verbindung gebrachter bzw. von dort aus verbreiteter Techniken und Lebensformen. Die moderne Zivilisation, die »nicht Heil, vielmehr Wohlfahrtstrivialitäten« verheiße, erfordert an kultureller Anpassung oft nicht mehr als eine Bereitschaft zur Koexistenz und wirkt daher eben gerade nicht als Kraft globaler kultureller Homogenisierung[29]. Deutlich wird auch die Rolle von Mittlern und Übersetzern: Daß westliches Wissen China oft durch japanische Vermittlung erreichte, ist bekannt, und in der gegenwärtigen Forschung wird der polyzentrische Charakter wirtschaftlicher Globalisierung betont – die französische Kette Carrefour und nicht etwa Wal-Mart ist am aktivsten und erfolgreichsten bei der Verbreitung der amerikanischen Erfindung des Supermarkts in Lateinamerika und in China[30].

Zweitens ist Globalisierung in dem hier gebrauchten Sinne ein mehrdimensionaler Begriff. Deshalb kann man sie auch nicht mit Liberalisierung gleichsetzen, mit einem Begriff also, der ein bestimmtes außenwirtschaftliches Regime beschreibt. Ökonomische Globalisierung kann das Ergebnis von Liberalisierung sein – aber Liberalisierung findet zur Zeit eher im regionalen Rahmen denn im globalen statt. Und es ist bereits zu beobachten, daß ebenso globale Entwicklungen in anderen Dimensionen, insbesondere die Bedrohung durch den Terrorismus, zu Einschränkungen des freien Waren-, Kapital- und vor allem natürlich des Personenverkehrs führen. Bei zahlreichen weltgeschichtlichen Ereignissen und Prozessen geht Globalisierung in einem Bereich mit Entflechtung in einem anderen einher – so zerstörte der Erste Weltkrieg das transnationale Wirtschaftssystem des 19. Jahrhunderts, stellte aber gleichzeitig ein Beispiel ungeheuer verdichteter globaler Interaktion dar. Deglobalisierung in der Zwischenkriegszeit ging nicht nur mit einer globalen Wirtschaftskrise, sondern auch mit einem weltweit zu beobachtenden Aufeinanderprallen verschiedener politischer Ordnungsvorstellungen einher, die immer letztlich auch Weltordnungsvorstellungen waren[31].

---

[28] Vanessa CONZE, Das Europa der Deutschen. Ideen von Europa in Deutschland zwischen Reichstradition und Westorientierung (1920–1970), München 2005; Anselm DOERING-MANTEUFFEL, Wie westlich sind die Deutschen? Amerikanisierung und Westernisierung im 20. Jahrhundert, Göttingen 1999; John W. MEYER, Weltkultur. Wie die westlichen Prinzipien die Welt durchdringen, Frankfurt a. M. 2005.

[29] Hermann LÜBBE, Die Zivilisationsökumene. Globalisierung kulturell, technisch und politisch, Paderborn 2005, S. 65–79.

[30] Douglas R. REYNOLDS, China 1898–1912. The Xinzheng Revolution and Japan, Cambridge, Mass. 1993; Victoria DE GRAZIA, Irresistible Empire. America's Advance through Twentieth-Century Europe, Cambridge, Mass. 2005, S. 476.

[31] Eric HOBSBAWM, Das Zeitalter der Extreme. Weltgeschichte des 20. Jahrhunderts, München ⁴2000, S. 186.

Das Verhältnis der drei Begriffe und ihre praktische Anwendung lassen sich am Beispiel europäischer Entwicklungen nach dem Zweiten Weltkrieg erläutern. Denn Europa scheint (für uns Europäer) der Ort zu sein, an dem die drei Prozesse aufeinandertreffen, ihre Folgen politisch aufgefangen werden sollen, und der Gegensatz zwischen Ansprüchen, Diskursen und Wirklichkeiten besonders prägnant wird[32]. Die europäische Integration in ihrer jetzigen Gestalt ist maßgeblich geprägt von einer globalen Machtstruktur – von dem bipolaren System des Kalten Krieges, das zunächst den Anstoß und Rahmen für die westeuropäische Integration vorgab, und von der Transformation dieses Systems ab 1989, in deren Verlauf sich die supranationale Integration auch auf diejenigen Gebiete Europas ausdehnte, die bis dahin dem sowjetischen Machtbereich angehört hatten. Immer sollte Europa es ermöglichen, die Interessen seiner Staaten mit einigem Gewicht weltweit zur Geltung zu bringen. Von den ersten Konzepten eines Europa der dritten Kraft bis hin zu gegenwärtigen Debatten über die Bedeutung der gemeinsamen Außen- und Sicherheitspolitik bleibt dabei strittig, ob dies im Rahmen der atlantischen Allianz oder außerhalb derselben zu geschehen hat, ob Europa die Möglichkeit zu einer eigenständigen Rolle in der Weltpolitik besitzt oder ob dabei letztlich nicht mehr als ein »poujadisme aux dimensions de l'univers«[33] herauskommen kann, und zu wieviel außenpolitischer Einigkeit Europa fähig ist und sein sollte[34].

Ähnliches zeigt sich im Bereich der wirtschaftlichen Integration: Jean Monnet war überzeugt, daß es großer, europaweiter Märkte bedurfte, um der europäischen Industrie Skaleneffekte zu ermöglichen, damit Europa wirtschaftlich zu den USA aufschließen konnte[35]. Solche Ideen standen auch bei der Einheitlichen Europäischen Akte von 1986 und der Einführung des Euro Pate – durch Binnenmarkt und Währungsunion sollte Europa den technologischen Rückstand gegenüber Japan und den USA aufholen, die »Kosten von Nichteuropa« einsparen und den Euro als eigenständige globale Reservewährung in Konkurrenz zum Dollar etablieren[36]. Diese Zielsetzungen werfen aber eine bis heute nicht entschiedene und oft auch nicht klar gestellte Frage auf: Soll Europa Gegen*macht* zu den USA werden, selbst wenn dies bedeutet, eng dem ameri-

---

[32] Nicht erst seit kurzem zeigen Wlodzimierz BORODZIEJ u.a. (Hg.), Option Europa. Deutsche, polnische und ungarische Europapläne des 19. und 20. Jahrhunderts, 3 Bde., Göttingen 2005 die lange Tradition phantastischer oder Europapläne, in denen Europa ohne Realitätsbezug und primär als Chiffre für eine den eigenen nationalen Interessen besonders günstige Ordnung gedacht wird.

[33] So charakterisierte François Mitterrand die Außenpolitik de Gaulles (zit. n. Frédéric BOZO, La Politique étrangère de la France depuis 1945, Paris 1997, S. 51).

[34] Vgl. z.B. Eckart CONZE, Die gaullistische Herausforderung. Die deutsch-französischen Beziehungen in der amerikanischen Europapolitik,1958–1963, München 1995; Esther KRAMER, Europäisches oder atlantisches Europa? Kontinuität und Wandel in den Verhandlungen über die politische Union 1958–1970, Baden-Baden 2003.

[35] Die Literatur zur Frühgeschichte der europäischen Einigung ist zusammengefaßt bei Gerhard BRUNN, Die Europäische Einigung, Stuttgart 2002 und Franz KNIPPING, Rom, 25. März 1957. Die Einigung Europas, München 2004.

[36] John GILLINGHAM, European Integration, 1950–2003. Superstate or New Market Economy?, Cambridge 2003.

kanischen Vorbild folgend, nach Effizienz und Wachstum durch Marktintegration und Liberalisierung zu streben (das Programm der Lissabon-Agenda)? Oder soll es sich als Gegen*modell* (der Gedanke des europäischen Sozialmodells) verstehen? Der Binnenmarkt ist im Moment eher im Sinne der ersten Option organisiert und zeigt, daß die eingangs abstrakt beschriebene Vernetzungsdynamik auf allen Ebenen ähnlich wirkt – zwischen Stadt und Land im Nationalstaat, auf europäischer und schließlich auf weltweiter Ebene[37]. Durch die Geltung der Grundfreiheiten und des Grundsatzes der Diskriminierungsfreiheit werden innerhalb einer Volkswirtschaft und jetzt eben im europäischen Binnenmarkt Konkurrenz und Wettbewerb freigesetzt. Es kommt zu Rationalisierungen, zu einem beschleunigten Strukturwandel, zu Effizienzgewinnen um den Preis eines hohen Anpassungsdrucks. Daher erscheint der Gemeinsame Markt Kritikern als ein Instrument neoliberaler Globalisierung.

Politisch wie wirtschaftlich scheint die Europäische Union im Moment also weniger als Schutzraum vor der Globalisierung und Stütze der europäischen Kultur und Weltgeltung zu taugen als vielmehr den Import einer mit Globalisierung und Amerikanisierung assoziierten Wettbewerbsdynamik zu bewirken. Um einen *Import* handelt es sich hier aber allein aus nationalstaatlicher Perspektive, nicht aus europäischer: Da 80% des Außenhandels in Europa innereuropäischer Handel ist, ist die innereuropäische Integration für die europäischen Volkswirtschaften weitaus bedeutender als die Einbindung in weltweite ökonomische Zusammenhänge (wodurch Europa sich übrigens deutlich von den USA unterscheidet, auf deren Außenhandelsstruktur das Bild global integrierter Warenketten viel eher zutrifft)[38]. Was wir als von außen aufgezwungene Globalisierung wahrnehmen, ist also offenbar gewollte, von den nationalen Regierungen direkt oder über den Umweg Brüssel ins Werk gesetzte europäische Wettbewerbspolitik[39].

Damit einher geht eine weitere Vertiefung des Legitimitätsdefizits der Europäischen Union. Dieses läßt sich zum Teil als Ausdruck einer Opposition gegen reformpolitische Zumutungen deuten, verweist aber zugleich auf eine beunruhigendere Entwicklung: Europäisierung steht in der Praxis gegenwärtig in einem Spannungsverhältnis zu einer der wichtigsten Traditionen des Westens – der Demokratie. Die Europäische Union hat sich längst von einer bloß ausführenden Instanz zu einem Verbund entwickelt, der politische Herrschaft ausübt, verfügt aber nicht über die im Nationalstaat heutzutage selbstverständlichen Institutionen demokratischer Legitimation und Kon-

---

[37] Schon im 19. Jahrhundert fallen die parallelen Prozesse von Globalisierung und Territorialisierung auf, also der gleichzeitigen Verdichtung nationalstaatlich gebundener und weltweiter Interaktion: Charles S. MAIER, Consigning the Twentieth Century to History: Alternative Narratives for the Modern Era, in: American Historical Review 105 (2000), S. 807–831; OSTERHAMMEL, PETERSSON, Geschichte der Globalisierung (wie Anm. 8), S. 70.

[38] Dazu COHEN, La Mondialisation et ses ennemis (wie Anm. 22), S. 83–85 im Anschluß an Krugman und die »new trade theory«, mit der provokanten These: »Pour nous, pays riches, la mondialisation est en grande partie imaginaire«, hier S. 85. Warenketten: Gary GEREFFI, Miguel KORZENIEWICZ (Hg.), Commodity Chains and Global Capitalism, Westport, Conn. 1994.

[39] Vgl. dazu auch den Beitrag von Tanja BÖRZEL und Diana PANKE in diesem Band.

trolle politischer Herrschaft. Auch der gegenwärtig auf Eis liegende Verfassungsvertrag hätte daran nur wenig geändert[40].

Kein Zweifel kann an der Bedeutung transnational wirksamer Wandlungsprozesse für die europäischen Gesellschaften bestehen. Auch bei ihrer Beschreibung leisten die Begriffe der Globalisierung, Europäisierung und Verwestlichung gute Dienste. Nach 1945 war in Europa zunächst einmal eine bemerkenswerte nationalgesellschaftliche Isolierung und Selbstisolierung zu beobachten, trotz der Einbindung in die globale Machtstruktur des Kalten Krieges[41]. Selbst scheinbar amerikanische Innovationen wie die Konsumgesellschaft und das Fernsehen wurden in deutlich unterscheidbare nationale gesellschaftliche Kontexte eingefügt. Das amerikanische Medium Fernsehen schuf nationale, nicht globale oder europäische Diskursgemeinschaften. Die Produkte der amerikanischen Unterhaltungsindustrie wurden anfangs nicht zuletzt als Mittel sozialer und kultureller Positionierung innerhalb des jeweiligen nationalen Umfelds konsumiert. Aus diesen gegenkulturellen Ursprüngen entstand dann aber eine zunehmend gesamteuropäische, amerikanisch beeinflußte Jugendkultur[42].

Das Bemühen um eine internationale ökonomische Integration war zwar seit dem Marshall- und Schuman-Plan zumindest im Westen deutlich erkennbar, doch blieb der »embedded liberalism« jener Jahre auf die Stabilisierung durch zahlreiche Schranken zwischen den Gesellschaften und Volkswirtschaften Europas angewiesen. Nicht zuletzt aus diesem Grunde war die Öffnung der Staaten Europas für den wirtschaftlichen Austausch politisch nur durch eine supranationale Integration mit politischen Organen auf regionaler Ebene erreichbar, nicht durch die etwa von Ludwig Erhard gewünschte »Weichenstellung für die Globalisierung« durch umfassende Freihandelsabkommen[43].

[40] Vgl. Georg JOCHUM u.a., Legitimationsgrundlagen einer europäischen Verfassung. Von der Volkssouveränität zur Völkersouveränität, Berlin 2007. Das Demokratiedefizit ist natürlich nicht allein dem Wirken der (ja ohnehin von den Nationalstaaten geschaffenen) Brüsseler Institutionen anzulasten – zumindest ebenso wichtig ist die von Politikern aller Mitgliedsstaaten gern genutzte Möglichkeit, unliebsame oder im nationalen politischen System nicht durchsetzbare Zielsetzungen über den Umweg einer europäischen Verordnung oder Richtlinie zu verfolgen. Das Ergebnis ist die Verschleierung von Verantwortungszusammenhängen und die Auslagerung von Entscheidungen in demokratisch kaum kontrollierte Institutionen. Vgl. z.B. Thomas APOLTE, Die eigentümliche Diskussion um Zentralisierung und Dezentralisierung in der Europapolitik, in: Perspektiven der Wirtschaftspolitik 5 (2004), S. 271–291.
[41] Göran THERBORN, European Modernity and Beyond. The Trajectory of European Societies 1945–2000, London 1995.
[42] Rob KROES, If You've Seen One You've Seen the Mall: Europeans and American Mass Culture, Urbana, Chicago 1996; Kaspar MAASE, BRAVO Amerika. Erkundungen zur Jugendkultur der Bundesrepublik in den fünfziger Jahren, Hamburg 1992; Uta G. POIGER, Jazz, Rock and Rebels. Cold War Politics and American Culture in a Divided Germany, Berkeley 2000; Axel SCHILDT, Detlef SIEGFRIED (Hg.), Between Marx and Coca-Cola. Youth Cultures in Changing European Societies, 1960–1980, Oxford 2006.
[43] Dazu aus unterschiedlichem Blickwinkel Helge BERGER, Albrecht RITSCHL, Die Rekonstruktion der Arbeitsteilung in Europa. Eine neue Sicht des Marshallplans in Deutschland, in: Vierteljahrshefte für Zeitgeschichte 45 (1995), S. 473–519; Dominik GEPPERT (Hg.), The Postwar Challenge. Cultural, Social, and Political Change in Western Europe, 1945–58, Oxford 2004; Harold JAMES, Rambouillet, 15. November 1975. Die Globalisierung der Wirtschaft, München 1997; Alan S. MILWARD, The European Rescue of the Nation State, London ²2000; Reinhard

Gleichzeitig lief auch der globalisierungshistorisch gesehen paradoxe Prozeß der Dekolonisation ab. Dieser bedeutete einerseits den Abbau weltweiter, auf Europa zentrierter Herrschaftsstrukturen. Im 19. Jahrhundert hatten die europäischen Imperien als Vehikel machtpolitischer und ökonomischer Globalisierung gedient[44], bevor sie in den 1930er Jahren zu Alternativen zum Weltmarkt und zu abgeschotteten Rückzugsräumen wurden[45]. Die politischen Visionen der unmittelbaren Nachkriegszeit waren in vielen europäischen Staaten – natürlich in Frankreich und Großbritannien, aber auch in Portugal und in den Niederlanden – noch ganz selbstverständlich *imperial* angelegt. Binnen weniger Jahre aber stellte sich heraus, daß der Erhalt der Imperien sehr hohe Ausgaben für Repression und Entwicklungspolitik erforderte, die die europäischen Steuerzahler nicht zu tragen bereit waren. Das Ergebnis der Dekolonisation war eine Harmonisierung der geopolitischen Interessenlagen in Europa: Seit der Unabhängigkeit Algeriens 1962 waren die wesentlichen europäischen Staaten postimperiale Staaten, die gemeinsam ein Projekt regionaler Integration vorantrieben. Dieser Abbau weltumfassender Strukturen brachte aber zugleich eine bis dahin nicht gekannte Präsenz von Menschen außereuropäischer Herkunft in den europäischen Gesellschaften mit sich[46].

Am Beispiel der 1968er-Bewegung und ihres weiteren gesellschaftlichen Kontextes ließe sich diskutieren, wie in den folgenden Jahren Globalisierung, Verwestlichung und die Ambivalenzen der Amerikanisierung ineinandergriffen[47]. Der Protest gegen die amerikanische Politik in Vietnam und gegen autoritär-bürokratische Strukturen und gesellschaftliche Stagnation in Ost und West war global, und Rudi Dutschke forderte 1968 explizit die »Globalisierung der revolutionären Kräfte« und eine »revolutionäre Globalstrategie«. Auch der Import nichtwestlicher politischer Konzepte wie des Maoismus in europäische und amerikanische Diskurse war ein Globalisierungsphänomen, hatte aber mit Verwestlichung nichts zu tun. Andererseits sind die gesellschaftspolitischen Reformbestrebungen, in deren Umfeld die 1968er-Bewegung einzuordnen ist, mit Blick auf die deutsche Geschichte durchaus als nachholende Verwestlichung zu

---

NEEBE, Weichenstellung für die Globalisierung. Deutsche Weltmarktpolitik in der Ära Ludwig Erhard, Köln 2003.

[44] Dies gilt auch dann, wenn man nicht ganz so vorbehaltlos positiv urteilen möchte wie Niall FERGUSON, Empire: How Britain Made the Modern World, London 2003; eine abgewogenere Darstellung bietet etwa Bill NASSON, Britannia's Empire: Making a British World, Stroud 2004.

[45] Auf diese Doppelgesichtigkeit imperialer Formationen verweist Jürgen OSTERHAMMEL, Imperien im 20. Jahrhundert. Eine Einführung, in: Zeithistorische Forschungen/Studies in Contemporary History 3 (2006), Online-Ausgabe, Heft 1 (http://www.zeithistorische-forschungen.de/16126041-Osterhammel-1-2006). Zum imperialen Protektionismus z.B. Jacques MARSEILLE, Empire colonial et capitalisme français: histoire d'un divorce, Paris 1984.

[46] Frederick COOPER, Colonialism in Question. Theory, Knowledge, History, Berkeley 2005; Jürgen OSTERHAMMEL, Der europäische Nationalstaat des 20. Jahrhunderts in globalhistorischer Sicht, in: DERS., Geschichtswissenschaft jenseits des Nationalstaats. Studien zu Beziehungsgeschichte und Zivilisationsvergleich, Göttingen 2001, S. 322–341.

[47] Carole FINK u.a. (Hg.), 1968. The World Transformed, Cambridge 1998; für Frankreich: Michael SEIDMAN, The Imaginary Revolution. Parisian Students and Workers in 1968, New York 2004.

deuten. Für die tschechische Gesellschaft bedeutete der Prager Frühling einen Aufbruch in dieselbe Richtung[48]. Die USA schließlich waren in diesem teils auf globaler, teils auf nationaler Ebene ausgetragenen politisch-gesellschaftlichen Konflikt sowohl politischer Gegner als auch Vorbild für Möglichkeiten gegenkultureller Gesellschaftsveränderung.

Heute schließlich vermischen sich aus der Sicht der osteuropäischen EU-Beitrittsländer Prozesse der Europäisierung, der kulturellen und sozialen (Selbst-) Verwestlichung und der ökonomischen Globalisierung in ähnlich komplexer Weise. Verwestlichung funktioniert für viele dieser Länder transatlantisch und wird durchaus als alternative Orientierung zur Europäisierung angesehen, wie die Beispiele der polnischen Haltung im Irakkrieg oder der tschechischen Wirtschaftspolitik zeigen. Und in Polen versteht offenbar ein großer Teil des politischen Spektrums Amerikanisierung nicht nur als Alternative zur Europäisierung (diese Tradition reicht bereits vor das Ende des Kalten Krieges zurück), sondern zunehmend als Alternative zur Verwestlichung – als ein Leitbild nämlich, das nationalstaatlich-souveräne Außenpolitik, religiöse Glaubensgewißheit und wirtschaftliche Prosperität verbindet[49]. Der gesellschaftlichen Verwestlichung und politischen Europäisierung scheint eine derartige Haltung allerdings ebensowenig im Wege zu stehen wie der Teilnahme an der globalen »Standortkonkurrenz« um Großinvestitionen aus Europa, den USA und Asien. In Brüssel dominiert hingegen noch die Idee, Westeuropa verkörpere eine besonders ausgezeichnete Variante westlicher Lebensart, der sich die Staatenwelt im allgemeinen und die Beitrittsländer im besonderen anzupassen hätten.

GLOBALISIERUNGSDISKURSE UND IDENTITÄT

Die Begriffe von Globalisierung, Amerikanisierung und Europäisierung verweisen also auf unterschiedliche, wenn auch miteinander vielfältig verwobene Aspekte der Wirklichkeit. Zugleich haben sie eine wichtige politisch-diskursive Funktion gemeinsam: Wenn etwas bedrohlich oder unverständlich erscheint, wird es heute mit Globalisierung, Amerikanisierung und – zunehmend – auch mit »Brüssel« in Verbindung gebracht, so wie früher vielleicht mit den »modernen Zeiten«[50]. Und in der Tat finden sich im politischen Gebrauch aller Begriffe die von Rainer Spree herausgearbeiteten Charakteristika von »Globalisierungsdiskursen« wieder. In solchen Diskursen werden

---

[48] Rudi DUTSCHKE, Die geschichtlichen Bedingungen für den internationalen Emanzipationskampf (Rede auf dem internationalen Vietnam-Kongreß in West-Berlin, Februar 1968), in: Rudi Dutschke, Geschichte ist machbar. Texte über das herrschende Falsche und die Radikalität des Friedens, hg. v. Jürgen MIERMEISTER, Berlin 1980, S. 105–121, hier S. 105, 114; Axel SCHILDT, Ankunft im Westen. Ein Essay zur Erfolgsgeschichte der Bundesrepublik, Frankfurt a. M. 1999.

[49] Peter Oliver LOEW, Polen denkt Europa, in: DERS. (Hg.), Polen denkt Europa. Politische Texte aus zwei Jahrhunderten, Frankfurt a. M. 2004, S. 11–56, hier v.a. S. 50–53.

[50] Diese Stimmung kommt prägnant zum Ausdruck in der Anfang 2006 in der »Zeit« publizierten Serie »In 80 Tagen um die Welt« (http://www.zeit.de/online/2006/06/achtzigtage).

in der Regel Debatten auf drei verschiedenen Ebenen miteinander verwoben: Erstens eine Debatte über die Konsequenzen kultureller, sozialer oder wirtschaftlicher Austausch- und Verflechtungsphänomene für verschiedene soziale Gruppen, zweitens die Diskussion allgemeiner gesellschaftlicher Wandlungsprozesse, unabhängig von ihren (lokalen, europäischen oder globalen) Ursachen, und schließlich drittens eine Debatte über gemeinsame Werte und kollektive Identitäten[51].

Bezüglich dieser letztgenannten Ebene der Identität dienen Europäisierung, Verwestlichung, Amerikanisierung und Globalisierung regelmäßig als Symbolisierungen der offenen Gesellschaft, in der alles im Fluß ist und moralische Gewißheiten und wohlerworbene Privilegien bedroht sind[52]. Ihre diskursive Attraktivität erklärt sich wohl nicht zuletzt dadurch, daß sie eine Bedrohung von *außen* behaupten (unabhängig davon, ob die Wandlungsprozesse, die als verstörend empfunden werden, tatsächlich von außen angestoßen sind), die sich durch verstärkte Kontrolle der Außenbeziehungen und durch Diskriminierung Fremder oder transnationaler Mächte und ihrer Verbündeten im Innern abwehren ließe. Dabei verweist der jeweils verwendete Begriff auf den ins Auge gefaßten Rückzugsraum. Antieuropäische und antiwestliche politische Diskurse in Europa erscheinen deshalb besonders bedenklich, legen sie doch den Rückzug in nationalstaatliche Autarkie oder ethnisch definierte Gemeinschaften nahe, während Globalisierungskritik auch ausgehend von westlich-aufklärerischen Werten wie Menschenrechte und übernationale Solidarität vorgebracht wird.

Mit Europa, Amerika und dem »Westen« sind stets auch bestimmte Werte und Lebensformen verknüpft worden, die sich als positive Identifikationsangebote eignen. Dem Begriff der Globalisierung entspricht dagegen kein zur Identitätskonstruktion taugliches positives Substrat: Der Bezug auf Weltweites verschließt die Möglichkeit einer abgrenzenden Selbstdefinition von »uns« gegenüber »anderen«. Auch der Gedanke der Welt als ökologischer oder geostrategischer Schicksalsgemeinschaft taugt nicht zur Identitätsbildung, führt er doch auf eher verstörende Weise vor Augen, daß »wir« als Teile der Weltbevölkerung die Urheber »unserer« Probleme sind und niemand anders dafür verantwortlich machen können – kaum der Stoff, aus dem sich Identitäten bilden ließen. Und ein affirmativer Bezug auf Globalisierung operiert in der Regel mit der Kategorie einer umfassend verstandenen Freiheit und Emanzipation. Damit richtet er sich explizit gegen kollektive Identitätskonstruktionen, die das Individuum einengen.

Eine »globale Identität« ist also schwer vorstellbar. Hingegen lassen sich die vielfältigen Einflüsse von Globalisierung auf Identitätsbildung nicht leugnen. Neue Werte, Zielsetzungen und Identitätsmuster sind sogar als der global erfolgreichste Exportartikel des Westens bezeichnet worden – weitaus erfolgreicher als die westliche Lebensart, die für viele Menschen durch mediale Globalisierung zwar wahrnehmbar, aber

---

[51] Rainer SPREE, Globalisierungs-Diskurse – gestern und heute, in: Jahrbuch für Wirtschaftsgeschichte (2003), S. 35–56.
[52] Zu diesem Konzept von Modernität vgl. Jörg FISCH, Europa zwischen Wachstum und Gleichheit, 1850–1914, Stuttgart 2002.

noch lange nicht erreichbar wird[53]. Zugleich ist eine negative Bezugnahme auf *die* Globalisierung vielerorts zum Bestandteil politischer Identitäten geworden. Für zahlreiche Bewegungen ist Protest gegen Globalisierung ein zusätzlicher Antrieb für die Verteidigung lokaler Eigenart und Identität, während sie sich zugleich mittels moderner Technologie und Kommunikationsstrategien um größere politische Durchschlagskraft und um die Unterstützung der Weltöffentlichkeit bemühen. Roland Robertson spricht in diesem Zusammenhang von einer simultanen »Universalisierung des Partikularen und Partikularisierung des Universalen«[54].

Globalisierung, Amerikanisierung, Verwestlichung und Europäisierung eignen sich also sowohl als analytische Begriffe als auch zur politisch-polemischen Verwendung. Abgrenzungsdiskurse, in denen Globalisierung, Amerikanisierung und Europäisierung als letztlich ein und dieselbe neoliberale Zumutung zurückgewiesen werden, stehen nutzbringender Analyse wie politischer Orientierung aber durchaus im Wege. Sie suggerieren die Linearität, Totalität und Zwangsläufigkeit *der* Globalisierung, wo es doch darauf ankäme, die Komplexität sowie soziale und geographische Reichweite bestehender Interdependenzverhältnisse genau zu untersuchen. Eine solche Analyse erscheint nicht nur aus wissenschaftsimmanenten Gründen wünschenswert, sondern auch zu »moral purposes, connected to the needs of a globalizing world« dringend erforderlich[55]. Ein dafür taugliches begriffliches Instrumentarium muß es erlauben, Prozesse, ihre Träger, Entwicklungsdynamiken und Handlungsspielräume genau zu beschreiben und darf die räumliche Einbettung des Untersuchungsgegenstandes nicht einfach voraussetzen, sondern muß sie zum Teil der Fragestellung machen[56].

Erst auf einer so geschaffenen Grundlage kann dann diskutiert werden, wie im Zeitalter der Globalisierung Politik jenseits des Nationalstaats und ohne Rückfall in Illusionen nationalstaatlicher Autarkie möglich ist, was überstaatliche Solidarität in Europa bedeuten kann, was eine gemeinsame Wertegrundlage und praktische Zielsetzung europäischer und westlicher Politik sein kann. Politisch wie historiographisch erschiene der Versuch wenig aussichtsreich, einfach Strukturen und Erzählungsmuster auf europäisch-kontinentaler Ebene zu reproduzieren, die auf nationalstaatlicher bzw. nationalgeschichtlicher Ebene bereits in Frage gestellt sind.

---

[53] COHEN, La Mondialisation et ses ennemis (wie Anm. 22), S. 19f., 139.
[54] Roland ROBERTSON, Globalisierung – Homogenität und Heterogenität in Raum und Zeit, in: Ulrich BECK (Hg.). Perspektiven der Weltgesellschaft, Frankfurt a. M. 1998, S. 192–220.
[55] Patrick O'BRIEN, Historiographical Traditions and Modern Imperatives for the Restoration of Global History, in: Journal of Global History 1 (2006), S. 3–39, hier S. 38.
[56] Zur Anwendung auf die Geschichte Europas vgl. Jürgen OSTERHAMMEL, Europamodelle und imperiale Kontexte, in: Journal of Modern European History 2 (2004), S. 157–181.

RÉSUMÉ FRANÇAIS

L'étude se prononce en faveur d'un concept de mondialisation se distinguant par trois caractéristiques: Premièrement, il tient compte des interdépendances globales existant depuis déjà longtemps. Deuxièmement, ce concept doit permettre de décrire des processus et pas simplement de dégager un critère idéal de la »globalité«. Troisièmement, la »mondialisation« est entendue comme un terme collectif désignant des processus individuels, susceptibles d'être décrits concrètement et qui l'ont déjà souvent été.

La deuxième partie de cette contribution aborde les rapports existant entre ce concept de mondialisation et d'autres conceptualisations des processus présentés dans ce volume: la mondialisation s'applique à la densité et à la portée des relations sociales, non à leur contenu et ne peut donc pas être identifiée, par exemple, à l'américanisation. La mondialisation est aussi un concept pluridimensionnel et est donc à la fois davantage et autre chose que la libéralisation de l'économie extérieure. Pour la même raison, on observe souvent que la mondialisation va de pair dans un secteur avec une déconcentration dans un autre. La relation entre les concepts et leur application pratique est ensuite expliquée par l'exemple des évolutions européennes après la Seconde Guerre mondiale (intégration européenne, décolonisation, changement social).

La dernière partie traite des références à la mondialisation dans les processus d'identification et les discours politiques. Dans les discours défensifs, l'européanisation, l'occidentalisation, l'américanisation et la mondialisation font de la même manière fonction de code désignant un changement de structure, qui, présenté comme imposé de l'extérieur, est perçu de manière menaçante. En effet, à la différence de l'Europe, de l'Amérique et de l'»Occident«, la mondialisation est associée à une offre d'identification qui n'est guère positive. On peut cependant montrer que la mondialisation a une grande influence sur la formation de l'identité.

La mondialisation, l'américanisation, l'occidentalisation et l'européanisation se prêtent autant aux concepts analytiques qu'à un emploi politico-polémique. Mais l'analyse et l'orientation ne peuvent que proposer des abstractions qui ne rendent pas compte de la linéarité, de la totalité et de l'inéluctabilité de *la* mondialisation; il importe en revanche d'analyser la complexité et la portée géographique et sociale des relations d'interdépendance existantes et de décrire les processus, leurs auteurs, les dynamiques d'évolution et les marges d'action.

II. Empirische Analysen

GEORGES-HENRI SOUTOU

La diplomatie française et les diplomates français entre tradition et réforme

Identité nationale, américanisation, européanisation, mondialisation: cette problématique est bien sûr au cœur de la diplomatie française depuis 1945. Celle-ci a été marquée évidemment par des évolutions et des adaptations, mais aussi par certaines continuités, en particulier le souci de maintenir l'identité nationale: la France a toujours été le moins atlantiste des pays d'Europe occidentale et le plus rétif au leadership américain; ses élites se sont en général méfiées de la mondialisation libérale, souhaitant, de Pierre Mendès France à François Mitterrand, promouvoir telle ou telle forme de »libéralisme organisé« limitant le jeu du marché, en particulier pour les matières premières, ainsi que pour les productions culturelles (»exception culturelle« et francophonie). Quant à l'européanisation, elle a constitué certainement un axe de la diplomatie et des diplomates français, mais elle est restée partielle et chargée d'arrière-pensées très »nationales«. De façon peut-être excessive, mais pas fausse, les partenaires de la France au sein de la CEE puis de l'Union européenne avaient (ont toujours) l'impression que Paris considère l'Europe avant tout comme un levier permettant de prolonger son action et de diffuser son modèle; de Gaulle lui-même ne parlait-il pas de l'Europe comme d'un »levier d'Archimède« pour la France? C'est au fond ce que signifie le qualificatif de »Grande Nation« que les Allemands appliquent volontiers à la France, en y mêlant, dans des proportions variables, ironie et admiration...

1945–1947
UNE TENTATIVE DE RESTAURATION
D'UNE POLITIQUE NATIONALE TRADITIONNELLE

En 1945, la France, pensant pouvoir retrouver son rôle international traditionnel, commença par renouer avec l'organisation, les méthodes et les conceptions de la diplomatie d'avant-guerre. La seule véritable nouveauté résida dans la formation des futurs diplomates, qui désormais passaient par l'ENA et non plus par le concours spécifique des Affaires étrangères[1]. Cependant la formation qu'ils y recevaient renforçait sans doute leur connaissance de la France, dans le cadre d'une fonction publique dorénavant

---

[1] Georges-Henri SOUTOU, Les élites diplomatiques françaises et allemandes au XXe siècle, dans: Rainer HUDEMANN, Georges-Henri SOUTOU (dir.), Eliten in Deutschland und Frankreich im 19. und 20. Jahrhundert/Elites en France et en Allemagne aux XIXe et XXe siècles, Munich 1994, p. 303–314.

unifiée, mais paradoxalement diminuait plutôt leur connaissance du monde extérieur. Cela dit, le système typiquement français des grandes écoles et des grands corps techniques de l'État assurait et assure la formation d'un milieu administratif dirigeant homogène, avec sans doute moins de distance qu'ailleurs en Occident entre les diplomates d'une part et les responsables, en particulier, des finances publiques, de l'économie et du commerce extérieur de l'autre, ce qui est bien sûr essentiel pour les phénomènes envisagés ici[2]. Citons d'autres exemples: les contacts plus étroits qu'avant-guerre entre militaires et diplomates, en particulier dans le cadre du secrétariat général de la Défense nationale, même si cet organisme n'a jamais eu la même importance que le National Security Council aux États-Unis. Citons également le fait que le secrétaire général du Quai d'Orsay est membre de droit du Comité de l'énergie atomique, où est discutée la politique nucléaire (militaire et civile) et où de très nombreuses décisions ont été prises concernant la France, mais aussi les rapports avec l'Europe, l'Amérique et le tiers monde[3]. Malgré ses défauts du point de vue de la formation professionnelle des diplomates (défaut qu'après 1997 M. Hubert Védrine, alors ministre des Affaires étrangères, voulut corriger par la création au Quai d'Orsay de l'Institut diplomatique, chargé de la formation permanente des jeunes diplomates), il est certain que la création de l'ENA et les réorganisations administratives d'après 1945 et sous la Ve République permirent une modernisation du corps diplomatique, le rendant plus apte à traiter d'affaires qui n'étaient plus essentiellement politiques et juridiques mais de plus en plus économiques et techniques (au sens des grands systèmes techniques pour l'énergie et les communications) et aussi politico-stratégiques.

Cependant, on n'en était pas encore là aux lendemains de la guerre. Les transformations du monde à l'issue du conflit n'étaient encore que partiellement prises en compte. Certes, on avait conscience de l'importance de l'Asie pour la suite du XXe siècle, ce fut l'une des raisons de la volonté de rester présent en Indochine. L'Empire, rénové sous la forme de l'Union française, devrait étayer ce rôle mondial[4]. Certes, la France participait à la nouvelle ONU, mais une partie seulement des élites dirigeantes y voyait véritablement un axe essentiel de la politique extérieure française, et à San Francisco l'un des soucis essentiels de la délégation française fut que la charte n'empêchât pas la conclusion d'alliances bilatérales (avec l'URSS et la Grande-Bretagne) de type traditionnel, réagissant justement contre la »sécurité collective« de l'entre-deux-guerres, considérée désormais avec suspicion[5]. Quant à la politique à l'égard de l'Allemagne vaincue, elle renouait explicitement avec les objectifs de 1914–1924 (contrôle écono-

---

[2] La carrière d'Olivier Wormser, directeur des affaires économiques au Quai d'Orsay, plus tard ambassadeur à Moscou puis gouverneur de la Banque de France est un excellent exemple de ces synergies. On attend la thèse de Laurent WARLOUZET, université de Paris IV.
[3] Georges-Henri SOUTOU, La logique d'un choix: le CEA et le problème des filières électronucléaires, 1953–1969, Relations Internationales 68 (1991), p. 351–377; ID., Pierre Guillaumat, le CEA et le nucléaire civil, dans: Georges-Henri SOUTOU, Alain BELTRAN (dir.), La passion des grands projets industriels (Institut d'histoire de l'industrie), Paris 1995, p. 97–130.
[4] Pierre GERBET, Le relèvement 1944–1949, Paris 1991.
[5] Georges-Henri SOUTOU, La France et la création de l'ONU, 1944–1946, à paraître.

mique et géopolitique de la Sarre, de la Rhénanie, de la Ruhr)[6]. Les diplomates les plus importants de cette période (Dejean, Massigli, Chauvel) pouvaient diverger sur bien des points, mais restaient tous dans un cadre intellectuel national classique, et se méfiaient même désormais de la sécurité collective, que certains d'entre eux, comme Massigli, avaient pourtant soutenue dans les années 1930[7].

Le seul domaine novateur était celui de l'économie internationale, devant l'évidence de l'échec dramatique de la politique protectionniste suivie durant les années 1930: dès 1945 Paris se ralliait, au moins en principe, aux objectifs anglo-saxons d'un monde ouvert et d'un marché mondial restauré, appuyé sur un système monétaire international stabilisé. Jean Monnet, au Commissariat au plan, portait cette orientation nouvelle et y ajoutait avant même la fin de la guerre une dimension européenne; au Quai, Hervé Alphand, directeur des affaires économiques, suivait ces orientations, plaidait pour l'abandon du protectionnisme et pour la prise en compte des besoins de l'économie européenne globale dans le règlement de l'affaire allemande, se distinguant par là fortement des objectifs géopolitiques beaucoup plus traditionnels des dirigeants politiques, du général de Gaulle à Georges Bidault (au moins jusqu'en 1947)[8].

1948–1958
L'EMPIRE, L'EUROPE ET L'ATLANTIQUE

Jusqu'en 1958 l'Union française, recentrée après la perte de l'Indochine et avec la guerre d'Algérie autour du concept d'Eurafrique, resta au cœur de la vision française du monde[9]. Mais l'adaptation de cette vision aux nouvelles réalités mondiales (opposition de l'URSS et des États-Unis aux empires traditionnels, apparition du tiers monde, conférence de Bandoeng) ne se fit pas tout de suite, ou mal, comme le démontre l'affaire de Suez en 1956[10]. Notons cependant ici les profondes divisions qui existèrent à Paris au sujet de cette crise. Le Quai d'Orsay était majoritairement (pas unanimement) hostile au recours à la force et à la collusion avec Israël, estimant que les positions traditionnelles de la France au Moyen-Orient en seraient compromises, sans

---

[6] Georges-Henri SOUTOU, La politique française à l'égard de la Rhénanie 1944–1947, dans: Peter HÜTTENBERGER, Hangsgeorg MOLITOR (dir.), Franzosen und Deutsche am Rhein 1789 – 1918 – 1945, Essen, 1989, p. 47–66; Georges-Henri SOUTOU, Frankreich und die Deutschlandfrage 1943 bis 1945, dans: Hans-Erich VOLKMANN (dir.), Ende des Dritten Reiches – Ende des Zweiten Weltkrieges, Munich 1995, p. 54–75.

[7] Maurice Dejean n'a pas laissé de mémoires; cf. ses papiers aux archives du ministère des Affaires étrangères et Georges-Henri SOUTOU, Le général de Gaulle et l'URSS, 1943–1945: idéologie ou équilibre européen, dans: Revue d'histoire diplomatique (1994) 4, p. 303–356; René MASSIGLI, Une comédie des erreurs, Paris 1978; Raphaële ULRICH-PIER, René Massigli (1888–1988). Une vie de diplomate, Bruxelles 2006; Jean CHAUVEL, Commentaire, 3 vol., Paris 1973.

[8] SOUTOU, Frankreich und die Deutschlandfrage (voir n. 6); Jean MONNET, Mémoires, Paris 1976.

[9] Charles-Robert AGERON, La décolonisation française, Paris 1994.

[10] Maurice VAÏSSE (dir.), La France et l'opération de Suez de 1956, Paris 1997.

bénéfice appréciable pour la guerre d'Algérie. Il fut d'ailleurs tenu en dehors de la préparation de l'expédition[11]. L'armée de terre au contraire estimait indispensable d'abattre Nasser pour interrompre le soutien de l'Égypte à la rébellion algérienne. Mais le président du Conseil, Guy Mollet, ainsi que son ministre des Affaires étrangères, Christian Pineau, et le ministère de la Défense, avec à sa tête Maurice Bourgès-Maunoury, avaient une vision beaucoup plus large, dépassant l'Algérie, dont ils pensaient de toute façon que l'indépendance (dans le cadre de telle ou telle forme d'association à la France) serait à terme inéluctable: il fallait soutenir Israël (auquel les rattachaient les souvenirs de la Résistance et des options socialistes convergentes) afin d'empêcher le nationalisme arabe, appuyé sur l'URSS, de contrôler le Moyen-Orient, avec ses voies stratégiques et son pétrole. Notons que le Quai d'Orsay et ses adversaires dans cette affaire tirèrent de la crise des leçons très différentes: le ministère des Affaires étrangères estimait que la France avait durablement compromis ses positions dans le monde arabe, sans aucun bénéfice pour la guerre d'Algérie, et que les grands vainqueurs étaient finalement Nasser, dont le prestige sortait renforcé de la crise, et l'URSS, dont la pénétration au Moyen-Orient serait facilitée[12]. Au ministère de la Défense, on faisait encore en 1957 une analyse toute différente et beaucoup plus optimiste: Israël, allié essentiel, avait été sauvé, la progression de Nasser avait été bloquée, un coup d'arrêt avait été donné à la pénétration soviétique au Moyen-Orient, la »doctrine Eisenhower« pour cette région, proclamée en janvier 1957, témoignait que finalement Washington se ralliait aux vues des Français et ne cherchait plus à appuyer le nationalisme nassérien comme une garantie contre la poussée soviétique[13].

On peut noter qu'avec sa vision »traditionnelle« du monde arabe, le Quai d'Orsay se trompait finalement moins dans ses analyses que les »modernistes« autour de Bourgès-Maunoury, désireux de défendre les intérêts français dans le contexte nouveau de la guerre froide, du pétrole-roi et des armes nucléaires (qui figuraient très haut dans les priorités de cette équipe, qui négocia avec Bonn et Rome pour la mise en commun des efforts atomiques des trois pays, là aussi contre l'avis du Quai d'Orsay, et qui décida également de collaborer avec Israël dans ce domaine)[14]. Plus qu'une opposition en fait sans réelle signification entre »traditionalistes« et »modernistes«, ce sont en fait des visions différentes qui sont en cause, mais portant sur des problèmes très actuels: le Quai comprend que la politique américaine ne se résume pas à un atlantisme systématique et n'est pas surpris du ›lâchage‹ des États-Unis dans une affaire dont ils n'avaient d'ailleurs pas été tenus réellement informés; quant à l'Europe, contre l'enthousiasme simpliste de certains milieux, on comprend que l'on ne peut pas faire n'importe quoi en son nom dans un domaine aussi sensible que le nucléaire, sous peine de provoquer

---

[11] Cf. le récit de Bernard DESTREMEAU, Quai d'Orsay derrière la façade, Paris 1994, p. 155–176.
[12] Note de la Direction politique du 10 novembre 1956, Documents Diplomatiques Français 1956/III.
[13] Communication à paraître.
[14] Georges-Henri SOUTOU, L'Alliance incertaine. Les rapports politico-stratégiques franco-allemands, 1954–1996, Paris 1996; Pierre PÉAN, Histoire de deux bombes, Paris 1991.

de vives réactions à Washington et à Moscou; et enfin, à propos du tiers monde, on comprend que l'ère des interventions militaires européennes est close.

Cependant, le début de la guerre froide et l'échec des projets initiaux à l'égard de l'Allemagne, la mise en place du plan Marshall d'abord, puis de l'Alliance atlantique, et les débuts de la construction européenne suscitèrent un développement de la diplomatie multilatérale, un début de réorganisation du Quai d'Orsay et un changement de paradigmes: désormais on admettait que le maintien du rôle international de la France nécessitait des relais, européens ou atlantiques, pouvant aller pour certains jusqu'à l'intégration. Les diplomates français prirent l'habitude d'une concertation permanente avec leurs collègues britanniques et américains, dans le cadre de très nombreuses réunions tripartites à différents niveaux ainsi que dans le travail régulier des ambassades situées dans des pays-clés pour la guerre froide (Moscou et Belgrade constituant de bons exemples)[15]. Cette concertation était facilitée par le développement au Quai d'Orsay même de nouveaux services voués à la diplomatie multilatérale: en particulier la Sous-direction de la coopération économique internationale, avec Olivier Wormser, qui géra en particulier la participation française au plan Marshall et à l'OECE et par la suite au marché commun[16], et le Service des pactes, qui suivait les questions de l'Alliance atlantique et les affaires stratégiques[17]. Quant au secrétariat général, outre son rôle traditionnel de gestion de la maison, il suivait directement les grandes questions multilatérales liées à la guerre froide: Allemagne, OTAN, URSS, communisme international[18].

Ce développement du multilatéralisme débouchait même chez certains diplomates (au premier rang Hervé Alphand, directeur général des affaires économiques et négociateur de la CED) jusqu'aux concepts de l'intégration et de la supranationalité, à la suite de Jean Monnet et de Robert Schuman et conformément aux principes d'organisation de l'OTAN, et encore plus de la CECA et de la CED[19]. Incontestablement, à travers la coopération étroite avec les États-Unis et l'Alliance atlantique, à travers les nombreuses réunions d'experts, une certaine américanisation se faisait jour, car il ne faut pas sous-estimer l'influence pédagogique modernisatrice de cette coopération, ainsi qu'une incontestable européanisation[20]. Le Quai d'Orsay sortait des années 1930.

---

[15] Cf. par exemple Georges-Henri SOUTOU, La politique française envers la Yougoslavie, 1945–1956, dans: Relations internationales 104 (2000), p. 433–454.

[16] Précisons: la Direction des affaires économiques et financières, hostile au départ au marché commun, avait été largement écartée des négociations menant aux traités de Rome au profit du Secrétariat général à la coopération internationale (SGCI) mais elle revint au premier plan en 1958 quand on décida de lui rattacher la représentation de la France à Bruxelles et à constituer une structure duale DAEF-SGCI; Laurent WARLOUZET, Le Quai d'Orsay face au traité de Rome, dans: Laurence BADEL, Stanislas JEANNESSON, N. Piers LUDLOW (dir.), Les administrations nationales et la construction européenne, Berne 2005, p. 141.

[17] Pour l'activité du Service des pactes cf. par exemple SOUTOU, L'Alliance incertaine (voir n. 14).

[18] Georges-Henri SOUTOU, La perception du problème soviétique par le Quai d'Orsay entre 1945 et 1949, dans: Revue d'Allemagne (1998) 3, p. 273–284.

[19] Hervé ALPHAND, L'étonnement d'être, Paris 1977.

[20] On trouvera des indications sur ce point dans Henri FROMENT-MEURICE, Vu du Quai. Mémoires 1945–1983, Paris 1998.

En même temps, ces tendances étaient combattues à l'intérieur de la Maison, elles restaient sans doute minoritaires, même si la discipline des fonctionnaires estompait ce fait[21]. En particulier la France fut toujours le moins atlantiste des pays européens, et cela valait également pour son corps diplomatique. La majorité des diplomates réconciliaient les évidentes nécessités atlantiques et européennes d'une part, et l'identité nationale d'autre part, en considérant que la collaboration atlantique permettait à la France de conserver son statut mondial à l'instar de la Grande-Bretagne, et que la construction européenne était désormais le seul moyen possible pour la France de conserver un certain ascendant sur l'Allemagne et un contrôle sur l'évolution de la question allemande[22]. Les diplomates vraiment »atlantistes« ou »européens« et qui ne partageaient pas ces motivations très »nationales« étaient certainement minoritaires. Certaines arrière-pensées de réassurance discrète à Moscou, en particulier afin de contrer un rapprochement germano-américain considéré comme excessif, montrent bien la permanence d'une certaine vision géopolitique traditionnelle[23]. Dès 1953–1954, il était clair que les diplomates français étaient loin de tous se rallier aux nouveaux paradigmes européens et atlantiques[24]. Les mouvements de personnel sous Mendès France, en particulier l'arrivée au secrétariat général de René Massigli, montraient certes la volonté de tourner la page après les déchirements provoqués au sein du Quai par la querelle de la CED, mais aussi le recul de l'idée de l'intégration européenne[25]. En 1955, on vit encore chez certains diplomates la force de l'atlantisme, c'est-à-dire de la conviction que face à Moscou l'unité occidentale était la priorité[26]. Mais la crise algérienne et celle de Suez devaient, dès 1956, réactiver une volonté d'indépendance nationale toujours très présente chez beaucoup de membres du Quai d'Orsay[27]. Dès cette année, l'intégration, qu'elle fût atlantique ou européenne, était condamnée aux yeux de beaucoup d'entre eux, et dans la préparation des traités de Rome, le Quai d'Orsay veilla à ce que l'intégration supranationale fût beaucoup moins prononcée que dans la cas de la CECA ou de la CED. Cela ne signifiait pas que l'on n'était pas convaincu de la nécessité de collaborer avec les États-Unis et les Européens, mais selon des méthodes relevant davantage de la coopération interétatique

---

[21] Cf. les remarques de DESTREMEAU, Quai d'Orsay (voir n. 11), p. 117–121.
[22] Georges-Henri SOUTOU, La perception de la menace soviétique par les décideurs de l'Europe occidentale: le cas de la France, dans: Saki DOCKRILL, Robert FRANK, Georges-Henri SOUTOU, Antonio VARSORI (dir.), L'Europe de l'Est et de l'Ouest dans la Guerre froide 1948–1953, Paris 2002, p. 21–43.
[23] Georges-Henri SOUTOU, La France et les notes soviétiques de 1952 sur l'Allemagne, Revue d'Allemagne juil.-sep. (1988), p. 261–273.
[24] Georges-Henri SOUTOU, Georges Bidault et la construction européenne 1944–1954, dans: Serge BERSTEIN, Jean-Marie MAYEUR, Pierre MILZA (dir.), Le MRP et la construction européenne, Bruxelles 1993, p. 197–230.
[25] Cf. SOUTOU, Les élites diplomatiques (voir n. 1).
[26] Georges-Henri SOUTOU, Les Français et la question d'une éventuelle politique soviétique de »neutralité« en Europe, 1954–1955, communication à paraître, et ID., Unter der Lupe: Frankreich und Adenauers Reise nach Moskau, communication à paraître.
[27] Jacques BAEYENS, Un coup d'épée dans l'eau du canal, Paris 1976.

traditionnelle que de l'intégration et de la supranationalité. Cela annonçait en fait la politique extérieure gaulliste, dont beaucoup d'éléments d'ailleurs se mettaient en place dans les esprits avant même la fin de la IVe République.

1958–1990
INDÉPENDANCE NATIONALE
ET NOUVEAU CONCERT EUROPÉEN

De nombreux diplomates, sans doute la majorité, furent satisfaits en effet de revenir à la politique plus traditionnelle d'indépendance nationale qui marqua la Ve République[28]. Ajoutons qu'ils furent sans aucun doute soulagés de sortir des incertitudes et contradictions de la IVe République, y compris en matière de politique extérieure, et que la politique gaulliste avait le mérite de la clarté et de la cohérence. Cela n'empêchait pas une pratique habile des institutions bruxelloises, les représentants permanents de la France auprès des communautés réalisant au fond la synthèse entre la diplomatie multilatérale et la construction européenne d'une part, et la défense de l'intérêt national de l'autre. En effet, le général ne contestait pas les institutions de Bruxelles, les soutenait même, à condition qu'elles ne sortent pas de leur rôle, ne se prennent pas pour un super-État en gestation, et que leur action contribue à développer ce qu'il appelait une »Europe européenne«[29]. Fondamentalement, la distance prise par rapport à l'Alliance atlantique et la pratique plus musclée de l'Europe bruxelloise, ainsi que le projet de nouveau Concert européen qui était au cœur du gaullisme, et le rôle en flèche de la France durant ces années, suscita une large adhésion et par la suite une nostalgie sensible jusqu'à maintenant. Le »grand dessein« gaulliste consistait en effet à recréer un équilibre européen modernisé reposant sur une série d'équilibres croisés (la France conservant son ascendant sur la RFA grâce à l'appui discret d'une Russie de moins en moins idéologisée, l'Europe occidentale sous leadership français permettant en revanche de rééquilibrer l'URSS). Cette »géopolitique à la française« reprenait au fond une tradition vivante depuis le XIXe siècle, tandis que les prises de position du général de Gaulle face à la »double hégémonie« et contre les blocs flattaient l'amour-propre national, même si elles paraissaient parfois excessives à des diplomates qui auraient préféré un langage plus modéré; mais dès le début des années 1960 les diplomates vraiment »européens« ou »atlantistes«, réservés à l'égard de la politique gaulliste, furent placés sur les voies de garage (certes honorables: dans cette première phase, la Ve République ne pratiquait pas »la mise au placard«)[30].

---

[28] Maurice COUVE DE MURVILLE, Une politique étrangère 1958–1969, Paris 1971; François SEYDOUX, Dans l'intimité franco-allemande, Paris 1977.
[29] Alain PRATE, Les batailles économiques du général de Gaulle, Paris 1978.
[30] Pour les orientations fondamentales du gaullisme telles que je les interprète ici, cf. SOUTOU, L'Alliance incertaine (voir n. 14) et ID., Le général de Gaulle, le plan Fouchet et l'Europe, dans: Commentaire 52 (1990/1991), p. 757–766.

Quant au projet d'une Europe politique reposant non pas sur l'intégration mais sur la coopération interétatique et assurant le leadership français, sans compromettre l'indépendance nationale, grâce à la division de l'Allemagne et à l'absence de la Grande-Bretagne, elle séduisit de nombreux diplomates (même si certains persistaient à considérer l'Angleterre comme un partenaire privilégié plus souhaitable que la RFA). C'était le plan Fouchet, repris à deux avec l'Allemagne après son échec, dans le cadre du traité de l'Élysée. Appuyée sur cette Europe-là, Paris pourrait imposer une révision de l'Alliance atlantique et une réorganisation des rapports avec l'URSS permettant de dépasser, ou tout au moins de canaliser, la guerre froide et de rétablir un Concert européen, certes rénové, mais permettant de moins dépendre de la garantie américaine[31].

Mais du point de vue de son organisation et de ses méthodes, la diplomatie française n'évoluait guère, en dehors d'une insistance encore plus forte sur la politique culturelle, marquée par le développement de la Direction générale des relations culturelles, scientifiques et techniques (DGRCST) au Quai d'Orsay[32], et de l'apparition du concept nouveau de coopération, avec la création du ministère de la Coopération, chargé de se substituer aux anciennes relations coloniales[33]. Cependant, les avatars de cette nouvelle administration et les débats qui entouraient le concept même de coopération montrent que derrière le discours »tiers-mondiste« du général de Gaulle, qui paraissait annoncer la fin de la bipolarité et de certains aspects de la mondialisation, la politique française restait en fait une politique de grande puissance assez classique[34]. Un certain nombre de caractéristiques de cette politique le prouve: jusqu'en 1981, elle resta essentiellement centrée sur l'Afrique ex-française ou tout au plus francophone (Zaïre, Burundi, Rwanda). D'autre part, derrière une organisation complexe dominait en fait le rôle essentiel du président de la République: on était au cœur des enjeux de pouvoir de la Ve République, et la coopération était avant tout un élément essentiel de la politique extérieure de la France: elle devait servir ses intérêts et son rayonnement. Le ministère de la Coopération, issu du secrétariat d'État aux relations avec la communauté, fut créé en mai 1961; il couvrait les anciennes colonies françaises en Afrique noire, plus les ex-colonies belges à partir de 1963[35]. Mais dans une incontestable rivalité avec le Quai d'Orsay, malgré une tentative de répartition des tâches (les questions économiques, financières, culturelles, sociales, militaires, techniques pour la coopération, tandis que le Quai d'Orsay s'occupait de l'ensemble de l'Afrique, y compris des affaires politiques et de défense pour les pays ex-français ou belges), cela

---

[31] ID., De Gaulle's France and the Soviet Union from Conflict to Détente, dans: Wilfried LOTH (dir.), Europe, Cold War and Coexistence, 1953–1965, Londres 2003, p. 173–189.
[32] Albert SALON, L'Action culturelle de la France dans le monde, Paris 1983.
[33] Pour l'organisation de l'instrument diplomatique français au début de la Ve République, cf. Maurice VAÏSSE, La grandeur. Politique étrangère du général de Gaulle 1958–1959, Paris 1998.
[34] À titre d'exemple, Georges-Henri SOUTOU, Le général de Gaulle et le Brésil (1958–1969), dans: Katia DE QUEIROS MATTOSO, Idelette MUZART-FONSECA DOS SANTOS, Denis ROLLAND (dir.), Le Brésil, l'Europe et les équilibres internationaux, XVIe–XXe siècles, Paris 1999, p. 189–210.
[35] Dmitri Georges LAVROFF (dir.), La politique africaine du général de Gaulle, Paris 1980.

posait d'évidents problèmes de liaison et même d'orientation: le Quai d'Orsay prenant en compte la décolonisation plus franchement qu'une coopération que l'on aurait pu accuser à l'époque de »néo-colonialisme«. Finalement, le point de vue du ministère des Affaires étrangères, selon lequel il fallait reconnaître carrément l'indépendance des anciennes colonies et les traiter à l'instar des autres pays, et d'autre part que la politique française devait s'intéresser à l'ensemble de l'Afrique et pas seulement à l'ancienne Union française, triompha, au moins en apparence. À la suite du rapport de Jean-Marcel Jeanneney en 1963 sur la coopération (rapport très appuyé par la direction d'Afrique-Levant), le ministère de la Coopération devint, en 1966, un secrétariat d'État rattaché au Quai d'Orsay et, en 1969, celui-ci réorganisa la DGRCST: désormais en effet la coopération était conçue comme provisoire, devant cesser après la mise en place d'États viables. Mais d'autres organismes étaient également concernés: le ministère des Finances, le ministère de la Défense, le SDECE, le CEA, ou des sociétés comme ELF, acteur à part entière en Afrique[36]. La coordination de l'action de ces différents organismes, qui en fait le dessaisissaient largement, n'était pas assurée au niveau du Quai d'Orsay mais à celui de la présidence de la République, au secrétariat général auprès de la présidence pour la communauté et les affaires africaines et malgaches, dans une optique de politique très traditionnelle[37].

Une certaine modernisation de l'action de la France commença avec Georges Pompidou (développement du thème de la francophonie, qui s'inscrit tout à fait dans la problématique de la mondialisation). Georges Pompidou fut sans doute le premier président français à réfléchir réellement à ce que nous appelons aujourd'hui la mondialisation (de Gaulle s'intéressait certes à l'ensemble du monde, mais dans un cadre conceptuel encore traditionnel). On retrouve la même dialectique de la pensée et de l'action au troisième niveau, le niveau international mondial. Notons d'abord que Georges Pompidou réfléchit profondément à la problématique du maintien de la diversité dans un monde en voie d'uniformisation. Comme il le déclara à l'UNESCO le 17 mars 1970, il était convaincu que les civilisations »s'enrichissaient réciproquement par leur interpénétration« mais qu'il fallait lutter »contre la tendance à une uniformisation qui serait un appauvrissement collectif«[38]. Et, joignant l'action à la pensée, il était convaincu que cette diversité des civilisations procurait à la France un champ d'action pour lutter contre les blocs auxquels il était aussi opposé que le Général. L'instrument privilégié dans ce domaine serait la francophonie. Dans sa très intéressante étude »La francophonie et les relations extérieures«, Laurence Saint-Gilles a très bien montré comment la francophonie se situait au cœur de la politique internationale de Georges Pompidou au niveau mondial, ainsi qu'au croisement de ses conceptions culturelles et

---

[36] SOUTOU, Pierre Guillaumat (voir n. 3).
[37] On peut s'en convaincre facilement en étudiant le journal du responsable des questions africaines à l'Élysée, Jacques Foccart, Journal de l'Élysée, Tomes I–III, Pars 1997–1999.
[38] Georges POMPIDOU, Entretiens et discours, Paris 1984, p. 179.

politiques[39]. En effet, la langue française était au centre de l'universalisme du message français mais était en même temps, selon Georges Pompidou, »un des moyens qu'avait l'Europe occidentale d'affirmer sa personnalité vis-à-vis des États-Unis«. Le 19 février 1971, il assigna au Haut Comité pour la défense et l'expansion de la langue française, qu'il avait suscité en 1966, trois objectifs: faire des 150 millions de francophones putatifs répartis dans le monde de vrais francophones, faire du français la langue de communication de la Communauté européenne, assurer sa présence sur les cinq continents. Vers l'Afrique noire, vers l'Europe latine, vers l'Allemagne mais aussi partout dans le monde, la défense de la langue française devrait illustrer la dialectique essentiellement civilisatrice entre le particulier et l'universel et en même temps contribuer à éviter l'uniformisation culturelle, autre façon aussi de lutter contre les blocs tout en développant l'influence française dans un domaine qui ne pouvait pas donner prise au soupçon d'impérialisme ou de néo-colonialisme. Le dialogue des civilisations supposait en effet la reconnaissance et la transmission de valeurs universelles et était pour Georges Pompidou la vraie réponse à la globalisation.

À l'extrême fin de la présidence de Georges Pompidou, en 1974, Michel Jobert, alors ministre des Affaires étrangères, créa le Centre d'analyse et de prévision. Le CAP joua à partir de là un rôle essentiel dans la réflexion du Quai d'Orsay, en particulier sur des problèmes de fond dépassant l'horizon quotidien des directions et en établissant le lien avec la recherche universitaire. Les thèmes abordés, y compris les rapports transatlantiques, le problème soviétique, les questions de sécurité et de désarmement, permettaient de suivre l'évolution du monde du point de vue des problèmes soulevés ici. D'autre part, le passage de certains diplomates au CAP permettait ensuite d'irriguer les directions du résultat de leurs réflexions[40]. Cela dit, il ne faut pas croire que le CAP poussait particulièrement vers une européanisation de la politique extérieure française; au contraire, le thème du passage d'un monde »bipolaire« à un monde »multipolaire«, qui naquit dans le cadre de ce centre, permettait de montrer que la France pouvait retrouver une nouvelle liberté d'action à partir de l'érosion des blocs.

Valéry Giscard d'Estaing poursuivit l'adaptation progressive de la politique française à l'évolution du monde occidental et de l'Europe en suscitant la création du G7, celle du Conseil européen des chefs d'État et de gouvernement et l'élection du Parlement européen au suffrage universel[41]. Il soutint les efforts de certains membres du Quai d'Orsay pour introduire dans le programme de la CSCE d'Helsinki la »troisième corbeille«, celle des droits de l'homme[42]. Les diplomates s'adaptaient au système de

---

[39] Laurence SAINT-GILLES, La francophonie et les relations extérieures, dans: Jean-Claude GROSHENS, Jean-François SIRINELLI (dir.), Culture et action chez Georges Pompidou, Paris, p. 373–393.
[40] Le débat de politique étrangère française 1974–2004. Centre d'anlyse et de prévision, 30ᵉ anniversaire, éd. par le ministère des Affaires étrangères (2005). On trouvera certaines études du CAP en ligne sur le portail du Quai d'Orsay.
[41] Serge BERSTEIN, Jean-François SIRINELLI (dir.), Les années Giscard. Valéry Giscard d'Estaing et l'Europe 1974–1981, Paris 2006.
[42] Jacques ANDRÉANI, Le Piège. Helsinki et la chute du communisme, Paris 2005.

diplomatie globale du G7, prenaient de plus en plus l'habitude de la coopération politique introduite entre les ministères des Affaires étrangères à partir de 1972 et collaboraient de façon de plus en plus intime en particulier avec l'Auswärtigen Amt allemand. D'autre part, l'importance à nouveau cruciale des questions stratégiques et du désarmement relançait l'importance du Service des pactes et des affaires stratégiques, tandis que des membres du Quai d'Orsay devenaient des spécialistes internationalement reconnus des questions stratégiques[43]. En 1976–1978 une réforme du Quai d'Orsay, la première depuis 1945 et connue sous le nom de »géographisation«, distingua clairement entre les affaires bilatérales d'une part (du ressort des directions géographiques) et les affaires multilatérales, apanage de la Direction politique et de la Direction économique. L'importance croissante des affaires multilatérales dans un monde de plus en plus complexe et interdépendant était ainsi prise en compte. Cependant, les chocs pétroliers réactivaient une tradition de »libéralisme organisé«, réponse française depuis 1914 à la mondialisation libérale d'inspiration anglo-saxonne et parfaitement adaptée à la formation économique étatiste reçue par les énarques[44].

François Mitterrand devait en fait poursuivre ces différentes orientations, la seule nouveauté réelle résidant dans la relance de la coopération, dont le ministre, avec Jean-Pierre Cot, ne limitait plus son action à l'ancien pré carré français mais l'étendait à l'ensemble du monde en voie de développement. Mais, malgré sur ce point la claire prise en compte de la mondialisation, qui correspondait aussi au fait que l'on souhaitait riposter au défi de la mondialisation libérale impulsée par les États-Unis, la politique extérieure et les réflexes des diplomates ne changeaient pas en profondeur: c'était toujours l'exploitation au profit des objectifs français des équilibres croisés déjà cités. La politique française préservait en fait son identité grâce aux circonstances exceptionnelles induites par la guerre froide qui maintenait l'Allemagne divisée, évitait à la France, pour la première fois dans son histoire, de se retrouver en première ligne dans les tensions européennes, et qui valorisait son rôle international, tout en lui assurant automatiquement – et quelles que fussent les manifestations de son indépendance – la garantie américaine[45]. Ce confort intellectuel explique sans doute que la diplomatie française n'ait guère vu venir l'automne de 1989, et n'ait admis la réalité inéluctable d'une réunification allemande pure et simple qu'après les élections en RDA de mars

---

[43] Outre Jean-Louis Gergorin, deuxième directeur du CAP après Thierry de Montbrial, citons François de Rose (qui fut représentant auprès de l'OTAN): cf. par exemple François DE ROSE, La France et la défense de l'Europe, Paris 1976.
[44] Georges-Henri SOUTOU, Henri Hauser et la Première Guerre mondiale, dans: Séverine-Antigone MARIN, Georges-Henri SOUTOU (dir), Henri Hauser (1866–1946). Humaniste, Historien, Républicain, Paris 2006, p. 147–184. Rappelons que Pierre Mendès France s'engagea fortement à partir des années 1960 pour le contrôle et la régulation au niveau international du prix des matières premières, en particulier sur les conseils du diplomate Stéphane Hessel (ID., Danse avec le siècle, Paris 1997) et ses nombreuses publications et rapports sur l'aide au tiers monde).
[45] On lira avec intérêt le point de vue de François PUAUX, ancien directeur politique, qui a tenu après son départ à la retraite la rubrique de politique étrangère de la Revue des deux mondes: ID., La politique internationale des années quatre-vingt, Paris 1989.

1990[46]. Que la position de la majorité des diplomates avait été sur ce point très proche de celle du Président nous est confirmé par François Scheer, alors secrétaire général du Quai[47].

1990–2006
UNE MODERNISATION TARDIVE ET LIMITÉE?

Il fallut attendre la fin de la guerre froide, le traité de Maastricht, la création de la PESC et l'accélération évidente de la mondialisation, pour que dans les années 1990 le Quai d'Orsay se réorganise profondément, même si le réseau des ambassades ne fut pas réformé à l'instar de l'administration centrale. Une première réforme eut lieu en 1993, corrigée d'ailleurs en 1998. Désormais, la nouvelle Direction générale des affaires politiques et de sécurité, dont le responsable est également secrétaire général adjoint, prend pleinement en compte la mondialisation des questions politiques (lui sont subordonnées la Direction des Nations-Unies et des organisations internationales, la Direction des affaires stratégiques, de sécurité et de désarmement, la Direction de la coopération militaire et de défense, la mission de liaison avec les organisations internationales non gouvernementales) et la montée de la personnalité internationale de l'Union européenne (avec le Service de la politique étrangère et de sécurité commune). On notera que l'Alliance atlantique et les rapports avec les États-Unis ne sont pas au premier plan de cet organigramme (auparavant le Service des pactes, dont c'était en fait le domaine, relevait directement du secrétariat général).

La direction d'Europe traditionnelle a été transformée: on a désormais une Direction de la coopération européenne pour l'Europe communautaire, à l'organisation clairement liée au multilatéralisme dans le cadre européen, et une Direction de l'Europe continentale pour l'Europe non communautaire, tandis que pour le reste du monde subsistent les directions géographiques traditionnelles. Désormais, les deux principales

---

[46] La politique extérieure de François Mitterrand fait toujours l'objet de vifs débats. Le meilleur exposé de l'un de ses acteurs essentiels: Hubert VÉDRINE, Les mondes de François Mitterrand, Paris 1996. Certains diplomates la critiquèrent fermement: Jacques JESSEL, La double défaite de Mitterrand, Paris 1992. D'autres, d'obédience gaulliste, se montrèrent plus sensibles au fait que certains de ses axes n'étaient pas, au fond, incompatibles avec les orientations précédentes de la Ve République (Jean-Bernard RAIMOND, Le Quai d'Orsay à l'épreuve de la cohabitation, Paris 1989). Nous commençons à avoir des travaux scientifiques, qui tendent à réviser de façon positive l'interprétation de la politique de François Mitterrand: Tilo SCHABERT, Wie Weltgeschichte gemacht wird. Frankreich und die deutsche Einheit, Stuttgart 2002, et Frédéric BOZO, Mitterrand, la fin de la guerre froide et l'unification allemande, Paris 2005. Mais je maintiens intégralement le point de vue présenté ici, développé plus à fond dans: L'Alliance incertaine (voir n. 14). L'ouvrage édité par Samy COHEN, Mitterrand et la sortie de la guerre froide, Paris 1998, reste indispensable et présente tous les points du débat.
[47] Dans: COHEN, Mitterrand (voir n. 46), p. 53. Cf. également la contribution de Jacques BARIÉTY, François Mitterrand, Willy Brandt et la réunification de l'Allemagne, dans: Horst MÖLLER, Maurice VAÏSSE (dir.), Willy Brandt und Frankreich, Munich 2005, p. 247–256.

directions (Direction générale des affaires politiques et de sécurité et Direction de la coopération européenne) prennent de toute évidence directement en compte mondialisation et européanisation, pendant que la Direction des affaires économiques et financières réformée s'inscrit clairement dans le cadre de la mondialisation (en particulier avec sa sous-direction de l'environnement et celle de l'énergie, des transports et des nouvelles technologies). Quant à la Direction générale de la coopération internationale et du développement (DGCID qui descend de la DGRST), elle s'inscrit pleinement dans la mondialisation, par exemple avec sa Cellule de mobilisation sur les projets multilatéraux. La diplomatie multilatérale, dans une perspective mondiale et européenne, est passée désormais au centre de l'action du Quai d'Orsay.

Dans cette organisation rénovée, un axe essentiel est une collaboration étroite avec Berlin en particulier, au niveau des services des deux ministères. Cette collaboration est l'une des bases de la PESC depuis le traité de Maastricht.

D'autre part, certains diplomates, sur le plan intellectuel, participent pleinement aux débats actuels sur ces sujets, y compris les débats théoriques sur la mondialisation et le »postnational«. Citons »L'ordre mondial«, manuel classique publié par Philippe Moreau Defarges, diplomate détaché à l'IFRI, ou encore »L'avenir de la liberté: la démocratie et la mondialisation«, publié en 1999 par Jean-Marie Guéhenno, ancien directeur du Centre d'analyse et de prévision du Quai d'Orsay. Citons également Thierry de Montbrial, actuel directeur de l'IFRI et premier directeur du CAP: »L'action et le système du monde«, Paris 2002.

Il existe cependant d'autres courants: des ministres comme Hubert Védrine et Dominique de Villepin se sont abondamment exprimés et ont publié sur l'évolution actuelle du système internationale après la fin de la guerre froide et à l'heure de l'»hyperpuissance américaine«[48]. Néanmoins, une comparaison des écrits de ces deux ministres avec le livre de leur collègue allemand Joschka Fischer montre bien que beaucoup de responsables français restent en retrait par rapport à l'européanisation et à la mondialisation, sans parler de l'atlantisme récusé depuis les années 1950[49]. Quant aux diplomates, on trouve une large gamme d'opinions sur ces sujets.

En effet, l'accent mis régulièrement sur la »multipolarité« au plan international et l'évocation d'un monde reposant sur le jeu d'un ensemble de grandes puissances (Union européenne, États-Unis, Russie, Chine, Inde...) correspond en fait (outre bien sûr l'opposition sous-jacente aux États-Unis) à une vision encore assez classique du système international[50]. Les projets récurrents de »coopérations renforcées« ou de

---

[48] Hubert VÉDRINE, Face à l'hyperpuissance: textes et discours 1995–2003, Paris 2003; Dominique DE VILLEPIN, Un autre monde, Paris 2003, ainsi que son interview par Politique internationale 102 (2003/2004), supplément.
[49] Joschka FISCHER, Die Rückkehr der Geschichte. Die Welt nach dem 11. September und die Erneuerung des Westens (Le retour de l'histoire. Le monde après le 11 septembre et la rénovation de l'Occident, Cologne 2005.
[50] Cf. comme exemple de l'école réaliste rénovée, le livre de Thierry DE MONTBRIAL, L'action et le système du monde, cité ci-dessus (compte rendu de Georges-Henri SOUTOU dans: Revue d'histoire diplomatique [2002]/4, p. 375–380).

»groupes pionniers« dans le cadre de l'Union européenne sont aussi une façon d'écarter le fédéralisme européen que préconise Berlin, au profit d'une vision qui reste davantage interétatique. La propension à encourager des groupes ad hoc, comme le groupe de contact pour l'ex-Yougoslavie, vise sans doute surtout à maintenir tant bien que mal un rôle international de puissance nucléaire à responsabilités mondiales, rôle conçu de façon toujours assez classique dans un environnement européen, atlantique et mondial pourtant bouleversé[51]. Et l'idée parfois évoquée de transférer les sièges qu'occupent au Conseil de sécurité de l'ONU la France et la Grande-Bretagne à l'Union européenne ne suscite aucun enthousiasme évident: Paris préfère défendre l'idée d'un élargissement du cercle des membres permanents du Conseil, en particulier à l'Allemagne. Lors du colloque anniversaire du CAP en 2004, Philip Gordon pouvait souligner le conservatisme foncier de la diplomatie française, cherchant à maintenir un rôle mondial en s'appuyant sur une »Europe-puissance« dont le génome, pour ainsi dire, ne s'écartait guère de celui du plan Fouchet[52].

Cela dit, les choses évoluent: par exemple la diplomatie française traite maintenant du conflit israélo-palestinien largement dans le cadre du »quartette« (États-Unis, Russie, ONU, UE) et en concertation croissante avec l'Union européenne. La diplomatie française est de façon générale très active dans la gestion des crises, là aussi dans le cadre, complexe et qui échappe largement à l'opinion publique, du processus de décision de l'UE en matière internationale[53]. D'autre part, on pourrait remarquer que la France n'est pas la seule à maintenir une diplomatie de type classique: après tout, l'affaire du nucléaire iranien est traitée conjointement par la Grande-Bretagne, l'Allemagne et la France, dans un esprit qui n'est pas si éloigné que cela du Concert européen traditionnel. En fait, les réalités interétatiques et la nécessité d'une diplomatie traditionnelle restent incontournables. Les récents conflits, y compris ceux des Balkans, ont montré les limites des thèses »postnationales«, car ce sont finalement des États qui sont intervenus pour les stopper. Mais ils ont montré aussi les limites du droit d'ingérence, dans la mesure où pour le moment la Bosnie et le Kosovo restent des protectorats internationaux, sans que des solutions définitives et stables paraissent à portée de main. Les incertitudes sur l'avenir du système international ne peuvent que se traduire dans l'organisation du travail des diplomates et la conception qu'ils se font de leur rôle.

La conclusion ne peut être que prudente et provisoire. On est bien conscient que la conception de l'identité nationale de type traditionnel, sur le plan de la diplomatie et de la politique extérieure, doit évoluer. On résiste par exemple à l'américanisation sur tous les plans, y compris à l'OTAN, à l'ONU, et par l'»exception culturelle«, mais on s'efforce de resituer ce combat dans un contexte global, dans une vision du monde qui

---

[51] Sur le rôle des diplomates français dans ce groupe de contact, cf. Francine BOIDEVAIX, L'Europe gère les Balkans. La responsabilité finale reste au Concert des puissances, dans: Relations internationales 121 (2005), p. 91–108.

[52] Cf. Le débat de politique étrangère française 1974–2004 (voir n. 40), p. 94–100.

[53] Agnieszka NOWAK (dir.), Civilian crisis management: the EU way, Paris 2006 (Chaillot Paper 90, Institut d'études de sécurité de l'Union européenne).

se veut universelle et dépassant le seul intérêt français. Sur ce point, le langage a subtilement évolué depuis les années 1960.

D'autre part, si on compare les conceptions et l'activité des diplomates français et l'organisation du Quai d'Orsay aujourd'hui à ce qu'ils étaient en 1945 ou au début des années 1950, on constate que la diplomatie bilatérale a beaucoup perdu de son importance par rapport à la diplomatie multilatérale (qui avait assez mauvaise presse en 1945 à la suite de l'échec de la sécurité collective d'avant-guerre) et que la coopération européenne en liaison avec Bruxelles (et Berlin) a pris une place majeure.

Mais les conséquences de la mondialisation libérale sont toujours seulement partiellement prises en compte (comme le montrent les réticences de la diplomatie française à envisager une transformation de la politique agricole commune et les appels répétés des gouvernements successifs aux diplomates pour qu'ils se mettent davantage au service des intérêts économiques nationaux). Et l'européanisation n'est acceptée que dans certaines limites, qui ne vont pas au-delà de la mise en place d'une étroite concertation multilatérale: l'évocation de l'»Europe-puissance«, liée au concept de »groupes pionniers«, servant peut-être surtout à tenter de recycler un modèle français finalement encore assez traditionnel. L'avenir dira si celui-ci, après l'échec du traité constitutionnel européen, l'enlisement de la politique américaine et les difficultés d'une modernisation encore fort peu maîtrisée, reste finalement pertinent, ou si les diplomates français et leurs dirigeants devront accepter des évolutions encore plus radicales vers une véritable diplomatie européenne et un bouleversement de la diplomatie interétatique traditionnelle.

DEUTSCHE ZUSAMMENFASSUNG

Nationale Identität, Amerikanisierung, Europäisierung, Globalisierung: Diese Problematik steht natürlich im Zentrum der französischen Diplomatie seit 1945. Selbstverständlich ist diese durch Weiterentwicklungen und Anpassungen geprägt, aber auch durch gewisse Kontinuitäten, insbesondere die Sorge, die nationale Identität zu bewahren: Frankreich ist immer das am wenigsten atlantische unter den westeuropäischen Ländern gewesen und das am meisten widerspenstige gegenüber der amerikanischen Führung, und seine Eliten haben im allgemeinen der liberalen Globalisierung mißtraut. Was die Europäisierung anbetrifft, so hat sie sicherlich eine Achse der französischen Diplomatie und der französischen Diplomaten dargestellt, aber sie ist Stückwerk geblieben und belastet durch sehr »nationale« Hintergedanken. Selbst heute noch werden die Konsequenzen der liberalen Globalisierung immer nur teilweise in Rechnung gestellt. Und die Europäisierung ist nur in gewissen Grenzen anerkannt, die nicht über die Herstellung einer engen multilateralen Abstimmung hinausgehen: Das Wachrufen einer »Europa-Macht«, verbunden mit dem Konzept von »Pioniergruppen«, dient vielleicht vor allem dazu zu versuchen, ein französisches Modell wiederzuverwerten, das letztlich noch ziemlich traditionell ist. Die Zukunft wird zeigen, ob es am Ende, nach dem Mißerfolg des europäischen Verfassungsvertrags, dem Erlahmen der amerikanischen Politik und den Schwierigkeiten einer noch sehr wenig gemeisterten Modernisierung, richtig bleibt oder ob die französischen Diplomaten und ihre Führungsspitzen noch viel radikalere Fortentwicklungen akzeptieren müssen hin zu einer europäischen Diplomatie und einem Umsturz der traditionellen zwischenstaatlichen Diplomatie.

JEAN-FRANÇOIS ECK

L'américanisation, l'européanisation et la mondialisation de l'économie – le »modèle français« et ses transformations

Y a-t-il une identité nationale française en économie et sous quelle forme s'exprime-t-elle? Son contenu a-t-il évolué au cours des quelque soixante années qui nous séparent de la fin de la Seconde Guerre mondiale? L'impression d'alignement sur les autres économies développées, de perte d'originalité est-elle exacte? S'agit-il d'un phénomène subi ou voulu, progressif ou soudain? Quelle part y ont tenue les facteurs internationaux? Et, parmi eux, quelle influence faut-il attribuer aux trois grandes tendances que sont l'américanisation, l'européanisation et la mondialisation?

Telles sont quelques-unes des questions auxquelles cette contribution tâchera de répondre. Sans prétendre à une quelconque scientificité, je m'efforcerai pour le faire de poser les termes du débat, tout en sachant bien que, malgré l'apparente objectivité des données chiffrées, les historiens de l'économie sont, comme leurs collègues des autres disciplines, susceptibles de tomber dans le piège des préventions, des idées préconçues et des préjugés. Pour structurer le propos, seront examinés tout d'abord les acteurs, puis les structures, et enfin les performances de l'économie française, afin d'apprécier comment, depuis 1945, chacun d'eux s'est situé par rapport à l'américanisation, à l'européanisation et à la mondialisation.

Les acteurs: il s'agit ici des entreprises et des pouvoirs publics, en tant que responsables des grandes orientations de politique économique. Il y a une vingtaine d'années encore, on mettait l'accent sur ce deuxième acteur, en insistant par exemple sur le poids des hauts fonctionnaires dans la conduite de l'économie ou sur les performances du secteur public. Aujourd'hui, une telle présentation paraîtrait insolite, voire incongrue, tant les entreprises sont désormais les seules à intervenir sur un marché qui concerne toutes les activités, y compris certains services publics qui en étaient traditionnellement écartés.

Ces entreprises se présentent d'une manière profondément différente de ce qu'elles étaient il y a quelques décennies. Elles sont immergées dans un univers pleinement concurrentiel. Tel n'était pas le cas avant guerre, voire durant les années 1950, tant étaient nombreuses les ententes tolérées par les pouvoirs publics, voire encouragées par eux lors des crises. De toute évidence, la transformation est liée à l'influence du monde extérieur. Dès la fin de la guerre, les États-Unis se sont faits les promoteurs d'un ordre international fondé sur la libre concurrence, tempérée, il est vrai, par la présence d'organisations internationales faisant respecter entre leurs membres certaines règles de bonne conduite. La construction européenne a suivi la même voie, se conformant aux principes libéraux, à cause notamment du poids dominant de l'Allemagne, même s'il ne faut pas confondre économie sociale de marché et libéralisme classique. Enfin, la mondialisation qui s'est accélérée durant les années 1970–1980 a accentué le phénomène.

Ces entreprises sont également beaucoup plus puissantes qu'elles ne l'étaient naguère. Le poids de Michelin, mesuré par son chiffre d'affaires en francs constants, représente actuellement huit fois ce qu'il était en 1960, celui de Renault neuf fois, de Saint-Gobain 24 fois[1]. Le capitalisme de groupe est devenu une réalité. Toutes les formes de concentration ont été mises en œuvre: concentration technique, par augmentation de la taille des installations, concentration financière, par rachat ou fusion avec des entreprises déjà existantes, à l'issue de batailles boursières menées à coups d'OPA et de contre-OPA, une pratique transplantée des États-Unis qui, inconnue jusqu'à la fin des années 1960, est aujourd'hui monnaie courante. Il faut souligner que les phases d'accélération de cette concentration sont étroitement liées à la construction de l'Europe. Le nombre annuel moyen de fusions réalisé en France a progressé fortement de 1966 à 1970, phase de la réalisation de l'union douanière entre les Six, puis de 1985 à 1992, lors de la mise en place du »grand marché« concernant non seulement les marchandises, mais aussi les personnes, les services et les capitaux. Plusieurs fusions se sont d'ailleurs faites avec d'autres partenaires européens, même si elles sont demeurées peu nombreuses avec le principal d'entre eux, l'Allemagne, malgré les cas, bien connus mais tardifs, d'Aventis dans l'industrie pharmaceutique ou d'EADS dans la construction aérospatiale.

Enfin ces entreprises ont grâce à la mondialisation affirmé leur présence sur la scène internationale. Des groupes comme Lafarge, Aventis, L'Oréal, Michelin, LVMH réalisent à l'étranger plus des quatre cinquièmes de leur chiffre d'affaires[2], pour ne pas parler de Total ou d'Air France. Rien ne les distingue véritablement de leurs homologues étrangers. Ils ont emprunté aux États-Unis leurs modes d'organisation, comme la structure multidivisionnelle décentralisée, imaginée chez General Motors et Du Pont de Nemours au début des années 1920, encore pratiquement inconnue en France en 1950 quand seulement six parmi les 100 plus grandes entreprises françaises s'y conformaient. 20 ans plus tard, elles sont 54 à le faire[3]. Parallèlement, les méthodes de travail se sont modernisées, sous l'influence des filiales de groupes américains comme IBM-France, Gillette, Colgate Palmolive, sous celle aussi des sciences de gestion qui ont pénétré dans l'enseignement des grandes écoles comme HEC, Polytechnique, Centrale. La propriété du capital s'est diffusée auprès de très nombreux actionnaires, aux dépens des familles fondatrices. Les stratégies entrepreneuriales ont évolué, recherchant aujourd'hui le profit à court terme davantage que la croissance des installations productives. Est-ce l'effet du »Défi américain«, le best-seller de Jean-Jacques Servan-Schreiber paru en 1967? Toujours est-il que, grâce à ce double phénomène d'alignement et de rattrapage sur les autres pays, la France possède aujourd'hui cinq groupes parmi les 50 premiers de l'industrie et des services dans le monde et 13 parmi les 50 premiers en

---

[1] Calculs faits à partir des chiffres de 1960 et de 2001 fournis par la presse financière spécialisée.
[2] En 2001, les activités des filiales situées à l'étranger et les exportations représentent 83% du chiffre d'affaires chez LVMH, 85% chez Michelin, 86% chez Lafarge et L'Oréal, 87% chez Aventis, d'après le recueil annuel publié par Le Monde, Bilan économique et financier, Paris 2003, p. 185.
[3] Selon les estimations de Youssef CASSIS, Big Business. The European Experience in the Twentieth Century, Oxford 1997.

Europe. On mesure l'ampleur de la mutation si l'on songe qu'en 1958, un seul groupe, Total, figurait au palmarès des 100 premières firmes mondiales, et ce en 98ᵉ position[4]. Ces mutations ont évidemment leurs limites. Le poids des PME reste plus marqué en France que dans les pays anglo-saxons. Le capitalisme familial demeure vivace. Même dans les grands groupes, la propriété et la gestion se transmettent souvent d'une génération à l'autre sans difficultés. Mais de telles nuances ne sont pas propres à la France. On les trouverait aussi dans les autres économies développées qui possèdent chacune leur identité propre. Le fait majeur reste qu'il s'est produit, tout au long de ce demi-siècle, une transformation considérable des entreprises françaises sous la triple influence de l'américanisation, de l'européanisation et de la mondialisation.

On peut en dire autant des pouvoirs publics. Responsables des grandes orientations de la vie économique, ils y ont exercé jusqu'au début des années 1980 une influence dominante. Le dirigisme s'était imposé à la Libération. Il correspondait aux préférences des élites, sensibles à l'impératif de modernisation. Il était justifié théoriquement par une certaine lecture des œuvres de Keynes, accepté pratiquement par la nécessité de dégager les ressources matérielles et financières indispensables à la reconstruction[5]. Il s'est même trouvé paradoxalement conforté par les États-Unis, à travers la redistribution de l'aide Marshall qui transitait par des institutions étatiques. Après un recul relatif durant les années 1950, il s'est affirmé à nouveau au début de la V. République, lors de la préparation de l'économie à l'ouverture dans le cadre du Marché commun. Il est ainsi resté longtemps dominant, recourant pour atteindre ses objectifs à des moyens diversifiés comme la planification indicative, le secteur public, l'aménagement du territoire, le contrôle des prix et du crédit. Certains y ont vu un »modèle«, tels par exemple le gaulliste Albin Chalandon, auteur de la formule d'»économie concertée«. D'autres lui ont attribué une part décisive dans le redressement français, comme l'historien américain Richard F. Kuisel[6]. D'ailleurs ce »modèle«[7] a été parfois imité à l'étranger, par exemple dans l'Espagne franquiste ou la Grande-Bretagne sous le gouvernement d'Harold Macmillan.

À partir des années 1970, l'édifice a été sérieusement ébranlé, malgré une réaffirmation temporaire du dirigisme sous le premier gouvernement Mauroy en 1981–1983. Or, ce sont pour l'essentiel des phénomènes internationaux qui ont suscité cette remise en cause, puis cet abandon. À partir du premier choc pétrolier, les soubresauts de l'économie mondiale ont rendu impossible la prévision sur laquelle reposait la planification indicative. Le triomphe du néolibéralisme, parti du monde anglo-saxon, a discrédité le

---

[4] Classement selon le chiffre d'affaires en 2003, d'après INSEE (Institut national de la statistique et des études économiques), Tableaux de l'économie française 2005–2006, Paris 2005, p. 149, et, pour 1958, d'après L'Expansion.
[5] Le phénomène apparaît durant les années 1930, puis s'épanouit à l'occasion de la guerre et de la reconstruction comme l'a bien montré Michel MARGAIRAZ, L'État, les finances et l'économie. Histoire d'une conversion 1932–1952, Paris 1991.
[6] Richard F. KUISEL, Le capitalisme et l'État en France. Modernisation et dirigisme au XXᵉ siècle, Paris 1984 (traduction d'un ouvrage publié aux États-Unis en 1981).
[7] Pour reprendre le terme employé par Pascal GAUCHON qui en analyse le mode de fonctionnement, puis la remise en cause dans son bref, mais précieux ouvrage: ID., Le modèle français depuis 1945, Paris 2002.

keynésianisme sur lequel s'appuyaient des praticiens comme Lionel Stoléru[8]. Il est d'ailleurs significatif de noter que le soixantième anniversaire de la mort de Keynes ne suscite aujourd'hui aucune fièvre commémorative chez les historiens, ordinairement à l'affût de telles occasions de rencontres. La construction européenne a puissamment contribué à affaiblir la régulation étatique. L'ouverture à la concurrence d'activités naguère contrôlées par l'État, comme le transport aérien, les télécommunications, la distribution de gaz et d'électricité a joué un rôle important. L'adoption de l'euro a transféré la responsabilité de la politique monétaire à des institutions communautaires, et la Banque de France, cinq ans à peine après avoir reçu un nouveau statut, imitant celui de la Bundesbank, qui garantissait son indépendance face à l'État, a perdu l'essentiel de ses prérogatives au profit de la Banque centrale européenne.

Ainsi, les comportements des entreprises privées tout comme ceux des pouvoirs publics ont été profondément modifiés, non seulement par suite des blocages internes que suscitait le maintien des orientations antérieures, mais aussi parce que les influences extérieures ont pesé de manière décisive sur l'évolution.

Si l'on considère à présent les structures de l'économie, on ne peut que constater, là aussi, d'amples mutations. Au lendemain de la guerre, les trois secteurs d'activité étaient en France relativement équilibrés, même si le secteur tertiaire, avec 37% des actifs, devançait déjà légèrement le secteur secondaire (33%) et plus nettement encore le secteur primaire (30%). Aujourd'hui, l'emploi dans les services représente 75% du total, tandis que l'industrie (bâtiment et travaux publics inclus) n'en occupe plus que 21% et l'agriculture 3,5%[9]. La France s'est alignée sur les autres économies développées, en un mouvement, non pas continu, mais plus ou moins rapide selon les périodes. Durant les années 1950 et 1960, la progression du secteur tertiaire n'a pas empêché l'industrie de continuer à se développer et d'atteindre le maximum absolu de ses effectifs en 1974. A partir de cette date, l'affirmation de la tertiairisation a affecté directement le secteur secondaire, frappé d'un impressionnant recul, tant relatif qu'absolu, tandis que le rythme de contraction du secteur primaire s'accélérait encore par rapport aux décennies précédentes.

La simple date de ce tournant, 1974, incite à le relier pour partie aux mutations de l'économie mondiale. Elles suscitent la désindustrialisation en France, avec tous ses symptômes: contraction du poids de l'industrie, multiplication des faillites, destruction des emplois, montée du chômage, baisse des productions, pouvant aller jusqu'à leur disparition complète dans des cas comme la métallurgie lourde, la construction navale, l'industrie textile, recul du poids mondial. Encore cinquième productrice d'acier en 1974, la France se retrouve en 2002 au onzième rang, derrière l'Italie et avant Taiwan. D'autres pays, il est vrai, sont dans une situation pire encore. La Grande-Bretagne,

---

[8] Lionel STOLÉRU, L'équilibre et la croissance économiques. Principes de macroéconomie, Paris 1967, avec préface de Jean Ullmo. Tant par l'autorité de son préfacier, cofondateur dans les années 1930 du groupe de réflexion X-Crise, que par son contenu, l'ouvrage fit longtemps figure de manuel de référence, utilisé notamment par les candidats au concours d'entrée à l'Ecole nationale d'administration. Il connut plusieurs rééditions, dont les dernières, à partir de 1978, portent significativement le sous-titre »Gérer la croissance douce«.
[9] Chiffres de 1949 et de 2004.

berceau de la révolution industrielle, produit aujourd'hui moins d'acier que le Mexique et moins de filés de coton que Hongkong[10]. Pourtant, parallèlement à ces aspects négatifs, les progrès ont été indéniables et les performances brillantes dans d'autres secteurs comme l'électronique, les industries de la santé, la construction aéronautique. Les activités de services ont fait preuve d'un dynamisme remarquable, qu'il s'agisse de grande distribution, de publicité, de télécommunications, d'hôtellerie et de restauration collective ou d'intermédiation financière. L'ambivalence se trouve donc inscrite au sein même des mutations du système productif.

De ces mutations structurelles, on rend souvent l'Europe responsable. De fait, le refus des instances communautaires de mettre en œuvre une véritable politique industrielle, jugée contraire aux principes libéraux qui servent de base au fonctionnement de l'Union, a conduit à n'adopter que des mesures ponctuelles, limitées dans le temps, capables au mieux de freiner temporairement une évolution, mais pas de redresser la situation, comme le plan Davignon dans la sidérurgie ou les accords multifibres dans l'industrie textile. Plus grave encore: l'absence de politique commune de l'innovation scientifique et technique a compromis l'avenir, malgré des succès partiels dans des domaines comme l'aérospatial, la fusion thermonucléaire, les technologies de l'information. Les rares initiatives prises l'ont été souvent sur l'insistance française, par exemple en 1985 lors du lancement du programme Esprit.

Mais les retombées négatives de la construction communautaire pour les structures productives s'observent aussi dans l'agriculture, où pourtant une politique commune de grande ampleur avait été développée par suite des pressions françaises. La politique agricole commune (PAC) reste encore aujourd'hui l'un des principaux enjeux, pour la France, de la construction communautaire. Or, depuis le début des années 1980, son coût budgétaire excessif a contraint à limiter les aides procurées aux agriculteurs et à abandonner partiellement le système des prix garantis. Depuis 1984, les quotas laitiers ont suscité de graves difficultés pour les éleveurs. Puis les autres productions ont suivi. La pression des institutions multilatérales comme l'Organisation mondiale du commerce, jointe à celle des États-Unis, a contraint l'Europe à revoir les bases mêmes de sa politique agricole. On observe ici la conjonction négative de deux influences, l'une européenne, l'autre mondiale.

Il ne faut pourtant pas noircir à l'excès le tableau. Si la France possède aujourd'hui la première agriculture d'Europe, tant par la massivité des productions que par le dynamisme exportateur, c'est bien à l'Europe qu'elle le doit, et plus précisément à l'organisation des marchés et au soutien des prix mis en place depuis 1962, même s'il a fallu attendre 1971 pour que la balance agro-alimentaire, traditionnellement négative, se retourne et devienne l'une des principales sources en devises du pays. De même, sans l'Europe, les progrès de multiples branches industrielles n'auraient jamais pu se faire. L'extension des marchés, par l'abolition des barrières douanières et par l'élargissement de l'espace communautaire, la possibilité de se rapprocher de partenaires d'autres pays, voire de former avec eux des consortiums comme Airbus Industrie ont

---

[10] D'après les données recensées dans le recueil annuel Images économiques du monde, Paris 2004, p. 278 et 296.

été pour les entreprises de puissants stimulants. L'appui donné à la construction communautaire par les éléments les plus dynamiques du patronat français le montre. Après avoir boudé la CECA, puis accepté du bout des lèvres le traité de Rome, le CNPF, puis le MEDEF, se sont ralliés de plus en plus ouvertement à la cause européenne et la désignation de François Périgot, président d'Unilever-France, comme »patron des patrons« de 1987 à 1994 est le symbole même des influences transnationales qui s'exercent désormais sur ce monde patronal aux horizons naguère plus limités[11].

Globalement donc, les effets de l'ouverture internationale et de la construction européenne sur les structures de l'économie sont ambivalents. Qu'en est-il à présent de la dimension régionale? Ici encore, on ne saurait trancher de manière univoque. Les influences extérieures ont accéléré la modernisation de l'espace. Des zones industrialo-portuaires sont apparues, à Dunkerque, sur le pourtour de l'étang de Berre, dans les estuaires de la Seine, de la Loire, de la Gironde, reproduisant un mouvement né au début des années 1950 sur la façade atlantique des États-Unis et sur les côtes de la mer du Nord, en Belgique et aux Pays-Bas[12]. À l'intérieur des terres, les localisations industrielles ont glissé vers les canaux à grand gabarit et les axes autoroutiers, choisis par les entreprises pour y installer leurs activités, surtout quand elles dépendent de transports croisés entre plusieurs établissements. De même, l'internationalisation a permis l'accueil de capitaux étrangers, par exemple en Alsace, première région pour la part des emplois relevant d'entreprises étrangères, d'où un taux de chômage inférieur à la moyenne nationale[13]. Enfin, l'exportation massive de produits agricoles de base comme le blé, le sucre de betterave, le maïs, a valorisé les atouts naturels des régions situées au cœur du Bassin parisien, avec l'appoint, dans le cas de la Champagne, de défrichements massifs et d'épandages d'engrais qui ont transformé cette région, naguère ›pouilleuse‹, en l'une des plus prospères du pays.

Pourtant, à d'autres égards, la mondialisation, l'américanisation et l'européanisation ont eu des effets négatifs. La refonte de la PAC a remis en cause la richesse acquise depuis le XIXe siècle par les régions d'économie laitière comme la Normandie, la Savoie, la Franche-Comté, les Charentes. La crise des industries lourdes a fait des zones industrialo-portuaires des poches de chômage, à mesure que les foyers d'activité se déplaçaient vers d'autres parties du globe, notamment pour la sidérurgie, le raffinage pétrolier, la construction navale. La dépendance à l'égard des investissements étrangers s'avère dangereuse lorsque les maisons mères décident la fermeture de tel ou tel site productif, en fonction de choix stratégiques opérés au niveau mondial. Deve-

---

[11] Comme le soulignent bien des recherches comme celles de Marine MOGUEN-TOURSEL, L'ouverture des frontières européennes dans les années 50. Fruit d'une concertation avec les industriels?, Bruxelles 2002 ou des recueils collectifs tels que Michel DUMOULIN (dir.), Réseaux économiques et construction européenne, Bruxelles 2004.

[12] Rappelons les cas de Sparrows Point aux États-Unis, de Terneuzen en Belgique, d'Ijmuiden aux Pays-Bas.

[13] En 1999, selon INSEE, La France et ses régions, Paris 2002, p. 168, p. 197, 34,7% des emplois relèvent en Alsace d'entreprises possédées par une société étrangère dans une proportion d'au moins 20% du capital (moyenne nationale: 19,9%). Parallèlement, en 2002, le taux de chômage s'y établit à 6,5% (moyenne nationale: 9%).

nues pour l'opinion publique l'une des principales causes de chômage, ces délocalisations ont fait naître le scepticisme ou l'hostilité à l'égard de la construction européenne. Et il n'est pas jusqu'au développement du tourisme qui ne soit critiqué, car il se fait souvent au mépris des équilibres naturels, crée des emplois mal payés, sousqualifiés ou précaires et suscite la flambée du prix des terrains et des habitations.

On est donc amené à voir dans les influences extérieures des facteurs déstabilisants pour les structures économiques françaises, sectorielles et régionales, même si leur effet mêle de manière inextricable les aspects négatifs et positifs. En est-il de même en ce qui concerne les performances de l'économie nationale?

Celles-ci peuvent être examinées à un triple point de vue: d'abord le rythme de la croissance, puis l'efficacité de l'économie, enfin la présence dans le monde. Le rythme de la croissance a suivi en France une allure sans grande originalité par rapport au reste de l'Europe, du moins continentale. Longtemps préservée des crises, ne connaissant durant les Trente Glorieuses que de simples ralentissements, l'économie française a été de nouveau soumise au cycle conjoncturel à partir de 1975, année durant laquelle le taux de croissance du PIB a été pratiquement nul. Une situation analogue s'est reproduite en 1981–1982, puis en 2002–2003. Une profonde récession est même survenue en 1993, la plus grave depuis la crise des années 1930. Inversement, les reprises conjoncturelles ont été parfois vives, mais éphémères, comme en 1976–1977 ou en 1988–1989. À cet égard, la France a rejoint les pays anglo-saxons à l'activité marquée en permanence par l'alternance de phases d'expansion et de récession, contrairement à l'Europe continentale et au Japon qui avaient réussi à y échapper jusqu'au premier choc pétrolier. On peut d'ailleurs observer que cette interdépendance des conjonctures nationales a contribué précocement à l'inefficacité grandissante des politiques économiques. Dès 1966–1967, la récession allemande contrecarrait les efforts de Michel Debré, alors ministre de l'Économie et des Finances, pour sortir l'économie du plan de stabilisation légué par son prédécesseur. À plus forte raison, en 1981–1982, la relance Mauroy, isolée dans une Europe qui combattait alors par la rigueur budgétaire les retombées du second choc pétrolier, s'est vue rapidement condamnée à l'inefficacité.

Tout au long de son évolution, l'économie a connu deux contre-performances, parfois séparées, parfois simultanées: l'inflation et le chômage. Là encore, le rôle des influences extérieures a été notable, quoiqu'à des degrés divers. Jusqu'au milieu des années 1960, l'inflation était considérée comme un mal récurrent, propre à la France, lié à des raisons internes comme la fréquence du déficit budgétaire, le poids des revendications salariales, l'absence de structures concurrentielles, la surenchère entre les groupes sociaux[14]. À ces facteurs se sont surajoutées durant les années 1970 des causes externes. Les fluctuations du prix du pétrole, le dérèglement monétaire international, la montée de l'économie d'endettement sont les plus évidentes. Enfin, depuis le milieu des années 1980, le contre-choc pétrolier, la pression des pays à bas salaires se sont joints aux efforts de »désinflation compétitive« menés par tous les responsables,

---

[14] Caractéristique de cette analyse la contribution d'Henri AUJAC, L'inflation et les comportements des groupes sociaux, dans: Guy-P. PALMADE (dir.), Psychosociologie et sociologie économiques, Paris 1967 (L'économique et les sciences humaines, 2), p. 475–495.

plus particulièrement par Pierre Bérégovoy, pour enclencher un nouveau cercle vertueux, de sorte qu'aujourd'hui certains croient pouvoir annoncer la »fin de l'inflation«. En matière de chômage en revanche, ce sont les facteurs spécifiques à la France qui l'emportent. La mondialisation ne peut guère en être tenue pour seule responsable, car on comprendrait mal, dans ce cas, que des économies placées dans les mêmes conditions réalisent en ce domaine des performances aussi dissemblables que celles que l'on constate aujourd'hui. Sans prétendre trancher dans un débat complexe, on peut observer que la rigidité du marché du travail, le gonflement incessant de la population active, l'insuffisance des efforts en matière de formation professionnelle sont des causes particulières à la France qui renvoient à des traits démographiques, sociaux et culturels souvent plus accentués que dans les autres pays développés.

Mais les performances d'une économie dépendent aussi de son efficacité, et notamment des conditions dans lesquelles se déroule l'activité. Il s'agit d'abord de la productivité du travail. Si l'on se réfère aux statistiques comparatives internationales publiées par l'économiste Angus Maddison, on constate que la France a réalisé à plusieurs reprises d'impressionnants rattrapages. Alors qu'en 1950, la productivité globale, mesurée en hommes-heures, n'atteignait que 43% du niveau américain, elle en représentait 86% en 1979, soit un doublement en trente ans[15]. Nul doute que des facteurs internationaux y aient contribué. On sait le rôle des missions de productivité dans le cadre du plan Marshall. D'autres phénomènes de transfert international ont eu lieu. Par exemple, l'adoption de méthodes de gestion modernes dans les entreprises a été facilitée par la création, en 1966, de la Fondation nationale pour l'enseignement de la gestion des entreprises (FNEGE), qui accorde des bourses aux jeunes diplômés des écoles de commerce pour suivre des cours de perfectionnement dans les *business schools* d'outre-Atlantique[16].

En revanche, lorsque les dirigeants français restent indifférents aux grandes mutations internationales ou s'avèrent incapables de les suivre, il peut en résulter des effets négatifs pour les performances économiques. C'est ce que l'on constate dans le domaine des taux d'imposition pesant sur les entreprises, significativement plus élevés en France que dans la plupart des pays industrialisés, ce qui entraîne des délocalisations de la part des chefs d'entreprises français et, inversement, une hésitation persistante des entreprises étrangères à venir s'installer en France. On se trouve ici confronté à une vieille spécificité nationale: la lourdeur des prélèvements obligatoires qui perdure, malgré plusieurs tentatives d'allègement, sous l'influence des réformes fiscales mises en œuvre en Grande-Bretagne, aux États-Unis, en Allemagne. Le poids de l'État, jugé

---

[15] Chiffres calculés à partir des données fournies par Angus MADDISON, Les phases du développement capitaliste, Paris 1981, p. 268.
[16] Phénomène bien mis en valeur par Marie-Emmanuelle CHESSEL, American influences on the reform of French management education in the late 1960s. The case of the FNEGE (Fondation nationale pour l'enseignement de la gestion des entreprises), dans: Dominique BARJOT, Isabelle LESCENT-GILES, Marc DE FERRIÈRE LE VAYER (dir.), L'américanisation en Europe au XXe siècle: économie, culture, politique/Americanisation in 20th Europe: economics, culture, politics, Lille 2002, p. 248–261.

par certains inséparable de l'identité nationale, s'avère ici plus nuisible qu'utile aux performances de l'économie.

Ces performances s'expriment enfin à travers l'intensité de la présence dans le monde. Sur ce plan, la mutation a été spectaculaire. En 1958, la France était encore peu tournée vers l'extérieur. Ses exportations ne représentaient que 11% du PIB et restaient dirigées vers la zone franc dans une proportion de 37%. Aujourd'hui, elle leur consacre 26% du PIB et 3% seulement de ces exportations se font à destination de la zone franc. On retrouve ici le »divorce« entre l'héritage colonial et le capitalisme français analysé par Jacques Marseille[17].

D'autres phénomènes positifs sont à souligner. Le commerce extérieur a réussi à dégager d'importants excédents durant certaines périodes, alors que, malgré la protection douanière, la balance restait généralement déficitaire depuis le dernier tiers du XIX-e siècle. Sur le plan monétaire, malgré l'affaiblissement rapide de l'immédiat après-guerre, la parité du franc a été maintenue dix années après la dévaluation Pinay de 1958, puis cinq années après la dévaluation Giscard de 1969. Pour préserver la stabilité monétaire, les dirigeants français ont pris une part décisive dans la création du serpent, puis du système monétaire européen, et enfin de l'euro. On observe les mêmes tendances dans les mouvements de capitaux, la France redevenant investisseur net vers le reste du monde, pour des montants grandissants à mesure qu'elle s'intègre davantage à l'économie mondiale. L'originalité disparue était faite de repli sur soi et de frilosité. L'alignement revêt donc ici un caractère indéniablement positif, même si le mouvement, comme dans d'autres domaines, a été à la fois recherché et subi. L'économie était contrainte à l'ouverture par la décolonisation, mais aussi du fait de ses propres progrès qui la conduisaient à intensifier ses rapports avec les autres pays développés. À ces facteurs est venue s'ajouter la pression des organisations multilatérales, auxquelles la France participait depuis le lendemain de la guerre, qui ont exigé le respect de ses engagements en matière d'abolition des contingentements, de diminution des droits de douane, de suppression du contrôle des changes et de convertibilité de sa monnaie.

Certes il existe des limites à cette transformation. La présence mondiale de l'économie française est moins solide que celle d'autres pays industrialisés. Depuis 2002, le développement spectaculaire des pays asiatiques a relégué les exportations françaises du quatrième au cinquième rang mondial, au profit de la Chine. L'influence internationale acquise par les grands groupes français est susceptible de retournements, tant sur le plan technologique que commercial ou financier, comme en témoignent de récents rachats, celui de Pechiney par Alcan par exemple. Il reste que, comme pour les autres aspects examinés antérieurement, l'identité nationale s'est recomposée dans un sens positif, sous l'effet d'influences en grande partie de provenance étrangère.

En guise de conclusion, je me bornerai à quelques observations. Des trois forces transnationales qui ont transformé l'économie française depuis 1945, toutes s'étaient manifestées auparavant. S'agissant d'américanisation, les chefs d'entreprise et les ingénieurs se sont efforcés dès le début du siècle d'introduire les innovations américaines en matière d'organisation du travail, comme le montrent les exemples bien connus

---

[17] Jacques MARSEILLE, Empire colonial et capitalisme français. Histoire d'un divorce, Paris 1984.

de Louis Renault et d'Henry Le Chatelier[18]. L'européanisation a eu ses prémisses dans l'entre-deux-guerres, qu'il s'agisse des plans d'union douanière échafaudés par les mouvements européistes, souvent bien implantés en France[19], ou des ententes et cartels auxquels maintes entreprises françaises participaient[20]. Enfin la mondialisation actuelle a été précédée par l'interdépendance qui existait entre les grandes économies avant 1914 dans laquelle la France jouait un rôle actif et que les historiens ont pris coutume d'appeler »première mondialisation«[21].

Ce n'est donc pas leur nouveauté, mais plutôt leur intensité qui distingue les changements survenus après 1945 de ceux du passé. On l'a vu: ces influences internationales ont été à la fois ressenties comme une chance, une opportunité à saisir, et en même temps subies comme une contrainte, une obligation à laquelle il était impossible de se soustraire, tant par les pouvoirs publics que par les entreprises. Elles ont abouti à des résultats qui, de manière inextricable, ont mêlé retombées positives et effets négatifs. Leur principale conséquence a été sans doute la disparition progressive du »modèle français«, fondé sur un équilibre entre l'État et le marché qui a toujours été instable et se trouve désormais rompu au profit du second. Quant à l'originalité française, naguère très marquée, ce qu'il en reste semble représenter moins un élément de force qu'un handicap dans la compétition internationale. Il semble donc que, pour l'essentiel, ce n'est pas dans l'économie, mais plutôt dans d'autres domaines, qu'il faille aujourd'hui chercher les traits distinctifs de l'identité nationale.

DEUTSCHE ZUSAMMENFASSUNG

Insbesondere ab Mitte der 1970er Jahre ist die französische Wirtschaft von Amerikanisierung, Europäisierung und Globalisierung tiefgreifend erfaßt worden. Das Phänomen ist nicht neu, denn die französische Ökonomie ist niemals dauerhaft abseits der großen Tendenzen der Weltwirtschaft geblieben, aber seine Intensität hat eine unerhörte Wendung genommen. Man beobachtet es nun ebenso auf seiten der wirtschaftlichen Akteure wie auf jener der Strukturen oder der Wirtschaftsleistungen. Seit der Libération waren die Privatunternehmen durch den Staat in einen vielförmigen Dirigismus eingefaßt, was von den Unternehmern toleriert wurde, die aus Angst vor der Konkurrenz den ebenso bevormundenden wie wohlwollenden Eingriff der öffentlichen Gewalten verlangten. Die Öffnung nach Europa und der Welt hat die aufeinander folgenden Regierungen, die rechten wie die linken, dazu veranlaßt, auf den Dirigismus zu verzichten und die Wirtschaftspolitik an jener auszurichten, die in der übrigen industrialisierten Welt galt. Parallel dazu hat sich der amerikanische Einfluß auf die wirtschaftlichen Gruppen ausgewirkt, zumindest auf diejenigen von großer Bedeutung. Heute unterscheiden sie sich in ihren Verhaltensweisen wie in ihren Merkmalen kaum noch von ihren ausländischen Kollegen. Die Produktionsstrukturen haben sich gleichermaßen entwickelt: das anteilige Gewicht der unterschiedlichen Wirtschafts-

---

[18] Patrick FRIDENSON, Histoire des usines Renault. Naissance de la grande entreprise 1898–1939, Paris 1972; Aimée MOUTET, Les logiques de l'entreprise. La rationalisation dans l'industrie française de l'entre-deux-guerres, Paris 1987.

[19] Laurence BADEL, Un milieu libéral et européen. Le grand commerce français 1925–1948, Paris 1999.

[20] Dominique BARJOT (dir.), International cartels revisited. Vues nouvelles sur les cartels internationaux (1880–1980), Caen 1994.

[21] François CROUZET, Histoire de l'économie européenne 1000–2000, Paris 2000.

zweige in der aktiven Bevölkerung und im BIP, die regionalen Gleichgewichte. Die Wirtschaftsgeographie hat heute nichts mehr gemeinsam mit jener von vor einem halben, ja sogar von vor einem Vierteljahrhundert. Hierfür verantwortlich sind die Globalisierung und die europäische Konstruktion durch ihre gleichermaßen belebende wie gleichgewichtsstörende Wirkung auf diese Strukturen. Schließlich waren die Wirtschaftsleistungen früher originell, Frankreich erreichte oft brillante Wachstumsraten, die aber von Inflation begleitet waren. Sie sind wegen der mit der Öffnung verbundenen konjunkturellen Abhängigkeit denen der Nachbarländer vergleichbar geworden. Nichtsdestotrotz bestehen noch einige spezifische, oft negative Züge wie das übergroße Gewicht der Zwangsabgaben oder die langfristige Arbeitslosigkeit, die seit ihrem Erscheinen Anfang der 1970er Jahre keinen dauerhaften und signifikanten Rückgang kennt. Letztlich ist das »französische Modell« der verwalteten Wirtschaft, die gegen die Außenwelt geschützt war und allen Vollbeschäftigung und soziale Sicherheit garantierte, verschwunden zugunsten einer Ausrichtung am Rest der Welt, die das zweifellos unvermeidliche Gegenstück des Einflusses darstellt, den Amerikanisierung, Europäisierung und Globalisierung auf die Wirtschaft ausüben.

PASCAL ORY

»Américanisation«
Le mot, la chose et leurs spectres

Apparemment, l'américanisation est un concept facile à définir: en quelques mots, l'acculturation des sociétés non américaines par des objets et des pratiques repérés par celles-ci comme d'origine américaine. Or cette définition ne saurait suffire; elle appelle des précisions, et des spécifications.

Une définition plus précise: »Amérique« doit être compris comme »États-Unis«; il ne sera question ici ni du Brésil, ni de la Jamaïque, ni du Canada (comme on l'aura compris, je ne choisis pas ces exemples tout à fait au hasard); au reste, le fait d'assimiler les États-Unis à tout le continent pourrait être interprété comme le signe suprême de l'américanisation...

Dans le cas qui nous occupe il ne suffit pas de parler d'acculturation, comprise comme pénétration d'une culture dans une autre; il faut ajouter: acculturation hégémonique, posant des rapports de force inégaux entre la culture pénétrante, dominante, et la culture pénétrée, dominée, étant entendu que ladite hégémonie recouvre en théorie un large éventail de situations, allant de l'effet de mode, éphémère mais intense et jamais tout à fait sans traces, pour finir par le complet ethnocide.

Deux spécifications: En tant que mot comme en tant que fait, l'américanisation est un parfait objet d'études comparatives. Comparative, la bibliographie l'est parfois, dans les intentions, mais quand on lit les livres et les articles, la plus grande part desdites études est en fait écrite d'un point de vue national et la plupart des études comparatives se ramènent à une juxtaposition d'études nationales. Pour cet exposé très général, je ne ferai pas exception à la règle car si j'ai essayé d'élargir mon interprétation à la lumière des phénomènes nationaux étrangers, ma recherche personnelle reste fondée sur le terrain français.

Le concept en jeu n'est pas un concept neutre (y a–t-il, au reste, des concepts neutres en sciences sociales?): il est apparu dans un contexte polémique. C'est l'évidence même dès qu'on se reporte aux conditions d'émergence dans les divers pays concernés, qui l'ont à peu près tous perçu en termes d'invasion et d'adultération[1].

J'envisagerai donc la question sous trois aspects, qui seront, de fait, trois questionnements différents, portant successivement sur les signes de l'américanisation, sur son processus, enfin sur le débat qu'elle suscite.

---

[1] Cf., par ex., Robert RYDELL, Rob KROES, Buffalo Bill in Bologna: The Americanization of the World, 1869–1922, Chicago 2005; Denis LACORNE, Jacques RUPNIK, Marie-France TOINET, L'Amérique dans les têtes: un siècle de fascinations et d'aversions, Paris 1986; Anselm DOERING-MANTEUFFEL, Wie westlich sind die Deutschen? Amerikanisierung und Westernisierung im 20. Jahrhundert, Göttingen 1999.

1. LES SIGNES

Une remarque pour commencer: le mot – donc le concept – a été inventé aux États-Unis mêmes, à la fin du XVIIIe siècle, et, on s'en doute un peu, dans une perspective inverse de celle d'ici: la nécessaire nationalisation du peuple américain, au prix d'un certain volontarisme[2]. Cette »américanisation à l'américaine« a été, notons-le, d'un certain usage en sciences sociales aux alentours de la Première Guerre mondiale, quand faisait rage le débat autour des relations interraciales et de l'intégration des immigrants[3]. Elle reste cependant marginale dans l'espace intellectuel américain.

La version européenne du mot, et du concept, n'est repérable qu'environ un demi-siècle plus tard. En langue française, le verbe »américaniser« et le nom »américanisation« apparaissent, autant qu'on le sache[4], respectivement en 1855 et en 1867, et pas sous des plumes anonymes: le verbe sous celle de Charles Baudelaire, dans un article de journal (car Baudelaire, on l'oublie trop souvent, a aussi été journaliste) et le nom, lui, sous celle, provisoirement privée, des frères Goncourt, dans leur »Journal«. Les textes sont sans ambiguïté. Chez Baudelaire, il s'agit de clouer au pilori le Français moyen, ce »pauvre homme, [...] tellement américanisé par ses philosophies zoocrates et industrielles qu'il a perdu la notion des différences qui caractérisent les phénomènes du monde physique et du monde moral, du naturel et du surnaturel«. Chez les Goncourt, qui prétendent reproduire une conversation de salon chic, il s'agit de rendre compte, en janvier 1867, d'une attaque en règle contre »L'Exposition universelle, le dernier coup à ce qui est, l'américanisation de la France, l'Industrie primant l'art, la batteuse à vapeur régnant à la place du tableau [...] en un mot la Fédération de la Matière«.

À ce stade, l'histoire culturelle aurait déjà beaucoup à dire, à commencer par l'évidente connexion, explicite dans le second texte, entre ce surgissement et la tenue, ces deux années-là, de deux expositions universelles, précisément les deux premières expositions universelles de Paris. Pour les auteurs, le lien entre le texte et le contexte est évident. Pour moi aussi. La notion d'américanisation est ainsi intrinsèquement liée au mouvement technique et économique, à un certain état de la modernité et à un certain diagnostic porté sur le matérialisme que cette conjoncture illustrerait. Quant au second point, il est encore plus clair: dès le premier jour, la notion est négative. On aura déjà compris que pour celui qui combattra la modernité et le matérialisme l'Amérique servira désormais de métaphore à ces deux épiphanies du Mal.

Ayant dit cela, on n'a pas épuisé l'analyse, même réduite à l'essentiel: il faut aussi et aussitôt ajouter que sur le terrain des pratiques sociales le lien entre le constat et les phénomènes observables est impossible à faire. S'il existe des phénomènes observables, ils sont de nature inverse: jusqu'à la Première Guerre mondiale »l'américanisation du monde« – déjà diagnostiquée au début du XXe siècle par l'essayiste anglais T.W. Stead – n'est qu'un autre nom de l'émergence économique de ce »pays neuf«; elle ne se tra-

---

[2] La formule apparaît sous la plume du conservateur John Jay, en 1797.
[3] Cf. les enquêtes (»Américanization studies«) menées à cette époque sous l'égide de la Fondation Carnegie.
[4] Je me fonde ici sur les informations du TLF (Trésor de la langue française).

duit aucunement sur le plan culturel. Bien au contraire, innombrables sont les signes de l'hégémonie européenne sur la culture américaine. Pour simplifier outrageusement: le Royaume-Uni pour les humanités, l'Allemagne pour la science et la philosophie, la France pour les arts. Le phantasme a donc précédé sa concrétisation. Il est vrai que c'est ici assez dire que la concrétisation a belle et bien eu lieu.

Le rapport des forces culturelles commence à changer aux alentours de la Première Guerre mondiale, et le moment de l'émergence américaine dans les cultures européennes se situe dans l'entre-deux-guerres. Charlie Chaplin débarque en Europe avant le général Pershing – et, du coup, il gagne, lui, sur les deux fronts: on a oublié qu'une partie du succès des films de l'école burlesque américaine fut construite sur les désirs, les frustrations, les fantasmagories des belligérants, quel qu'en fût l'uniforme. Après la guerre, les représentations américaines peuvent prendre racine dans les sociétés européennes grâce à la contribution, décisive, des États-Unis à la victoire des Alliés, mais il est utile de noter d'emblée que plusieurs ›débarquements‹ efficaces (par exemple dans le monde de la presse pour les jeunes et du cinéma d'animation) peuvent aussi être observés durant la décennie 1930, correspondant pourtant aux années de la dépression. Notons surtout, que si ce premier acte dans l'histoire de l'acculturation hégémonique américaine concerne le trio jazz/cinéma/bande dessinée, c'est avec quelques nuances: a) le jazz en question est encore principalement une musique de danse et pour le grand public il est préférablement joué par des blancs (la »jazzophilie« naît en France à la fin de la période et, par purisme, ›noircira‹ systématiquement la référence); b) les statistiques montrent que la domination américaine dans les salles de cinéma est déjà affichée au lendemain même de la Première Guerre mondiale, autrement dit dès l'époque du muet; en même temps l'active politique d'exportation et de duplication des majors hollywoodiennes permettra à cette hégémonie de surmonter sans mal le passage au parlant, pourtant a priori délicat; c) quand je parle de bande dessinée, je ne parle pas principalement de l'empire Disney, qui ouvrit la marche vers 1932–34, mais plus généralement et plus efficacement encore, de l'introduction dans l'imagerie destinée aux publics juvéniles d'Europe de genres venus du monde adulte, tels que le roman criminel, la science-fiction, la fiction historique, l'aventure exotique ou, pour conclure, à la fin des années 1930, le super-héros.

Sur le fond, cette période initiale montre que le processus d'hégémonie est fondé sur une dialectique entre économie et culture, autrement dit entre supériorité commerciale et novation culturelle. Les films, les bandes dessinées made in USA sont moins chers que leurs concurrents nationaux puisqu'ils arrivent déjà lestés des recettes obtenues sur le marché intérieur, mais le décisif se situe sans doute sur le plan formel, où ces productions offrent au public du Vieux Continent des configurations nouvelles, et toujours caractérisées par les mêmes qualités: simplicité, franchise et dynamisme. On n'est pas autrement surpris de retrouver lesdites qualités promues par le premier modèle économique d'origine américaine introduit à cette époque en Europe, la combinaison des systèmes Taylor et Ford[5], y compris dans cette subtile version domestique du taylorisme que constitue le mouvement dit en France des »arts ménagers«.

---

[5] Sur le terrain germanique, cf. Günther BISCHOF, Anton PELINKA, The Americanisation/Westernisation of Austria, New Brunswick, N.J. 2004.

Dans la foulée de ce qui précède, la période suivante, ouverte par la Seconde Guerre mondiale, peut – en termes d'influence américaine – s'apparenter à un passage de la culture à la civilisation. Tout au long des »Trente Glorieuses« (ainsi dénommées en France par Jean Fourastié, au reste lui-même chantre d'une américanisation positivement assumée), comme de la période suivante, ouverte par ce que j'ai proposé d'appeler la »Révolution de 1975«[6] et dont nous vivons peut-être la clôture, la tendance générale peut se résumer en une formule à trois mots: approfondissement, extension et inclusion.

L'approfondissement concerne la culture de masse, où le rock prend la place dévolue jusque là (en termes stratégiques) au jazz, tout en pénétrant beaucoup plus avant que celui-ci dans les pratiques musicales des sociétés occidentales, où les programmes de télévision américains et leurs imitations s'ajoutent aux films de cinéma, où, enfin, sur le terrain de la littérature populaire, à la presse juvénile s'ajoutent désormais de nouveaux secteurs, tels que le roman policier et la science-fiction (terme américain qui s'installe, par exemple, dans le vocabulaire français à partir du début des années 1950).

L'extension concerne, en revanche, la culture légitime, presque intacte jusque-là. L'environnement plastique va être désormais déterminé par des références américaines: le marché de l'art et les critiques new-yorkais pour les arts plastiques et le Style international (ainsi baptisé par Philip Johnson) pour l'architecture – un style que je définirais grossièrement comme »des idées allemandes appliquées par l'industrie américaine«. Au même moment les États-Unis deviennent la Mecque de la recherche scientifique, à la fois par le mouvement propre des investissements *big science* mais aussi en raison du déclin des références allemande et française. Au-delà de cette nouvelle hégémonie scientifique, c'est aussi toute une nouvelle scientificité d'origine spécifiquement américaine, qui prend place dans le monde occidental et au Japon, depuis le management (le mot – et la chose – émergent en France au début des années 1950) jusqu'au marketing.

Et c'est ainsi qu'on en arrive au troisième terme: l'inclusion, bien illustrée par ce corps de l'*homo occidentalis* – puis *homo globalis* –, de plus en plus nourri, habillé ou diverti par des standards américains – sans compter les mots pour le dire – ce qu'en France on intitulera, à partir du livre de René Étiemble[7], le »franglais«. La nourriture en question passera par l'industrie de la restauration rapide ou de la boisson, l'habillement par de nouveaux codes vestimentaires, le divertissement par une nouvelle industrie du loisir de masse, le tout surplombé par quelques marques célèbres, apposées sur toutes ces pratiques comme autant de sceaux: Coca-Cola, McDonald's, Levi's, Disney… Un exemple personnel et récent: une thèse de doctorat soutenue cette année – et encore inédite – sur l'histoire de la SEITA (la manufacture nationale française des tabacs et allumettes, aujourd'hui disparue) concluait, en termes de pratiques tabagiques, à une complète inversion des pourcentages des consommateurs français entre la

---

[6] J'entends par là l'inversion générale des grandes tendances économiques, sociales et culturelles à la fin des Trente Glorieuses; le choix symbolique de l'année médiane de la décennie 1970 associe la chute de Saïgon et la diffusion de »L'Archipel du Goulag«.
[7] René ÉTIEMBLE, Parlez-vous franglais?, Paris 1964, dernière édition 1991.

fin de la Seconde Guerre mondiale et le début de ce siècle: alors qu'en 1945 90% des fumeurs en France fumaient du tabac brun, c'est aujourd'hui une proportion encore plus élevée qui fume du blond (en anglais *Virginia tobacco*), autrement dit un type de tabac plus doux, clairement associé, au début de son ascension, au »goût américain«.

Oui, les exemples sont nombreux, trop nombreux pour qu'on les cite tous, et pour la plupart bien connus. Mais peut-être sont-ils trop bien connus et, au total, ambigus. Pour affiner l'analyse, il importe maintenant de quitter les faits, à l'objectivité trompeuse, pour la réalité, autrement dit le processus.

2. LE PROCESSUS.

La cinétique de celui-ci pourrait se résumer en trois questions, fort simples: Qui? Comment? Quoi?

La réponse à la première ne saurait évidemment se limiter aux institutions étatiques; elle doit intégrer les institutions de la société civile, tout comme les entreprises privées. Si le schéma paranoïde plaçant le Département d'État ou la CIA au centre d'un vaste réseau transformant chaque initiative économique ou culturelle venant des États-Unis en arme stratégique est faible, il est clair qu'à certains moments particuliers de tension internationale, la Maison-Blanche ou le Congrès ont pu instituer des administrations et voter des crédits dévolus à un travail de propagande on ne peut plus explicite. Ce fut le cas en 1917 du Creel Committee et de son arsenal de brochures, d'expositions, de conférenciers et de censeurs, ce fut plus encore, au moment le plus chaud de la guerre froide, celui de l'Agence d'information et d'éducation[8]. Le plus souvent cependant, les opérations se déployèrent de manière plus dialectique.

Ainsi en fut-il en 1946 avec les accords Blum-Byrnes. Principalement dévolus à l'apurement des dettes françaises, en échange de l'achat de matières premières et de matériel américain, ils comprenaient aussi un ›avenant‹ exclusivement consacré au cinéma, destiné à faciliter la distribution des films américains en France – et, au reste, pleinement efficace sur ce point, du moins dans l'immédiat. Ce cas d'école permet de délimiter le rôle respectif des institutions officielles et des entreprises privées, autrement dit, dans la plupart des cas, leur complémentarité. Est-il dès lors besoin de préciser que James Byrnes fut successivement membre du cabinet Truman et conseiller juridique des compagnies hollywoodiennes? Ce type de duo Administration/entreprises atteignit son maximum d'efficacité pendant la guerre froide avec les »missions de productivité«, suscitées par les institutions publiques américaines mais destinées à mettre en relation des responsables d'entreprise[9].

Cette efficacité ne doit pas faire oublier le rôle joué par ces agents de l'américanisation du ›troisième type‹, intermédiaire entre le type étatique et le type entrepreneurial, que sont les institutions de société civile, au premier rang desquelles les fonda-

---

[8] Cf. Richard KUISEL, Seducing the French: the Dilemma of Americanisation, Berkeley 1993.
[9] Cf. Dominique BARJOT (dir.), Catching up with America: Productivity Missions and the Diffusion of American Economic and Technological Influence after the Second World War, Paris 2002.

tions (Carnegie, Rockefeller, Ford...) et autres associations à but non lucratif mais à perspectives internationales, qui mobilisent désormais la recherche[10]. Mais on peut aussi inclure dans cette catégorie certaines organisations impliquées dans une sorte de croisade éthique à l'échelle mondiale, aux succès divers: ainsi est-ce la YMCA qui tentera d'exporter en Europe le basket-ball et le volley-ball, dans une perspective clairement puritaine de canalisation des énergies adolescentes, avec au reste un succès inégal.

On comprend cependant dès lors que la question centrale posée au processus est moins celle de ses agents que celle de ses moyens, qu'on peut considérer sous l'angle des instruments utilisés, des cercles concernés et des étapes franchies.

Les instruments sont connus, encore faut-il en distinguer les mécanismes: la technique, l'économie et la politique. J'ai déjà évoqué l'instance technique en termes de supériorité; la plupart du temps, il importerait de préciser que ladite supériorité est à mettre en relation étroite avec la domination économique. Ainsi la victoire du système américain de sonorisation des films sera-t-elle fondée moins sur une claire supériorité technique, dès lors qu'on le compare à son principal concurrent, le procédé allemand, que sur son adossement au *big business* hollywoodien. Cette centralité de l'instance économique permet de mieux comprendre où se situe la contribution décisive des États-Unis dans l'essor de la culture de masse: non pas dans son ›invention‹, qui se situe bien plus haut dans le temps que ne le mettent la plupart des historiens de la question[11], mais dans son industrialisation et sa sérialisation: toute la différence entre le cirque anglais et Barnum, entre le Ranelagh et Coney Island, entre le *panem et circenses* antique et la Dream Factory.

À ce compte, la politique pourrait apparaître comme un instrument presque mineur dans le processus. Il n'en est rien. Preuve en est l'évidente relation qui s'établit entre certaines stratégies culturelles et certains contextes de guerre, froide ou chaude. Ce n'est pas tout à fait un hasard si Coca-Cola a lié sa fortune aux GIs de la Seconde Guerre mondiale ou si aujourd'hui la Motion Picture Association of America s'invite aux négociations de l'Organisation mondiale du commerce, autrement dit aux guerres commerciales de notre univers globalisé.

Moyennant quoi cette lecture à travers l'instrumentalisation reste moins appropriée que celle qui déterminerait les cercles et les étapes de la pénétration. Le premier cercle a été, on l'a vu, la culture de masse et, précisément au moment même où lesdites masses deviennent objets de discours de la part d'essayistes, de recherche de la part des sciences sociales et de mise en actes de la part des leaders politiques. Il importerait pourtant de distinguer en son sein le cercle en quelque sorte audio-visuel initial (cinéma et musique de danse) du cercle de l'imprimé, atteint à partir des années 1930 et 1940 (presse et littérature populaires), comme de noter le rôle stratégique conféré à la

---

[10] Ex.: Ludovic TOURNES, Le réseau des boursiers Rockefeller et la recomposition des savoirs biomédicaux en France (1920–1970), dans: French Historical Studies 29/1 (2006), p. 77–107.
[11] C'est la thèse du livre de RYDELL et KROES, Buffalo Bill (voir n. 1).

culture juvénile, au travers de la bande dessinée, du cinéma d'animation, des parcs de loisirs – et de la »McDonaldisation« de la restauration rapide[12].

Le second cercle de la pénétration a donc été la culture légitime, au travers de ses deux principaux systèmes établis, le système des beaux-arts et le système universitaire. Il était extrapolable à partir de la courbe antérieure, mais cette pénétration a été facilitée et accélérée par la migration culturelle transatlantique pendant la séquence dramatique 1933–1945, qui a vu une partie certes très minoritaire mais stratégiquement décisive des élites artistiques et universitaires européennes passer, provisoirement ou définitivement, au Nouveau Monde.

Le troisième cercle sera celui de la vie quotidienne. D'un point de vue chronologique il est contemporain du précédent mais son mode de fonctionnement met en branle d'autres médiations. Pour prendre, à titre d'exemple, la périodisation française, il serait ainsi sans doute utile de distinguer entre le temps, situable dans la décennie 1950, où la métonymie de l'américanisation était assurée par un objet au fond assez périphérique – le Coca-Cola, objet cependant de vives campagnes hostiles, d'un véritable débat de politique commerciale et de polémiques récurrentes[13] –, et celui correspondant à la décennie 1990, où le débat a porté, avec une vigueur analogue, sur l'ensemble des pratiques alimentaires, l'objet métonymique étant alors la chaîne de restauration rapide McDonald's. Dans le détail, il importerait, de surcroît, de distinguer entre cette périodisation intellectuelle, mesurable en termes de représentations au second degré, et la périodisation des pratiques sociales elles-mêmes, qui témoigne assurément des représentations au premier degré, en particulier du public, mais qui est d'abord celle des stratégies commerciales et industrielles des entreprises concernées. Il est alors intéressant de noter que la politique d'exportation de Coca-Cola vers le marché européen remonte aux années 1930, que les premières usines européennes voient le jour dans la foulée de la victoire de 1945 et que la chronologie de l'installation des établissements franchisés de McDonald's fait de la décennie 1970 le moment décisif pour l'Europe. Il ne l'est pas moins de vérifier en termes géographiques, sur ce terrain comme sur tant d'autres, le rôle pivot d'un pays comme la Belgique, puisque c'est sur son territoire (et non en territoire anglais, allemand ou français) que s'installent respectivement en 1949 la première chaîne de fabrication (et non pas seulement d'embouteillage) Coca-Cola du continent et en 1968 la première usine Levi-Strauss.

Il y aurait cependant beaucoup de naïveté à ne voir dans cette affaire qu'une combinaison d'initiatives économiques suscitant dans un second temps un débat de société – pour finir par l'assimilation des formes américaines par la génération montante. L'analyse en termes non plus de cercles mais d'étapes fait justice de cette naïveté.

Une typologie grossière des étapes en question permettrait d'en distinguer quatre. La première – en quelque sorte l'étape zéro – résiderait dans la simple importation et consommation des produits américains, soit tel quel (un type de sandwich, un type de

---

[12] La thèse de la McDonaldisation est développée par le sociologue (américain) George RITZER dans une série d'ouvrages; cf. ID. (dir.), The McDonaldisation thesis: Explorations and Extensions, Thousand Oaks, Londres, New Delhi 1998.

[13] Cf. KUISEL (voir n. 8).

pantalon, un type de film...), soit en une version re-profilée pour un marché local (c'est le sens de la stratégie du »Reader's Digest« après la Seconde Guerre mondiale au travers de ses diverses déclinaisons nationales). La deuxième étape serait celle de la copie. Le résultat final peut paraître assez proche de celui de l'étape précédente, mais la différence essentielle est que le copieur est par définition un ›indigène‹, jouant sur l'ambiguïté de son identité. C'est par exemple le cas de telle entreprise française ou espagnole se lançant dans la fabrication de jeans revêtus de tous les attributs de l'américanité, à commencer par le nom (Newman ou Loïs), mais c'est aussi, à une échelle à peine plus individuelle, celui de tel ou tel groupe de musique rock affichant un nom anglais, chantant dans cette langue et sur des rythmiques venues d'outre-Atlantique.

L'étape la plus complexe, et sans doute la plus riche de signification pour l'observateur, est la troisième étape, dans la mesure où la formule qui la qualifie le moins mal, l'adaptation, recèle, elle aussi, sa dose d'ambiguïté – mais il s'agit alors d'une ambiguïté non de nature mais de signification. Ce n'est en effet pas la même chose d'adapter une production non américaine aux standards américains, au motif que ceux-ci domineraient tel ou tel marché (par exemple, sur le plan de la culture alimentaire, la pasteurisation des fromages ou la »parkerisation« des vins du Bordelais) ou, au contraire, d'élaborer pour le marché national un objet nouveau qui intégrât des acquis de la modernité américaine, parfois de manière explicite mais souvent aussi sans le crier sur les toits. C'est sous cette enseigne qu'il faut ranger la plupart des innovations en matière de médias, depuis la presse de magazines jusqu'aux programmes télévisés, souvent lancés par des médiateurs nationaux en partie ou en totalité formés aux États-Unis.

Mais il existe aussi une quatrième étape, celle du retournement. Prenons simplement l'exemple du manga japonais. Une légende dorée, entretenue par certains Japonais eux-mêmes, en rattache l'essentiel à la tradition nationale de l'estampe; en réalité, il s'est d'abord agi d'une réaction nationale, au lendemain de la défaite de 1945, à l'américanisation de la culture japonaise sous gouvernorat américain. Aujourd'hui, le manga japonais entre en masse sur le marché européen et même sur le très protectionniste marché américain, revêtu des prestiges de l'exotisme mais équipé à la moderne (production à la chaîne, stratégie sectorielle, métissage culturel...).

Ce qui nous conduit à reposer, sur le terrain, la question du »quoi«, en d'autres termes de ce qui est véhiculé par les produits américains. Assurément le discours dominant est futuriste: l'*American way of life* est posé comme futur obligatoire des non Américains, tout comme au premier jour (le XVIIIe siècle, sans attendre Tocqueville). Mais, dans le détail, le système de représentations est complexe. L'image projetée, qui est faite, par exemple, des images fictives des publicités autant que des fictions, des images conceptuelles des médias autant que des essayistes, peut se résumer en une sorte de trilogie pragmatisme/liberté/individualisme. C'est l'évidence même, mais à la condition d'ajouter deux nuances.

La première touchera à la fonctionnalité de cette trilogie, qui est d'abord une inversion de l'image projetée par les sociétés non américaines, qu'elles soient norvégienne[14] ou japonaise: des sociétés formalistes, coercitives et collectives. Or cette image est une image. Sous un regard catholique, une société régulée par les principes protestants comme la société des États-Unis (que l'individu américain soit par ailleurs catholique ou orthodoxe, juif ou musulman) apparaîtra souvent comme un modèle de conformisme collectif (idéologie de la *community*, via le *neighbourhood*).

La seconde va encore plus de soi, mais elle peut nous entraîner loin: elle nous rappelle qu'il ne s'agira jamais que d'un discours dominant. Les formations culturelles américaines et américanisées diffusent aussi un discours minoritaire, structuré sur sa propre trilogie, où figure en bonne place le conformisme, associé à la loi de la jungle (inégalités, violence, arbitraire) et à ce que j'appellerai, faute de mieux, l'anarchisme de droite, cette *Weltanschauung* du pionnier mélangeant l'extrême de l'individualisme à la défense de la loi et l'ordre la plus basique (c'est le sens du fondamentalisme religieux, dont la formulation vient, justement, des États-Unis, au tournant des années 1910).

Mais nous sommes déjà au cœur du débat. Et, là, fort heureusement, tout se complique...

3. LE DÉBAT

Premier point: la pénétration hégémonique a des limites. Dans la mesure où toute acculturation est dialectique, l'hypothèse de l'ethnocide, autrement dit celle d'une dissymétrie absolue à l'intérieur de l'échange, ne peut s'appliquer qu'à des cas de génocide; dans celui de n'importe quelle acculturation normale – l'orientalisme, par exemple – l'échange peut être inégal, du moins existe-t-il. D'où il découle qu'il existe quelques secteurs de non américanisation, bien des exemples de dés-américanisation, et de nombreuses formes de résistance à la tendance.

Parmi les secteurs non américanisés figurent les productions de la culture verbale légitime, telle que la littérature ou le théâtre nationaux. Bien entendu, on pourra pointer ici et là des traces d'influence américaine, dans tel ou tel roman ou dans le répertoire de certaines compagnies d'avant-garde des années 1960 pour le théâtre, des années 1970 pour la danse; mais il sera toujours question ici d'échange, non d'hégémonie: Patrice Chéreau, Dario Fo ou Pina Bausch ne sont ni les imitateurs ni même les disciples de l'Actors Studio, du Living Theater ou de Merce Cunningham. L'un des secteurs les plus évidemment non américanisés est celui de la musique contemporaine, caractérisée par l'importance des institutions, des débats et des œuvres européens. Sur le terrain universitaire, certaines disciplines sont reconnaissables à la survivance d'écoles nationales ou internationales indépendantes, par exemple dans le cas de la philosophie ou dans celui de l'histoire. Notons cependant que ces disciplines ont en commun de disposer d'une généalogie spécifique de longue durée et surtout d'une généalogie non anglaise: germanique pour la philosophie, germanique et française pour l'histoire. Leur autonomie s'enracine profondément.

---

[14] Cf. Rolf LUNDEN, Erik ASARD (dir.), Networks of Americanisation: Aspects of the American Influence in Sweden, Stockholm 1992.

Plus intéressants sans doute, en tous les cas plus remarquables quoique plus rares, sont les processus de dés-américanisation, qui peuvent être volontaristes, fondés sur des initiatives officielles ou, au contraire, informels, fondés sur des décisions individuelles avec, dans l'entre-deux, un type intermédiaire.

L'exemple achevé d'un volontarisme efficace est celui de la loi française de 1949 »sur les publications destinées à la jeunesse« (dans la pratique principalement les périodiques). Officiellement limitée à un projet moralisateur, elle a de fait fonctionné comme une mesure protectionniste contre les bandes dessinées américaines, Disney excepté. Ce fut au total un succès complet, en donnant à une école de bande dessinée d'expression française une nouvelle opportunité pour développer sa créativité. Le vide créé par la loi put en effet être rempli par une production européenne réunissant deux qualités: d'être formellement aussi moderne que les modèles américains provisoirement prédominants tout en restant, au contraire de ceux-ci, moralement impeccable par le biais du contrôle moral catholique, relayé par certains laïques. Le rôle stratégique joué ici par la culture belge s'explique aisément par l'antériorité et la profondeur de l'expérience de ce pays sous l'égide de la Réforme catholique.

Mais l'histoire culturelle est pleine d'exemples témoignant d'une distance croissante à l'égard des modèles américains initiaux. Dans le cas des variétés françaises, le groupe de jazz blanc conduit par Raymond Ventura joue à ses débuts en anglais et sous le nom de »Ray Ventura and his collegians« mais il n'a conquis l'auditoire français qu'en francisant son répertoire, tout en conservant la rythmique nouvelle. Au bout du compte »Ray Ventura et ses collégiens« sera regardé par les nostalgiques comme un exemple typique de variété française à l'ancienne.

Mais il est des formes plus collectives encore, et anonymes, de dés-américanisation. Pour se limiter à cet exemple, qui est en même temps celui du mythe moderne le plus répandu, le Père Noël peut être vu comme une figure d'origine germanique (entrée aux États-Unis par le canal néerlandais de »Santa Claus«) progressivement déchristianisée par la culture américaine du XIXe siècle, entre Clement Moore et Thomas Nast; or, ce qui compte ici ce n'est pas l'américanité originelle du personnage mais la capacité des cultures européennes à le réinvestir ultérieurement, sans recours à un système de référence américain (le lien visuel de Santa Claus avec les couleurs Coca-Cola est une légende, constituée a posteriori et complaisamment diffusée par la marque...).

On devine, dans ces conditions, que les formes de résistance à l'américanisation seront très variées et qu'elles seront rattachables, selon les cas, à des stratégies respectivement défensives, contre-offensives ou offensives. Les lois linguistiques française ou québécoise appartiennent à la panoplie des premières – tout comme, au reste, la violente campagne conduite au milieu du XXe siècle par l'Église catholique contre ledit Père Noël. Quand, il y a quelques années, un entrepreneur islamique français a lancé la marque Mecca Cola, nous avons affaire à une stratégie fondée sur le principe du »retour à l'envoyeur«. En revanche, on ne confondra pas ce type contre-offensif avec le troisième type, tout offensif, où il s'agit essentiellement de permettre à la production culturelle nationale de bénéficier d'une promotion particulière. Ainsi en est-il en 1948 quand le parlement français votera une loi non pas contre la politique d'exportation des films américains – démarche imaginable à l'orée de la guerre froide – mais de soutien financier au cinéma national. Depuis lors, l'arsenal de soutien à l'ensemble de la filière, depuis l'écriture de scénario jusqu'à l'exploitation en salle, n'a cessé de se sophistiquer, la préférence nationale se substituant ici au protectionnisme.

Comme on l'aura déjà compris, la nature du phénomène demeure ambiguë. Et cette ambiguïté se situe d'abord dans la circulation des représentations, ensuite dans la construction de l'imagerie, enfin dans les êtres humains eux-mêmes.

Dès lors qu'on prend en considération les relations euro-américaines, il importe toujours de situer les États-Unis dans le rêve de l'Europe, dans le rêve d'une partie importante des Européens – à la limite de les voir d'abord comme *le* rêve du vieux continent. C'est en quelque sorte la métaphore du Bauhaus: la principale réforme architecturale du XXe siècle a été expérimentée en Allemagne pendant les années de Weimar, mais elle n'est sortie du laboratoire – moyennant, au reste, bien des ajustements – qu'aux États-Unis.

À partir de là, dialectique oblige, les allers-retours seront de toutes sortes. Il pourra s'agir d'une complète transformation. Le soda lancé par Coca-Cola est, par exemple, le retour vers l'Europe d'un type de boisson tonique inventé en Europe mais dont la forme la plus répandue, le vin Mariani, promu en son temps – le XIXe siècle finissant – par une campagne publicitaire d'une grande modernité, avait disparu quand il débarquera. Au reste, la spécificité de la version américaine sera dans la gazéification, plus que dans le sirop qui, cependant là aussi, accentue le *sweet* de la formule. Le mouvement peut aussi être une complète recréation. Qui sait que la fameuse poupée Barbie fut inventée en Allemagne (en 1955) pour, disons, des adultes avertis? Une fois que Mattel en aura (en 1959) acheté les droits, la poupée changera totalement d'esprit et de public – désormais la petite fille sage mais moderne qui joue grâce à elle à l'élégance adulte. Là aussi, une typique *success story* à l'américaine: la conquête des marchés par la moralisation, avec l'anorexie en prime... Le mouvement peut enfin conduire à l'hybridation, comme dans le cas de la chaîne Starbucks Coffee, que j'interpréterais comme un subtil mélange du modèle McDonald's et du café italo-français, sous-tendu par un discours de correction politique typique de son époque.

L'ambiguïté provient aussi de la manière dont se construit l'imagerie elle-même. Ainsi dans les années 1960 une large part de la critique de la première américanisation viendra-t-elle des États-Unis. Une certaine Amérique sera, sous le vocable de la contre-culture, la plus radicale dénonciatrice d'elle-même. Au-delà, toute une contre-Amérique s'exprime de fait dans une partie, et non négligeable, des productions culturelles exportées. En jouant sur les mots, on pourrait dire que c'est tout à la fois le *dark side* mais aussi le *black side* de la société américaine qui se représente au travers du jazz, du rock ou du rap, du cinéma dit noir ou du roman policier des *tough guys*. Dashiell Hammet n'était pas tout à fait par hasard membre du parti communiste américain.

Mais sans doute le sommet de l'ambiguïté réside-t-il dans les agents du mouvement eux-mêmes, puisqu'à côté de nombreux médiateurs explicitement accordés au rêve américain, il en existe d'autres, tout aussi explicitement perplexes ou critiques. Dans l'après-guerre, c'est clairement la position d'un Marcel Duhamel, fondateur de la »Série noire« mais aussi ancien de la »bande à Prévert«, ou de l'omniprésent Boris Vian. Sans compter que nombre d'opposants farouches à l'américanisation peuvent être par ailleurs de bons connaisseurs de certains aspects de la culture américaine. René Étiemble, le futur pourfendeur du franglais, avait passé plusieurs années dans le système universitaire américain. Et le premier héraut du combat, Charles Baudelaire, n'était-il pas aussi le traducteur d'Edgar A. Poe? Il est vrai qu'Edgar A. Poe lui-même était un vigoureux opposant du conformisme américain...

Enfin, si le phénomène est ambigu, le concept, lui, n'est pas sans équivoque. Car parle-t-on à travers lui d'anglicisation, de mondialisation (traduction française de *globalization*) ou de modernisation?

Ainsi le problème de la langue est-il fondamental, dans tous les sens de l'adjectif, pour ces pays qu'on peut diagnostiquer comme »nations littéraires«, pour reprendre une formule de l'universitaire américaine Priscilla Ferguson. Mais les linguistes sont, sur ce point, divisés. L'anglicisation du lexique mondial progresse, assurément, mais le mouvement est loin d'avoir le caractère à la fois océanique et irréversible décrit par certains, et on ne manque pas d'exemples de dés-anglicisation – après tout, en France, à la veille de la Seconde Guerre mondiale, les élites jouaient un *single* au tennis et les classes populaires lisaient des *comics;* aujourd'hui les classes moyennes réunies jouent dans ce pays un simple et lisent des bandes dessinées... Au reste, l'anglicisation est à l'évidence associable à un mouvement plus large et plus ancien que celui de l'américanisation. D'un côté, pendant deux siècles, de la Régence à la Première Guerre mondiale, elle a été associée à l'anglophilie; de l'autre, aujourd'hui, elle l'est de moins en moins à une hégémonie américaine mais de plus en plus à la mondialisation, dans une sorte de pidgin, à la fois anglais et global, le »globish«. Après tout, en est-il autrement dans la langue savante, où le grec reste aujourd'hui le schéma structurel du vocabulaire scientifique international?

Ce qui nous conduit à la question de la globalisation en elle-même. Dans chaque débat à propos de l'américanisation, il serait utile de demander: de quelles valeurs l'américanisation est-elle le cheval de Troie? Les valeurs américaines, les valeurs occidentales, les valeurs capitalistes, les valeurs matérialistes ou ›seulement‹ la part et la contrepartie culturelles d'une société mondialisée (à laquelle, notons le au passage, manque toujours une gouvernance mondiale...)? Si l'on discute avec un islamiste radical, la notion d'américanisation recouvrira des valeurs occidentales et/ou matérialistes; si l'on discute avec un altermondialiste, la focalisation portera sur la »McDonaldisation« ou, aujourd'hui, la »walmartisation« des relations de travail, etc.

Et voilà que la modernité revient sur le devant de la scène, comme au temps de Baudelaire. Dans ce cadre il est difficilement niable que le XXe siècle (*American Century*) a fourni la forme américaine de la modernité; mais ce fut en quelque sorte son tour, après les temps de la forme anglaise, de la forme française ou de la forme italienne. Pour me faire mieux comprendre, je remonterai beaucoup plus haut encore, à la fin de l'Empire romain. D'un point de vue culturel, la situation de l'Empire pouvait se résumer comme un rapport de forces entre les cultures grecque et latine. Pour simplifier, la grecque pour les sciences, la latine pour le droit, la latine pour les classes populaires de l'Ouest, la grecque pour les élites des deux parties, etc. Mais, à la fin de l'histoire (*story* et *history*), à la fin de l'Empire, le vainqueur a été – surprise... – la culture chrétienne, qui était ailleurs: en partie grecque, en partie latine et, pour commencer, juive. Un peu comme si demain le vainqueur final était l'orientalisation. Voilà pourquoi ma conclusion tiendra en peu de mots. Oui, l'américanisation n'a d'abord été »qu'un mot«; et un mot, c'est déjà beaucoup puisque c'est déjà une histoire signifiante, autrement dit un mythe. Oui, l'américanisation est devenue »une chose« avec le XXe siècle; l'existence de cette acculturation hégémonique n'est pas qu'un phantasme anti-américain, elle est matériellement vérifiable. Mais maintenant, depuis le 11 septembre, depuis le 9 novembre, depuis la révolution de 1975, nous sommes les agents, les sujets et les objets d'un autre siècle. Mon hypothèse est que l'américanisation-chose, l'américanisation matérielle, décline derrière et à l'intérieur de la mondialisation et que nous aurons désormais à vivre avec les deux fantômes de l'américanisation: celui du mot, comme métaphore de la modernité, si la modernité nous déplaît (et ne pas aimer la modernité fait partie des droits de l'homme...) et celui de l'américanisation matérielle qui est fait des traces des stratégies économiques et politiques d'une super-puissance. Ces fantômes – ces spectres, faudrait-il dire, car il s'agira de plus en plus de revenants, comme dans »Hamlet« – nous accompagneront jusqu'à la fin. La fin de quoi? Qui le sait? Mais une fin, oui, il y en aura une.

DEUTSCHE ZUSAMMENFASSUNG

Die Amerikanisierung ist eine Realität des 20. Jahrhunderts (*American Century*), deren Trugbild schon seit dem 19. Jahrhundert von den Eliten der nicht-amerikanischen Ländern beschworen worden ist. Die vorliegende Untersuchung unterscheidet zunächst die Fragen, die durch die Periodisierung des realen Phänomens, und dann jene, die durch den Prozeß gestellt werden, und endet mit einer Diskussion der Mehrdeutigkeit der Debatte, die sie seit ihren Anfängen provoziert.

Die Periodisierung unterscheidet die Durchdringung der Massenkultur in der Zwischenkriegszeit, rund um das Trio Kino/Tanz/populäre Presse, die durch den inländischen Taylorismus der »Haushaltsgerätekultur« verlängert wird, die Ausdehnung und Vertiefung während des Zweiten Weltkrieges, insbesondere in Richtung auf die Wissenschaftskultur (System der schönen Künste und Universitätssystem), schließlich die fortschreitende Verdünnung im Schoße der Globalisierung seit einem Vierteljahrhundert.

Der Analyse des Prozeßcharakters wird besondere Aufmerksamkeit gewidmet: Wer amerikanisiert? (jeweilige Rolle der Staatsorgane, der Unternehmen und der Organisationen der Zivilgesellschaft im dialektischen Verhältnis untereinander); wie? (sukzessive Zyklen der Amerikanisierung und Etappen des Prozesses, seit der Einführung bis zur Verkehrung, von der Kopie und der Adaption). Schließlich: Was? (Bilder als Mittler, von der verbindlichen Zukunft zum veritablen negativen Gegenbild).

Es ist in der Tat am Ende notwendig, an die Komplexität der Debatte, die durch das Phänomen hervorgerufen wird, zu erinnern. Zunächst weil es einfach ist, die Bereiche der Nicht-Amerikanisierung auszumachen, Fälle der Ent-Amerikanisierung (das Beispiel der frankophonen Comics ist bezeichnend) und der Strategien des Widerstands (beziehungsweise der Verteidigung, der Gegenoffensive oder der Offensive). Die Komplexität berührt auch den Prozeß selber, zum Beispiel durch die Fälle des Hin und Zurück – von der Barbie-Puppe bis zum Weihnachtsmann –, und hier inbegriffen in den mentalen Vorstellungen der Akteure selbst, die weit davon entfernt waren, alle den amerikanischen Traum zu teilen. Schließlich, und vielleicht vor allem, bleibt die Bedeutung des Phänomens an und für sich mehrdeutig: Sprechen wir manchmal im Grunde nicht lieber von Anglisierung oder Globalisierung oder Modernisierung? Auf alle diese Fragen wird versucht, eine Antwort zu geben. Anfechtbar, aber dennoch eine Antwort...

ROBERT FRANK

La société française depuis 1945
Américanisation, européanisation, mondialisation et identité nationale

Dans cette courte intervention, il s'agit, à propos des mutations bien connues de la société française depuis 1945, de suggérer quelques modestes réflexions sur les notions d'américanisation, d'européanisation, de mondialisation, et de poser la question de l'identité nationale française par rapport aux phénomènes que recouvrent ces notions polysémiques et riches en chausse-trapes. Souvent, on évoque, au sujet du malaise français depuis l'élection présidentielle de 2002 ou du vote négatif au référendum européen de 2005, une crise identitaire nationale: Est-ce à dire qu'elle est provoquée par ces transferts socioculturels venus de l'extérieur? Ou la notion de crise identitaire est-elle également ambiguë, au point de cacher plusieurs identités en crise, parmi lesquelles l'identité nationale n'est pas nécessairement la plus touchée?

L'AMÉRICANISATION NE PRODUIT PAS AUTOMATIQUEMENT PLUS D'»AMÉRIQUE DANS LES TÊTES«[1] (ANNÉES 1950 ET 1960)

Quand on évoque l'américanisation, on pense d'abord à un mode de vie, à des pratiques socioculturelles. Une question importante se pose: les imaginaires sociaux sont-ils transformés – et comment? – par l'introduction de ces pratiques dans une société?

ACCULTURATION DES MODES DE CONSOMMATION ET DES PRATIQUES SOCIOCULTURELLES VENUS D'AMÉRIQUE

Par »américanisation«, on désigne le plus souvent le transfert de modèles de consommation, de modes de vie, de pratiques socioculturelles ou de cadres de pensée nés ou adoptés originellement aux États-Unis. Or, la principale importation d'Amérique qui transforme fondamentalement la société en Europe continentale et en France à partir des années 1950 et surtout à partir des années 1960 est certainement la consommation de masse. La Grande-Bretagne connaît ce début de changement dès les années 1930, ce qui lui permet d'être le premier pays européen à développer après la guerre, dès le début des années 1950, cette »société de consommation«. Celle-ci exprime bien dans

---

[1] Denis LACORNE, Jacques RUPNIK Marie-France TOINET (dir.), L'Amérique dans les têtes, Paris 1986.

une large mesure une américanisation, puisque nombre des produits clés, des biens durables consommés en masse, ressortent de l'*American way of life*, ou s'identifient à lui, même si certains d'entre eux existaient sur le marché indépendamment des influences venues d'outre-Atlantique: l'automobile, le réfrigérateur – avec sa marque éponyme, le Frigidaire –, l'aspirateur, la radio, puis la machine à laver, la télévision. Ce ne sont pas seulement de nouveaux produits manufacturés, mais de nouveaux modes de vie induits, qui génèrent une révolution des mœurs, changent l'image et même la place de la femme dans la société, modifient l'espace familial autour du »living« (ou *living room*) tendant à remplacer dans les habitations françaises le couple »salon-salle à manger«[2].

De plus, avec la diffusion du *pick up* ou électrophone, des disques vinyle, des transistors, une culture de masse s'empare de la jeunesse, celle des *teenagers*. Le phénomène vient encore d'Amérique, avec le *rock'n roll* des années 1950. Le vecteur principal est la radio, avec l'émission »Salut les copains« diffusée par Europe n°1 à partir de 1959, relayée par le disque. Elvis Presley a ses émules en France, à travers un Johnny Hallyday dont le premier quarante-cinq tours sort en 1960[3].

L'émergence des nouveaux modes de vie, ainsi que de cette nouvelle culture juvénile gagne toutes les couches de la société, y compris, avec des décalages, celles de la campagne. Il en résulte une relative homogénéisation sociale dans l'habillement, la mode, les styles de consommation et les pratiques culturelles. On a pu parler de »moyennisation« ou de »classe-moyennisation«[4] de la société française, dans la mesure où une grande classe moyenne se substituerait progressivement à la bourgeoisie et à la classe ouvrière. La montée du secteur tertiaire (commerce, services, etc.), aux dépens du secteur secondaire (emplois dans l'industrie), celle des cols blancs aux dépens des cols bleus, commencée aux États-Unis, gagne l'Europe occidentale et la France. Cette tertiarisation est certes relative en France; elle n'empêche pas le secteur industriel de croître jusqu'en 1975 tant en valeur absolue qu'en proportion de la population active grâce à la forte baisse du secteur primaire ou agricole. Néanmoins, déjà prégnante dans les années 1960, elle devient dominante à partir de la deuxième moitié des années 1970 et contribue à ce phénomène de »classe-moyennisation«.

Secteurs d'activités	1936	1954	1970	1990	2001
Secteur primaire	37 %	26,6 %	13 %	5,6 %	4,1 %
Secteur secondaire	29,5 %	35 %	38,7 %	28,9 %	22,7 %
Secteur tertiaire	33,5 %	38,4 %	48,3 %	65,5 %	73,2 %

Cela dit, sans entrer dans des débats complexes, la notion de »moyennisation« est très discutée. L'évolution, on le sait, n'a pas été aussi simple. Les mutations, y compris celles qui sont induites par l'américanisation n'ont pas tué la »distinction sociale« en France qui, loin de disparaître, passe par d'autres chemins, changeant ses critères et ses

---

[2] Dominique BORNE, Histoire de la société française depuis 1945, Paris ³2002.
[3] Jean-François SIRINELLI, Les baby boomers. Une génération 1945–1969, Paris 2003.
[4] Henri MENDRAS, La France que je vois, Paris 2002.

clivages selon des lignes moins visibles, mais réellement bien tranchées, malgré tout. Les antagonismes sociaux ont changé de nature, mais pas d'intensité. Si ce phénomène de «classe-moyennisation«, avec ses apparences ou ses réalités plus profondes, commence dans les années 1960, les antagonismes sociaux d'ancien type persistent et coexistent avec d'autres formes de lutte sociale: la contestation de mai 1968 mêle la lutte de classes traditionnelle, la grève massive, à d'autres formes de combats d'un type plus nouveau. D'ailleurs, la compréhension entre les acteurs du mouvement, ouvriers d'une part, et étudiants perçus comme bourgeois d'autre part, a été plus que difficile. Ce qui prouve que la »classe-moyennisation« à l'américaine est soit un concept non opératoire, soit un processus non achevé en France en 1968.

AMÉRICANISATION À LA FRANÇAISE ET ANTIAMÉRICANISME EN FRANCE

Le concept d'américanisation est d'autant plus difficile à cerner que bien des transformations économico-sociales et socioculturelles qui viennent d'être mentionnées procèdent au moins autant d'une vague de modernisation générale à l'Occident, et exportable hors de l'Occident, que d'une importation linéaire venue d'outre-Atlantique. Lorsque les GI's, dans le cadre de l'installation des bases de l'OTAN en France, découvrent au début des années 1950 qu'ils s'établissent dans un pays où l'habitat n'a pas toujours le »tout confort«, où les W.-C. sont encore trop souvent sales, collectifs, extérieurs au fond de la cour ou sur le palier, ils subissent un véritable choc culturel[5]. En 1954, 28% des foyers seulement sont équipés de ces »commodités intérieures«, contre 73,8% en 1975; 5% des familles ont une douche ou une salle de bains en 1946 contre 70% trente ans plus tard. Voilà bien le principal trait, le plus visible sans doute de la »révolution invisible« française de ces »Trente Glorieuses«, si bien analysées par Jean Fourastié[6]. Cette mutation, si essentielle dans la vie quotidienne, comble le ›retard‹ du pays sur les États-Unis. Mais est-ce à dire qu'il s'agit là d'un effet de l'américanisation? Non, ce n'est pas le regard choqué du soldat américain qui a induit cette révolution sanitaire en France. La modernisation passe par des logiques qui ne viennent pas toutes d'Amérique.

Voilà en effet posée la question de la modernisation, de la convergence des modernités dans tout l'Occident, bref de l'occidentalisation tant à l'intérieur de l'Occident (sa relative homogénéisation dans la durée) qu'à l'extérieur (sa diffusion dans les autres régions du monde). Il s'agit là d'un processus complexe, non linéaire, multidirectionnel, qui implique des phénomènes de transfert, de circulation et d'appropriation. Dans cette dynamique de modernisation, les vents d'ouest sont certainement dominants, d'Amérique vers l'Europe, vers la France, du moins au XXe siècle, et plus encore après 1945. Mais chaque société européenne se réapproprie à sa façon les novations, quitte à remettre en circulation, dans la direction inverse, le produit de son adaptation. D'autre

---

[5] Jenny RAFLIK, Les décideurs français et l'alliance atlantique, thèse de doctorat sous la dir. de Robert Frank, université de Paris I Panthéon-Sorbonne, 2006.
[6] Jean FOURASTIÉ, Les Trente Glorieuses ou la révolution invisible de 1946 à 1975, Paris 1979.

part, la banalisation de pratiques venues d'ailleurs peut faire oublier cet »ailleurs«, et ce d'autant plus que la nouvelle pratique est enracinée, réappropriée, adaptée. L'automobile en masse à la française, c'est d'abord la 4 CV Renault plutôt que la »belle américaine«, et la petite voiture à l'européenne peut à son tour concurrencer outre-Atlantique les véhicules de grande dimension. Johnny Hallyday, Eddy Mitchell et d'autres, inspirés de la musique venue des États-Unis dès la fin des années 1950, créent un rock bien français dans les années 1960 et 1970. Dans ce domaine, la circulation ne s'effectue pas dans le sens inverse, France–Amérique. C'est plutôt la révolution anglaise des Beatles et des Rolling Stones des années 1962–1966 qui permet le *feedback* Europe–Amérique par le truchement de la *special relationship* culturelle Grande-Bretagne–États-Unis. Ce »moment britannique« transforme à son tour l'inspiration du rock américain, lui donnant une dimension plus sociale, plus contestataire, favorisant à son tour une musique pop qui prend en Amérique, à la faveur de la protestation contre la guerre du Vietnam, des aspects de contre-culture, la culture hippie dont le point d'orgue se situe au festival de Woodstock en 1969. La circulation continue, et l'influence touche encore l'Europe. En France, la phase du gentil yéyé de la première moitié des années 1960 cède la place à une musique plus contestataire[7].

La réappropriation d'un modèle peut signifier certaines formes de fascination pour ce dernier, mais pas nécessairement une identification au pays qui l'a généré ni aux visions du monde qu'il tente d'exporter. La circulation entre pratiques culturelles et représentations n'est pas automatique. Les cadres de pensée sont forcément influencés par l'américanisation sociale, mais ne sont pas américanisés pour autant. L'américanisation de la société française atteint un de ses sommets pendant la période gaullienne, au moment même où se développe un certain antiaméricanisme politique et intellectuel [8]. Américanisation et antiaméricanisme ne sont pas incompatibles, surtout en France. Du côté des contestataires français des »années 68«, le paradoxe entre ces deux phénomènes n'est évidemment qu'apparent: leur antiaméricanisme est contre la politique de Washington et non contre la jeunesse américaine qui les influence; leur américanisation au niveau des pratiques culturelles devient précisément aussi politique, car leur critique radicale de l'»impérialisme américain« ne fait que rejoindre la remise en question exprimée par les étudiants américains eux-mêmes, dont les sit-in contre la guerre au Vietnam inspirent désormais certains rituels de manifestations en Europe et en France.

Néanmoins, par-delà les ambivalences de l'antiaméricanisme (admiration-rejet, fascination-répulsion), le discours antiaméricain reste en France plus virulent qu'ailleurs en Europe, ce qui ne veut pas dire que l'influence socioculturelle de l'Amérique soit moins forte dans ce pays. Au contraire, c'est sa vigueur qui peut susciter des phénomènes de rejet dans une partie de la société. Ce rejet renvoie, comme partout, à l'affrontement entre tradition et modernité (forcément étrangère). La question est de savoir pourquoi en France la tradition se construit sur des valeurs dites »nationales«

---

[7] Jean-François SIRINELLI (voir n. 3); Agnès TACHIN, La Grande-Bretagne dans l'imaginaire des Français. Opinions et représentations, 1958–1969, thèse de doctorat sous la dir. de Robert Frank, université de Paris I Panthéon-Sorbonne, 2004.
[8] Philippe ROGER, L'Ennemi américain: généalogie de l'antiaméricanisme français, Paris 2002.

contre une modernité considérée comme venant de l'étranger, en l'occurrence de l'Amérique, pourquoi, dans le camp adverse, les modernistes se croient obligés d'invoquer le dieu d'outre-Atlantique – »Le Défi américain« en 1967 de Jean-Jacques Servan-Schreiber –, pourquoi le duel tradition-modernité, dont les Français n'ont pas le monopole, se cristallise chez eux en grande partie sur une guerre d'images France-Amérique? Comme souvent, la représentation de l'»autre«, de l'altérité, s'explique davantage par la complexité et les conflits intérieurs de la fabrication de l'image de soi[9]. Les rapports entre américanisation et pro- ou antiaméricanisme dans une société sont à chercher dans les modes de construction de l'identité nationale.

Il serait bon de comparer ces phénomènes dans plusieurs États européens. Nul doute qu'en Grande-Bretagne les sentiments proaméricains dominent – bien qu'en France on sous-estime certaines formes de l'antiaméricanisme anglais – et qu'ils accompagnent l'américanisation de la société britannique d'autant mieux qu'ils valorisent l'identité nationale, affermie dans sa fierté d'avoir des liens culturels forts avec le cousin d'Amérique, avec qui, politiquement et militairement de surcroît, on a gagné la Seconde Guerre mondiale. Le poids de la mémoire de celle-ci compte en effet dans la construction de l'articulation complexe entre pratiques culturelles américanisées et représentations de l'Amérique dans les esprits des années 1950 et 1960. En Allemagne de l'Ouest, l'américanisation correspond à un fort désir d'occidentalisation après le drame de l'expérience nazie qui avait mis les Allemands hors du champ de l'Occident. L'américanisation est donc aussi vécue comme un chemin de la réintégration allemande dans la civilisation occidentale, besoin inutile chez les Britanniques et les Français. En revanche, ceux-ci, marqués par la défaite, par le syndrome de 1940, reconstruisent une identité nationale blessée sur des valeurs culinaires, gastronomiques, intellectuelles et politiques qui les distinguent mieux de l'Amérique avec laquelle ils vivent mal la relation de dépendance. La dialectique entre la forte américanisation de la société et la faiblesse de l'image de l'Amérique dans les têtes parait bien une spécificité française, du moins en Europe.

L'EUROPÉANISATION DE LA SOCIÉTÉ FRANÇAISE TROUVE SON ÉQUILIBRE PENDANT LES TRENTE GLORIEUSES

Dans la façon de se moderniser, les pays européens ont chacun une spécificité nationale, qui se retrouve dans la façon de se réapproprier l'américanisation. Mais il y a en même temps une convergence entre eux dans les modes d'appropriation que l'on peut appeler européanisation.

---

[9] Robert FRANK, Introduction: Images et imaginaires dans les relations internationales depuis 1938, dans: Cahiers de l'IHTP 28 (1994), p. 5–11; ID., Mentalitäten, Vorstellungen und internationale Beziehungen, dans: Wilfried LOTH, Jürgen OSTERHAMMEL (dir.), Internationale Geschichte. Themen – Ergebnisse – Aussichten, Munich 2000, p. 159–185.

LA NÉCESSITÉ DE DÉCOLONISER LE SENS ANCIEN ET COLONIAL DE L'EUROPÉANISATION

Cette notion cependant pose problème par sa polysémie et elle ne signifie pas seulement convergence ou mise en convergence européenne. Il existe un premier sens qui date du temps des colonies et des empires: l'européanisation des populations que l'on appelait alors »indigènes«. S'habiller, manger, vivre »à l'européenne« était une forme d'européanisation hors d'Europe. Cette acception peut-elle avoir aujourd'hui en Europe une validité, appliquée à la question de l'intégration des immigrés? Même pour les derniers arrivés, la question fait débat: s'agit-il d'un problème d'intégration à une société nationale ou à une des sociétés européennes? Quant aux populations d'origine immigrée, installée depuis une génération, ou a fortiori davantage, ayant acquis la citoyenneté du pays, on ne peut parler d'intégration: la question est plutôt celle du »vivre ensemble« entre groupes, entre communautés, la question du racisme, du rejet social et des constructions identitaires ou contre-identitaires qui en découlent. Il serait incongru de parler d'européanisation – dans cette acception »coloniale« – comme solution à la révolte des banlieues en France parce que, précisément, c'est d'une »décolonisation« des concepts et des imaginaires dont la société française a besoin. Voilà sans doute d'ailleurs un des problèmes spécifiques français par rapport à l'Allemagne dans le traitement des relations intercommunautaires. Bref, cette ancienne signification n'est jamais enfouie très loin dans l'inconscient ou le subconscient collectif en France

L'EUROPÉANISATION DES EUROPÉENS DANS LE CADRE DE LA CONSTRUCTION EUROPÉENNE

Il est un autre sens plus récent du terme, en vogue surtout chez les politologues: l'européanisation d'aujourd'hui renvoie à ce qu'induit la Communauté européenne, puis l'Union européenne. Il s'agit de la communautarisation ou de l'»UEuropéanisation«, c'est-à-dire de l'impact des politiques communautaires, européennes sur chacun des États membres et sur leurs sociétés respectives. De là, trois angles différents. D'abord, quelles sont les convergences européennes suscitées par la construction de l'Europe, par la CEE, puis l'UE? Deuxièmement, plus largement – car l'impact des politiques européennes ne crée pas que des convergences –, quels changements en général sont générés dans les États membres par le développement de nouvelles lois, directives, normes et décisions? Comment se développe »le processus d'appropriation nationale de la contrainte européenne (c'est-à-dire les conséquences de la politique européenne sur la politique intérieure: dans les valeurs, les mentalités, les institutions, les procédures, les discours, etc.)« [10]? Enfin, en quoi la construction européenne européanise-t-elle les Européens, renforcent leur identité européenne, voire en crée une nouvelle? Nul doute que les politologues, comme Claudio Radaelli, ont raison de

---

[10] Maxime LEFEBVRE, Et si l'Europe se déconstruisait…, dans: Annuaire français des relations internationales 6 (2005), p. 234–248.

mettre en perspective cette européanisation créée par l'UE elle-même, de refuser de réduire ce phénomène à la question des convergences[11]. Mais il est dommage que cette dernière problématique soit d'une part simplifiée par eux d'une façon linéaire – en fait, il convient de parler du couple indissociable »convergence-divergence« – et ne soit pas d'autre part suffisamment prise en compte par les politologues dans son épaisseur historique.

L'EUROPÉANISATION DES EUROPÉENS AVANT LA CONSTRUCTION DE L'EUROPE

L'européanisation intérieure de l'Europe ne commence pas en effet avec la construction européenne. Les travaux de Hartmut Kaelble montrent bien les critères de convergence sociale des pays européens au XIXe et au XXe siècle, avant l'aventure communautaire commencée le 9 mai 1950 et indépendamment de celle-ci, des critères qui ont fait émerger une »société européenne« originale par rapport à d'autres sociétés industrialisées, en particulier la société américaine: la structure familiale, le mariage tardif, le rapport à la ville et au centre-ville, la longue persistance d'une classe et d'une culture ouvrières, la force de l'État-providence, etc.[12]

SOCIÉTÉ FRANÇAISE ET ÉQUILIBRE ENTRE EUROPÉANISATION, AMÉRICANISATION ET IDENTITÉ NATIONALE JUSQU'AUX ANNÉES 1970

Il est certain que la société française partage toutes ces caractéristiques de 1945 jusqu'aux années 1970, et au-delà. La question est de savoir comment s'articulent les deux européanisations au deuxième et au troisième sens définis plus haut. D'abord, le long processus d'européanisation sociale au XIXe et au XXe siècle a-t-il favorisé le déclenchement de la construction européenne? À bien des égards, la réponse est affirmative. Mais, là encore, les automaticités sont à relativiser. Stanley Hoffmann a raison de constater que plus les convergences sociales européennes s'affirment, plus se confirment aussi les ›idiosyncrasies‹ nationales, c'est-à-dire les modes nationaux d'appropriation de l'européanité[13]. Il en est de même avec l'adaptation et l'enracinement social de l'impact des politiques communautaires. Cela dit, celles-ci ont renforcé directement et indirectement nombre des spécificités sociales de l'Europe telles qu'elles ont été distinguées par Hartmut Kaelble. Pour la France, s'établit même dans les années 1960 un équilibre remarquable entre américanisation, européanisation

---

[11] Claudio RADAELLI, The Domestic Impact of European Union Public Policy: Notes on Concepts, Methods, and the Challenge of Empirical Research, dans: Politique européenne 5 (2001), p. 107–142; Vivien A. SCHMIDT, Europeanization and the mechanics of economic policy adjustment, dans: Christian LEQUESNE, Yves SUREL (dir.), L'intégration européenne. Entre émergence institutionnelle et recomposition de l'État, Paris 2004, p. 185–216.
[12] Hartmut KAELBLE, Vers une société européenne 1880–1980. Une histoire sociale, Paris 1990.
[13] Stanley HOFFMANN, The European Sisyphus. Essays on Europe 1964–1994, Oxford 1995.

et identité nationale. Sous l'influence des États-Unis, la France ouvre ses frontières. Mais elle le fait modérément, dans le cadre d'un espace restreint, celui de la petite Europe. À la fois ouverte et protégée, elle fabrique sa société de consommation, inspirée de l'Amérique, tout en développant son système de sécurité sociale et son État-providence, spécificité européenne. Celui-ci est élargi aux campagnes, elles-mêmes transformées et enrichies grâce à la PAC. Du coup, l'antiaméricanisme, lorsqu'il s'exprime, reste cantonné à la sphère politique, permettant une affirmation facile d'identité nationale qui ne remet pas fondamentalement en cause l'américanisation sociale ni l'européanisation économico-socio-politique. C'est cet équilibre qui est rompu à la fin du XXe siècle, sous le coup de la crise commencée dans les années 1970, mais qui ne fait sentir ses effets sur l'européanisation de la France que dans les années 1980 et 1990.

CRISE, MONDIALISATION ET ENJEUX DE L'EUROPÉANISATION DE LA SOCIÉTÉ FRANÇAISE (FIN XXe–DÉBUT XXIe SIÈCLE)

LES EFFETS DE LA CRISE

Il n'est pas de notre propos d'analyser les causes de la crise économique qui débute en 1973–1974. Le principal effet sur la société est le chômage massif qu'elle engendre très vite: un million dès 1976, deux millions en 1982, puis trois millions en 1993. Cette situation de chômage durable a des conséquences délétères sur la société française. La désindustrialisation achève la »désouvriérisation« et la »moyennisation« de la France. Mais cette classe moyenne grandissante se diversifie de plus en plus dans la crise entre gagnants et perdants. Il convient de parler d'elle au pluriel et leur dérive contribue à la déstructuration du tissu social français[14]. Les recettes keynésiennes ne réussissent plus à faire revenir le plein emploi et l'État-providence est remis en question: il n'est plus considéré comme une solution, mais comme un problème. Les solutions néolibérales l'emportent. On en vient à parler d'un modèle anglo-saxon, puisque Margaret Thatcher au Royaume-Uni et Ronald Reagan aux États-Unis sont les premiers à les appliquer au début des années 1980, Certes, cette appellation, qui met les deux pays sous la même rubrique, paraît exagérée à bien des égards, car si le *welfare state* a été considérablement réduit en Grande-Bretagne, il conserve encore sa force ainsi que sa spécificité typiquement européenne par rapport à sa faiblesse en Amérique. Cela dit, sur le continent, l'autre modèle, le »modèle rhénan«, qui garde plus jalousement certaines formes de régulation par l'État[15], connaît cependant une crise qui le remet en question. Bref, les spécificités de la »société européenne« (par rapport à la société américaine) analysées et repérées par Hartmut Kaelble dans les années 1980 paraissent décliner.

---

[14] Louis CHAUVEL, Les classes moyennes à la dérive, Paris 2006.
[15] Michel ALBERT, Capitalisme contre capitalisme, Paris 1991.

L'AMÉRICANISATION CÈDE LA PLACE À LA MONDIALISATION

Cette »dés-européanisation« des Européens n'est que relative car elle ne profite pas nécessairement au modèle américain. Dans ce contexte qui contraste avec celui des Trente Glorieuses, le thème de l'américanisation a tendance en effet à décliner. Si la société de consommation continue de se développer en France, malgré la crise, avec de nouvelles générations de biens de consommation durables (du magnétoscope à l'équipement informatique), elle se banalise et le modèle n'apparaît plus comme spécifiquement américain. La concurrence, les nouveaux modes de gestion entrepreneuriale, l'incitation à déréguler l'économie, les nouveaux produits ne paraissent plus venir exclusivement d'Amérique. C'est le thème de la mondialisation et de la globalisation qui prend le relais, et cette conscience de mondialisation se développe surtout après la chute de l'URSS.

L'EUROPÉANISATION CHERCHE LA VOIE SPÉCIFIQUE D'UNE MONDIALISATION À VISAGE HUMAIN

Face à la crise des années 1970 et 1980, les pays d'Europe occidentale réussissent à ne pas s'enfermer dans le repli national, comme ils l'ont fait pendant la crise des années 1930. Au contraire, la construction européenne se renforce.

La mondialisation à partir des années 1980 et surtout 1990 remet en cause le rapport société-État, c'est-à-dire une spécificité française ou une spécificité européenne. Les travaux du groupe de travail »Crises et conscience de crise depuis 1973« montrent toute une évolution intéressante en France et sur le continent[16]. Certains points sont connus. Il existe d'abord un fort décalage par rapport au Royaume-Uni de Margaret Thatcher. Alors que celle-ci prépare le pays à l'ouverture à la concurrence internationale et prend des mesures draconiennes, la gauche française, au pouvoir en 1981, relance au contraire l'économie par une forte hausse des salaires. François Mitterrand, on le sait, renonce à cette politique dès 1982, puis plus résolument en 1983. Dès lors, une nouvelle prise de conscience sociale se fait jour, y compris dans certains syndicats, comme la CFDT par exemple[17]: il n'est pas possible de lutter frontalement contre le chômage et de refuser tout plan de licenciement; la crise est intériorisée et la société commence, douloureusement certes, à comprendre que les mutations sont nécessaires et qu'elles passent par un redéploiement de la main-d'œuvre. L'émission télévisée »Vive la crise« en février 1984, animée par Yves Montand, et relayée par le journal de gauche »Libération«, vante même les vertus pédagogiques de la crise, présentée comme capable de libérer de nouvelles énergies. Il existe un exemple significatif de cette évolution. Dans le domaine de la sidérurgie, alors que le plan élaboré en 1977 par

---

[16] Les développements qui suivent sont inspirés du dossier »Crises et conscience de crise« publié par ce groupe de travail (Geneviève DREYFUS-ARMAND, Robert FRANK, Maryvonne LE PULOCH, Marie-Françoise LÉVY, Michelle ZANCARINI-FOURNEL) dans: Vingtième siècle. Revue d'histoire 84 (2004).

[17] Ibid. Voir l'article de Frank GEORGI.

le commissaire européen Étienne Davignon avait été rejeté en France par les salariés dans un climat de violence, sept ans plus tard, en 1984, le gouvernement nomme Jacques Chérèque, secrétaire général adjoint de la CFDT, comme préfet délégué chargé du redéploiement industriel[18]: la partie est loin d'être facile, mais la mutation s'effectue. La France ne va pas aussi loin que le Royaume-Uni, mais certains changements sont malgré tout acceptés. La contrepartie consiste à trouver une voie européenne à cette reconversion économique et sociale. Dans ce nouveau contexte, les Français attendent beaucoup de l'Europe, celle-ci devant servir de bouclier rassurant et d'interface efficace entre les vertiges de la mondialisation et l'enfermement du repli national. Toutes les réalisations européennes depuis 1984 vont dans ce sens, y compris la création de la monnaie unique, l'euro. Hartmut Kaelble montre comment, des années 1970 aux années 1990, l'identité européenne, au sens de sentiment d'appartenance à la Communauté ou à l'Union européenne, a progressé[19]. Créer plus de solidarité économique en Europe devrait permettre aux pays européens de mieux se protéger socialement contre la violence de la concurrence internationale. L'européanisation au niveau de l'UE ou »UEuropéanisation« a pour objectif de sauver les spécificités du modèle social européen et de donner une dimension humaine à la mondialisation.

CONCLUSION
2005: UNE CRISE EUROPÉENNE DE LA CONSCIENCE FRANÇAISE OU UNE CRISE FRANÇAISE DE LA CONSCIENCE EUROPÉENNE?

Qu'en est-il aujourd'hui? L'américanisation fait moins problème aux Français que l'Amérique elle-même. Intégrée, banalisée, davantage de l'ordre de l'interaction et des transferts socioculturels, elle relève du mouvement plus général d'occidentalisation au plan culturel et de mondialisation au plan économique. Il existe bien quelques formes minoritaires de rejet dans des conjonctures bien spécifiques: la destruction d'un Mc Donald's à Millau en 1999. Cet acte n'empêche pas cependant la fréquentation française croissante de cette chaîne à restauration rapide. Et les divergences des Français avec la politique extérieure de George W. Bush ne ralentissent pas ce mouvement d'acculturation; d'ailleurs, ces tensions suscitent moins d'antiaméricanisme politique en France que de francophobie aux États-Unis.

C'est le rapport de la société française à l'européanisation qui fait problème depuis le rejet du projet de traité constitutionnel européen par 55% des électeurs en mai 2005. Les novations institutionnelles n'ont pas vraiment fait l'objet de débat, moins que la partie III qui ne faisait que réunir les dispositions déjà appliquées en matière de marché et de politiques économiques confirmant une Europe libérale déjà existante. Le refus de celle-ci par une grande partie de la gauche qui, jusqu'alors, approuvait la construction européenne, a été la cause déterminante de la victoire du »non« et il est significatif d'une crise à multiples facettes. D'abord, la persistance de ce chômage depuis plus de

---

[18] Ibid. Voir les articles de Xavier VIGNA et de Françoise BERGER.
[19] Ibid. Voir l'article de Hartmut KAELBLE.

trente ans, qui détruit la société de l'intérieur, crée de la précarité, déstabilise les familles, les banlieues, sans que des solutions apparaissent, suscite une grande désespérance. Même l'Europe, comme horizon d'attente, déçoit, puisque les espoirs des années 1980 et 1990 de la voir réguler la mondialisation se sont évanouis. Le bouclier de l'UE qui devait protéger les sociétés européennes ne semble pas fonctionner. Pour beaucoup, ce qui avait été accepté vingt-deux ans plus tôt – difficilement d'ailleurs –, à savoir le sacrifice par François Mitterrand de la »politique économique de gauche« sur l'autel de l'Europe, est désormais rejeté. Le »retour du refoulé« de 1983 a joué à plein en 2005. La campagne référendaire a été dominée, dans cette gauche déçue de l'européisme, par le débat sur l'Europe sociale. Aux yeux de beaucoup, celle-ci reste à construire et elle leur paraît désormais la condition préalable à toute autre avancée dans l'intégration européenne.

Il reste à identifier la nature profonde de ce rejet de 2005. S'agit-il d'un repli identitaire des Français sur la France? À bien des égards oui, mais cela ne signifie pas nécessairement une crise d'identité nationale. Celle-ci ne se porte pas si mal, même si la révolte des banlieues de novembre 2005 paraît la mettre en question. En fait, cette révolte révèle davantage un besoin de reconnaissance d'intégration à la nation qu'un rejet de celle-ci. C'est la société française qui est en crise, non point la nation, les multiples identités sociales des citoyens, plus que l'identité nationale. L'inquiétude suscitée par la mondialisation, et maintenant par la représentation d'une Europe ultralibérale, ne va pas jusqu'à pousser la majorité des Français à repousser l'UE. Ce n'est pas le fait d'être européen en France qui pose problème, mais la façon de l'être, et les débats sur la manière divisent les Français. L'identité européenne de la grande majorité d'entre eux n'est pas remise en question, mais ils s'interrogent sur leur rapport à cette identité. La conscience européenne des Français reste intacte et l'européanisation a imprégné la société, mais la régulation française de cette acculturation européenne est en difficulté à cause du mal-être des identités sociales. Bref, il y a moins crise européenne de la conscience française que crise française de la conscience européenne.

DEUTSCHE ZUSAMMENFASSUNG

Amerikanisierung ist ein kulturelles Phänomen, das sich auf gesellschaftlicher Ebene durchgesetzt hat: Der massive Transfer soziokultureller Praktiken und die Einführung amerikanischer Produkte – Fernsehen, Kühlschrank, Auto oder Waschmaschine – haben die französische Gesellschaft seit den 1950er und 1960er Jahren stark verändert. Allerdings bleibt die Frage, ob dieser Wandel nun als spezifische Amerikanisierung oder als generelle Modernisierung oder Verwestlichung zu bezeichnen ist bzw. in welcher Beziehung die verschiedenen Phänomene zueinander stehen. Auf jeden Fall hat es sich nicht um einen linearen, sondern um einen komplexen, mehrseitigen Prozeß gehandelt, der nationalspezifische Variationen der Akkulturation, des Transfers und der Wechselbeziehung aufweist. Zudem ist die Amerikanisierung in der französischen Gesellschaft stets ambivalent betrachtet worden: Einerseits öffnete sich das Land vor allem aus wirtschaftlichen Gründen – nicht zuletzt in der Ära de Gaulle –, andererseits empfand man dies als latente oder sogar manifeste Bedrohung der eigenen Identität – gerade in den Jahren 1958 bis 1969. Bis heute ist die Dialektik zwischen starker Amerikanisierung der Gesellschaft und gleichzeitiger mentaler Distanz zu den USA ein französisches Spezifikum, zumindest in Europa. Deshalb stellte die Europäisierung bereits seit dem 19. Jahrhundert, ergänzt durch die »EUisierung« nach 1950, mit der Folge einer Europäisierung der Amerikanisierung, auch immer ein wichtiges Zwischenglied zwischen nationaler und transnationaler Ausrichtung dar – eine Funktion, die allerdings mittlerweile verloren gegangen ist: Das Ende der »Trente Glorieuses« im Zuge der neuen Weltwirtschaftskrise seit Mitte der 1970er Jahre bedeutete auch das Ende des klassischen und spezifischen europäischen Sozialstaats, allerdings nicht zugunsten einer weiteren Amerikanisierung; vielmehr sind die aktuellen Reaktionen auf die Krise, wie wachsende Deregulierung, wirtschaftsliberale Konkurrenz, neue Unternehmensstile, eher Zeichen einer umfassenderen Globalisierung. Gleichwohl herrschte gerade in Frankreich noch lange Zeit die Hoffnung auf einen europäischen Weg aus der Krise mit Hilfe einer wirtschaftspolitischen Europäisierung oder »EUisierung«. Das französische »Non« zum EU-Verfassungsvertrag vom Mai 2005 belegt, daß eine Mehrzahl der Franzosen sich in dieser Hoffnung getrogen sieht. Gleichwohl stehen in Frankreich weder die europäische Identität noch die bisher bereits eingetretene Europäisierung grundsätzlich zur Disposition, wohl aber das »Wie« der europäischen Akkulturation angesichts der durch die Globalisierung bedingten neuen weltwirtschaftlichen Herausforderungen.

PERSONENREGISTER

Adenauer, Konrad 43f.
Alphand, Hervé 109, 111

Baudelaire, Charles 134, 144
Bausch, Pina 141
Beck, Ulrich 89
Bérégovoy, Pierre 129
Bidault, Georges 20, 109
Blum, Léon 43
Bourgès-Maunoury, Maurice 110
Bude, Heinz 25, 77f.
Burke, Peter 23
Bush, George W. 155

Chalandon, Albin 124
Chaplin, Charlie 135
Chauvel, Jean 109
Chéreau, Patrice 141
Chérèque, Jacques 155
Cot, Jean-Pierre 117

Debré, Michel 128
Defarges, Philipp Moreau 119
De Gasperi, Alcide 43
Dejean, Maurice 109
Delors, Jacques 47
Disney, Walt E. 135f.
Doering-Manteuffel, Anselm 73, 81
Duhamel, Marcel 28, 143

Eliot, Thomas S. 42
Erhard, Ludwig 98
Étiemblé, René 133, 144

Faure, Maurice 44
Ferguson, Priscilla 144
Fischer, Joseph (Joschka) 119
Fo, Dario 141
Ford, Henry 135
Fourastié, Jean 136
Fraenkel, Ernst 75

Gaulle, Charles de 7, 20f., 28, 44f., 107,
    109, 113–115
Gide, André 42
Girault, René 18f.
Giscard d'Estaing, Valéry 26, 116, 130
Goncourt, Edmond Huot de 134

Goncourt, Jules de 134
Gordon, Philip 123
Guéhenno, Jean-Marie 119

Haas, Ernst B. 12
Hallstein, Walter 12, 434
Hallyday, Johnny 147, 149
Harmel, Pierre 44
Harms, Bernhard 91
Harvey, David 87
Heyking, Elisabeth von 87
Hobsbawm, Eric 84
Hoffmann, Stanley 152

Jeanneney, Jean-Marcel 115
Jobert, Michel 116
Johnson, Philip 136

Kaelble, Hartmut 152, 155
Kennedy, John F. 20
Keynes, John Maynard 124
Kohli, Martin 68f.
Kuisel, Richard F. 124

Laue, Theodor H. von 79f.
Le Chatelier, Henry 131
Lepsius, M. Rainer 84
Lübbe, Hermann 95

Macmillan, Harold 124
Madariaga y Rojo, Salvador de 42
Maddison, Angus 129
Mann, Heinrich 42
Massigli, René 109, 112
Mauroy, Pierre 124, 128
Mendès-France, Pierre 112
Merton, Richard 42
Mitchell, Eddy 149
Mitterrand, François 26, 117f., 154, 156
Mollet, Guy 110
Monnet, Jean 14, 43, 96, 109, 111
Montand, Yves 154
Montbrial, Thierry de 119
Moore, Clement 142

Nasser, Gamal Abdel 110
Nast, Thomas 142
Niethammer, Lutz 35

Ortega y Gasset, José 42

Périgot, François 127
Pershing, John Joseph 135
Peyrefitte, Alain 45
Philip, André 43
Pinay, Antoine 130
Pineau, Christian 110
Poe, Edgar Allan 144
Pompidou, Georges 26, 115f.

Radaelli, Claudio 151f.
Reagan, Ronald 153
Renault, Louis 131
Risse, Thomas 70f.
Robertson, Roland 104
Rougemont, Denis de 42f.

Saint-Gilles, Laurence 115f.
Scheer, François 118
Schuman, Robert 14, 43, 111
Servan-Schreiber, Jean-Jacques 123, 150
Spaak, Paul Henri 44

Spree, Rainer 102f.
Stalin, Josef 7
Stead, William Thomas 76, 134
Stichweh, Rudolf 89f.
Stoléru, Lionel 125

Taylor, Frederick Winslow 135
Thatcher, Margaret 91, 154
Thomas, Albert 41
Tocqueville, Alexis de 140

Valéry, Paul 42
Védrine, Hubert 108, 119
Ventura, Raymond 142
Vian, Boris 27, 143
Villepin, Dominique de 119

Wallerstein, Immanuel 90
Weber, Max 13, 84
Winkler, Heinrich August 80f.
Wormser, Olivier 111

Zweig, Stefan 42

Autorinnen und Autoren

Tanja A. BÖRZEL, Professorin für Politische Wissenschaft an der Freien Universität Berlin

Eckart CONZE, Professor für Neuere und Neueste Geschichte an der Philipps-Universität Marburg

Jean-François ECK, professeur d'histoire économique contemporaine à l'université Charles-de-Gaulle Lille (Lille 3)

Robert FRANK, professeur d'histoire des relations internationales à l'université Paris I-Panthéon-Sorbonne

Wilfried LOTH, Professor für Neuere und Neueste Geschichte an der Universität Duisburg-Essen

Reiner MARCOWITZ, professeur de civilisation allemande à l'université Paul-Verlaine Metz

Pascal ORY, professeur d'histoire contemporaine à l'université Paris I-Panthéon-Sorbonne

Diana PANKE, M.A., Wissenschaftliche Mitarbeiterin an der Freien Universität Berlin

Niels P. PETERSSON, Dr. phil., Wissenschaftlicher Assistent an der Universität Konstanz

Georges-Henri SOUTOU, professeur d'histoire contemporaine à l'université Paris IV-Sorbonne

www.ingramcontent.com/pod-product-compliance
Lightning Source LLC
Chambersburg PA
CBHW051118230426
43667CB00014B/2640